평범한 사람들의
히말라야 14좌
②

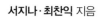

평범한 사람들의 히말라야 14좌 ②

시샤팡마에서 K2까지

서지나·최찬익 지음

그러나

추 천 사

윤평구_ 전 서울경제 사진부장 – K2, 맥킨리, 에베레스트, 남극 취재

최찬익 서지나 두 분의 카라코람 산맥 여행기가 네팔 히말라야 편을 뒤이어 나왔습니다. 같은 길을 가는 사람을 도반이라고 부른다는데 저도 두 분이 걷는 길을 조금은 걸어보았고 그 길이 어떠한지 헤아리기에 그 수고에 도반의 입장으로 마음을 보태고 싶습니다.

걷기에 벅찬 산을 넘고 빙하를 건너는 여정을 다음 사람들을 위해 자상하게 기록하고 틀림이 없도록 배려하는 건 아무나 할 수 없는 일이라 생각합니다.

이 책이 두 분의 본업이 그렇듯 아픈 이를 위한 처방전처럼, 아름다운 연주를 위한 악보처럼 카라코람을 찾는 모든 분들께 큰 도움이 될 거라 믿습니다.

○

김경수_ 사막 울트라마라토너, 『나는 아직 멈추고 싶지 않다』 『내 인생의 사막을 달리다』
『미쳤다는 말을 들어야 후회 없는 인생이다』 『갱수와 함께 떠나는 울트라마라톤
여행기』 저자

필리핀 마닐라에서 한의원을 운영하는 남편과 세계적인 플루티스트를
꿈꾸던 아내.

남편은 검도와 유도, 주짓수까지 섭렵했고, 마라톤과 철인 경기는 물론
이고 산야를 넘나드는 여행을 사랑했다. 아내는 고교 시절 프랑스로 유
학을 떠났다가 IMF로 된서리를 맞고 건강마저 악화됐다. 엎친 데 덮친
격으로 필리핀에서 교통사고까지 당했다.

부부가 되기 전에 두 사람은 취미나 생활 터전 그 어느 것 하나 서로 연
관 지을 만한 것이 없어 보였다. 하지만 이들은 운명적으로 만났고, 각기
살아왔던 두 부부의 궤적이 어느 순간 함께 히말라야로 향했다.

2019년 가을, 지인의 소개로 서울 대학로에서 공동 저자인 서지나 씨를
만났다. 한국에 입국한 지 며칠 되지 않아서인지 무척 낯설어했던 기억
이 난다. 하지만 금세 해맑은 웃음을 띠며 히말라야 트레킹에 대한 이야
기 보따리를 풀어냈다.

이야기의 절정은 히말라야 다울라기리 베이스캠프로 향하던 끝자락 능
선에서 조난을 당해 죽음의 문턱에 선 대목이었다. 그간 사막과 오지를
다니며 수없이 사선을 넘나들었던 나로서도 그 대목에서는 목이 잠기고
마른침을 삼켜야 했다.

그럼에도 남의 얘기 하듯 덤덤하게 풀어내는 작가의 표정에 놀랐다. 그
리고 이야기가 끝나갈 즈음 건넨 『평범한 사람들의 히말라야 14좌 1』을
받아 들었을 때 또 한 번 놀랐다.

며칠 전 1권에 미처 못 담은 히말라야 K2, 브로드피크, 가셔브룸 1·2

그리고 낭가파르바트 베이스캠프로 향한 여정이 고스란히 담긴 원고를 받아 들었다. 아직 세상에 알려지지 않은 비밀스런 문서를 조심스레 열었다.

한동안 꼼짝하지 않고 두 부부가 몸으로 기록한 『평범한 사람들의 히말라야 14좌 2』의 여정을 함께 쫓았다. 저자는 "히말라야에서 잊었던 자아를 종종 발견한다."라고 말하지만 이 생애에서 '자아'도 '산'도 모두 만날 수 없다는 사실을 알고 있었다. 그렇구나. 산에도 스승이 있다. 두 부부의 거침없는 행보를 응원한다.

○

홍성택_ 히말라야 익스트림 거벽 클라이머/ 세계 최초 로체 남벽 등반 도전 중. 『아무도 밟지 않은 땅 5극지』 저자. 세계 최초 3극점(남극점, 북극점, 에베레스트), 2극지(베링 해협 횡단, 그린란드 종단)를 탐험한 탐험가. 1995년 대한민국 체육포장, 2011년 한국 탐험대상, 2012년 한국 탐험대상.

가치 있는 여행을 위해서는 떠나기 전에 먼저 여행에 대한 지식을 쌓고 떠나라는 말이 있습니다. 무엇보다 히말라야 오지 트레킹은 고립과 위험을 최소화하기 위해서 더욱더 치밀한 사전 지식과 정보가 필요합니다. 따라서 카라코람 히말라야 트레킹을 준비하고 꿈꾸고 있는 분들이라면 이 책을 꼭 추천해드리고 싶습니다.

카라코람 지역은 그 경치는 장엄하고 웅장하지만 인도와 네팔의 산악 지대보다 훨씬 더 메마르고 척박하며 처절한 환경이 함께 현존합니다. 최찬익·서지나 부부는 기라성같이 솟아오른 거대한 산들과 발토로 빙하 주변의 대성곽들 속을 걸으며 고난과 환희와 배고픔과 추위를 경험했습니다. 많은 해돋이와 저무는 노을을 보며 콩코르디아로부터 뻗은 빙하와 산들을 걷고 기록했습니다.

부부가 히말라야 14좌 베이스캠프를 트레킹하며 겪은 수많은 경험과 추억들이 서술되어 있는 이 책은 앞으로 히말라야 트레킹을 준비하는 여행자들에게 방위각을 제시해주는 가이드 북이 될 것이라 생각하며, 비단 히말라야 트레킹뿐만 아니라 어떤 기준에 의해서든 가치 있는 여행기가 될 것이라 생각합니다.

김미곤_ 히말라야 익스트림 클라이머. 2018년 히말라야 8,000m 14좌 완등.

히말라야에 빠져 있는 사람이라는 것이 알려진 탓인지, 나에게 히말라야 트레킹에 대해서 질문하는 분들이 종종 있다. 그럴 때 나는 구구절절한 설명 없이 『평범한 사람들의 히말라야 14좌』를 추천한다. 이 책은 부부인 두 작가가 직접 히말라야 14좌 베이스캠프를 다니면서 기록한 책이기 때문에 트레킹에 대해 더 자세하고 정확한 내용을 담고 있다.

이 책의 큰 강점은 부부가 함께 히말라야 산길을 걷고 써 내려간 내용이라는 점이다. 부부가 추억을 같이 만들어간다는 로맨틱한 감정 때문이 아니라(물론 어떤 사람에게는 그것도 중요한 요소일 수 있지만) 건장한 남성과 보통의 여성이 함께 한 트레킹을 각각의 시각에서 다루고 있기 때문이다.

또한 보통의 남성들보다 체력이 좋은 남성 작가와 평균의 여성들과 크게 다를 바 없는 여성 작가가 거친 히말라야 산길을 함께 걸어가며 경험한 것들을 다루고 있기 때문에 실제 일정을 계획하는 데 참고하기 유용하다.

또 하나의 강점은 바로 이 책이 상당히 최신 버전이라는 사실이다. 늘 그자리에 서 있는 히말라야 산들과는 달리 그곳을 향하는 트레킹 루트는 해마다 끊임없이 변하고 있다. 자연에 의한 변화도 간혹 있지만 인간에 의한 변화가 많기 때문이다. 많은 로지들이 생겨나고 새로 지어진 세련된 식당에서 파는 음식 가격은 해마다 올라 몇 년 만에 다시 찾은 트레커들을 놀라게 한다. 따라서 선배가 10년 전에 감명 깊게 읽었다며 건네준 책은 내 발길을 히말라야로 향하게 이끌어주기는 하겠지만 정작 구체적인 계획을 마련하는 데 큰 도움이 되지는 않을 수 있다.

하지만 『평범한 사람들의 히말라야 14좌』에는 최근의 트레킹 풍경이 자세히 담겨 있어 트레킹 계획을 하기 전에 꼭 한 번 읽어볼 만하다. 특히나 독자들이 참고하기 좋게 수록된 시각 자료에는 각종 약도, 지도, 고도, 거리 등이 구체적으로 다뤄지고 있는데, 개인 SNS나 인터넷 웹사이트에 떠돌고 있는 그 어떤 자료들보다 수준이 높아 트레킹을 앞둔 사람들에게 좋은 정보가 될 것 같다.

마지막으로 이 책을 추천하고 싶은 이유는 바로 현지 고용인들과의 보이지 않는 신경전을 다루는 노하우가 들어 있기 때문이다. 트레킹을 하면서 현지인들을 대하는 일이 쉽지 않을 뿐더러 사기를 당하는 경우도 종종 있다. 20년 넘게 등반을 해오며 현지 고용인들과 산전수전 다 겪어오며 나 나름의 노하우를 터득한 나로서는 이런 내용이야말로 돈으로도 못 살 귀한 지혜라고 생각한다.

많은 사람들이 등반의 가치를 배워가고 있고, 히말라야 트레킹 인구는 매년 늘어나고 있으며 그에 대한 서적은 차고 넘친다. 히말라야 트레킹에 대한 로망을 품고 행동으로 옮기기를 망설이고 있는 분들에게 이 책은 그곳으로 이끄는 등대이자 플래너의 역할을 동시에 할 수 있을 것이다. 이제 책장을 넘겨 히말라야 베이스캠프 트레킹 여정을 시작해보길 바란다.

>>> 남편의 생각

히말라야 14좌 베이스캠프 트레킹 – 28살의 시작 49살의 마무리

28살의 여름, 칸첸중가와 만나게 된 것이 히말라야의 시작이었다. 하얀 설산을 만난 이후 바로 북인도로 가서 비닐 한 장과 담요 한 장, 압력솥 하나와 버너를 지고 라다크–잔스카르 산맥을 혼자 종주했다. 그리고 파키스탄으로 들어가 카라코람의 여러 지역을 다녔다.

3년 뒤 안나푸르나로 혼자 떠났다. 특이하게도 메소칸토 라로 넘어 라운딩한 뒤 다시 설산과 멀어졌다. 그 후로 길도 없는 필리핀의 열대 우림을 혼자 다니며 몇 년 뒤 설산의 부름을 다시 받아 네팔로 거처를 옮겼다. 골프장 18홀을 혼자 매일 돌다가 산에 오르고 내려오자마자 다시 오르는 생활을 반복했다. 당시 설산을 찾는 이들 중 정상은 말고 히말라야 베이스캠프 14좌 만이라도 다 다녀보고 싶다는 이들이 여럿 있었다. 그러나 그때는 다만 다닐 뿐 그런 생각은 전혀 하지 않았다.

설산을 떠나 다시 필리핀의 열대 우림으로 돌아갔다. 그때 그 사람인 줄 알았고 바로 결혼했다. 부부가 둘이 같이 할 수 있는 일을 찾으니 등산, 달

리기, 수영, 스노클링 등이 할 만한 일이었다. 산 정상에서 밤에 캠핑하고, 떠오르는 찬란한 태양을 보며 맛있는 아침을 지어 먹고 근처의 맑고 아름다운 강과 바다로 내려와 몸을 시원하게 적시며 쉬다가 집으로 돌아가기를 반복했다. 언젠가부터 사랑하는 아내에게 내가 아는 가장 아름답고 멋진 히말라야, 나의 추억의 장소에 함께 가고 싶다는 생각이 들기 시작했다. 하지만 몸이 너무나 약한 아내는 절대 할 수 없을 것 같았던, 그저 말할 수 없는 혼자만의 꿈이었다.

그렇게 설산을 떠나 10년이 지나갔고 아내의 건강이 많이 좋아지고 체력도 붙었다. 하지만 나는 조심스러울 수밖에 없었고 내가 간다고 하면 무조건 따라 나서는 아내의 성격을 잘 알았다. 하루하루가 말을 하지 못한 채 지나가고 있었다. 어느날 찻집에 앉아 우리 부부가 평생에 걸쳐 특별한 추억을 간직할 만한 일이 뭐가 있을까? 라는 대화를 하다가 히말라야 이야기를 건넸다. 역시 아내는 "그럼 가자!"라며 흔쾌히 나와 함께 히말라야를 가기로 결정해 버렸다. 히말라야가 어떤 곳인지 알고는 있는 걸까? 그렇게 조금은 어이없게 히말라야 14좌 베이스캠프 트레킹을 해보기로 의기투합하고 계획을 실행에 옮기기 시작했다.

모든 것이 혼자 떠날때와는 달랐다. 아내에게 모든 것을 맞출 수밖에 없었다. 둘이기에 더욱 설레였고 또한 아내의 몸 상태를 생각하면 몹시 두려웠다. 그러나 3천미터를 넘는 높은 산은 올라보기 전까지는 누구도 적응을 잘 할수있는지, 없는지를 알지 못한다.

일단 우리는 히말라야를 카트만두를 기준으로 동서로 나누고 티벳과 파키스탄의 카라코람 4곳으로 분할해서 2017년부터 2018년까지 연속으로 올라 우리만의 특별한 추억을 만들기로 했다.

하지만 산에 들어간 후 긴 기간 휴업으로 인한 복귀 후 사업의 연속성에 대한 보장이 없었다. 또 산에서 집에 돌아오면 히말라야보다 더 무서운 청구서가 수없이 기다리고 있을 것이 틀림없었다. 그들을 작은 언덕을 넘듯이 하나하나 처리해야 했다. 그러나 인생은 왕복 티켓을 발행하고 있지 않다. 스스로 그동안 성심껏 해온 바를 믿고 과감하게 실행에 옮겼다.

2017년 네팔 서부 3좌를 50일 일정으로 출발했고 가장 큰 변수는 아내였다. 그러나 아내는 고산에서 몹시 탁월했다. 떠날 때 많이 아픈 중에도 안나푸르나 베이스캠프를 거뜬히 올랐고, 매일 산에서 걷고 잘 쉬면서 더 건강해졌다. 네팔 히말라야 최고의 난코스인 다울라기리를 라운딩으로 넘었으며, 마나슬루도 라운딩으로 3개의 큰 산을 단번에 마쳤다. 2017년 가을이 되어 70일간에 걸쳐 인도의 칸첸중가와 마칼루, 에베레스트, 초오유, 로체 등 네팔 동부 5개의 산도 차례차례 마칠 수 있었다. 2018년 계획대로 나머지 6좌를 마치려했다. 하지만 설산은 단지 베이스캠프만을 오르려는 이들에게도 많은 것을 요구했다. 부모님들과 친척들이 같은 시기에 큰 병으로 투병하시고 돌아가시기도 하였다. 우리의 계획은 잠시 미뤄지는 듯 했지만 설산을 향한 우리의 마음은 좀처럼 기다려주질 않았다. 나보다 아내가 더 했다. 첫 사랑을 앓듯 그렇게 그리워하고 있었다. 결국 2018년 12월 ~2019년 1월 사이에 30일간 랑탕히말을 라운딩하고 고소 적응을 한 뒤, 네팔-중국 국경을 육로로 넘어 겨울의 시샤팡마를 마치고 티베트 히말라야 부분을 종료해서 9번째 히말을 마쳤다.

드디어 2019년 6~7월 시즌에 카라코람 히말라야를 향해 출발했다. 하지만 카라코람은 쉽사리 우리에게 그 모습을 보여줄 생각이 없는 듯했다. 생각지 못한 40년 만의 폭설 속에 대다수의 팀들이 포기하고 돌아섰다. 우리의 선택은 그저 눈이 그치기를 기도하는 것이었다. 우리의 간절함이 통했던 걸까? 마치 거짓말처럼 우리가 길을 나서는 날에는 하늘이 그 푸른 빛을 보여주었다. 밤새 간절히 기도하고 마주한 아침의 푸르른 하늘을 어찌 글로써 설명할 수 있겠는가? 우리는 그렇게 모두가 포기하는 중에도 K2, 브로드피크, 가셔브룸 1·2, 낭가파르바트 등 카라코람 5좌를 모두 마쳤다. 꿈에 그리던 히말라야 14좌 베이스캠프 트레킹을 한국에서는 최초로 부부가 함께 처음부터 끝까지 정확하게 마친 것이다.

14좌의 마지막. 푸른 풀밭과 맑은 개울이 흐르는 낭가파르바트 루팔 벽의 천국 같은 베이스캠프에서 산이 보석처럼 하얗게 빛나는 모습을 바라보는 마음은 매우 담담했다. 담담한 이유에 대한 질문을 스스로에게 던졌다. 답은 여행은 이제 시작이라는 것이었다. 이제부터는 목표 의식 없이 즐거운 산행을 더 많이 하고 싶었다. 둘이 같이 히말라야의 여러 곳을 더 다녀보고 남미도 가보고, 중앙아시아와 뉴질랜드도 가보고 유럽도 가보면서 더 많이 해보자는 것이었다.

2020년 여행 계획을 잡았다. 미국 대륙을 차로 횡단해보고, 연이어 남미도 돌아다니기로 하고 K2도 다시 가보고 낭가파르바트 라운딩도 하기로 했다. 2020년 1월. 다른 계획을 생각하면 무리한 일이지만 그러고 싶어서 대만과 인도네시아와 말레이시아를 한 달간 여행하고 다시 사무실로 돌아와 수많은 청구서와 인허가 서류를 상대하며 한 해를 준비했다. 2020년 2월 화산폭발로 화산재가 눈처럼 내리며 뒤숭숭했다. 3월 코로나로 새로운 고난이 찾아왔다. 코로나를 치료할 처방들을 준비하고 필사의 각오를 다졌다. 그러나 대통령 발표와 동시에 곧 도시 봉쇄가 되며 그런 일도 하지 못하게 되었다. 객관적으로 안전한 한국의 집으로 피난했다.

2021년 3월 현재 많은 이들처럼 앞날을 전혀 예측하지 못하며 수입은 없으나 지출만 있다. 사회적인 위치도 외관상 하락하고 오랜 사업과 경력을 모두 잃을 수도 있는 위기다. 하지만 과거의 어려움과 괴로움에 비하면 그리 견디기 어렵다고 느껴지지 않는다. 히말라야 14좌를 모두 마치며 내

머릿속에 아름다운 추억들이 깊이 남아 있고, 평생 동지인 아내가 함께하고 있기 때문이다.

우리 부부는 히말라야 14좌의 높은 언덕에 올라 희박한 공기와 뜨거운 더위, 타는 목마름, 온 몸이 빠지는 폭설과 살을 에는 추위와 깎아지른 절벽과 세상에서 가장 길고 깊은 빙하 속에서 짙은 배고픔을 참으며 그 긴 길을 스스로를 믿고 서로를 의지하며 무사히 건넜다.

처음에 책의 제목을 『평범한 사람들의 히말라야 14좌』라고 평범하게 지었던 이유는 의지를 가지고 천천히 걸으면서 시도한다면 대부분의 '평범한 사람'들도 이룰 수 있는 꿈이라고 생각했기 때문이다. 마음으로만 품으면 꿈이지만, 입에 올리고 몸으로 실천에 옮기면 현실이 된다. 설령 잘되지 않고 실패하더라도 자신을 위해 시간과 비용을 들여 계획하고 노력해서 도전하는 순간들은 또 얼마나 아름다운가!

도전이라는 단어 앞에서 망설이고 있는 평범한 이들이 우리의 산행기를 읽으며 자연과 더불어 스스로와 대화하며 위로하는 시간을 가지고 행복한 시간을 가질 수 있기를 바란다. 설산에 가고 싶었으나 아직 가지 않은 길이라면 일생에 단 한 번이라도 그 아름다운 길들을 자신에게 선물해 주는 것도 좋다고 생각한다. 그런 이들에게 도움이 되길 바라며 이 글을 쓴다.

2021년 3월 매화(梅花)를 반갑게 맞으며
최찬익

한밤중에 눈을 떴다. 거대한 낭가파르바트 루팔 벽에 달빛이 비치고 세상의 모든 시간이 정지한다. 그 모습에 나는 숨조차 쉴 수가 없다. 숨이 조여오는 답답함에 허우적거릴 때쯤 캠핑장 옆 시냇물 소리를 듣는다. 나의 호흡은 다시 돌아오기 시작한다. 다시 한 번 눈을 뜨고 주변을 둘러본다. 어둠 속에서 익숙한 물건들이 하나둘 눈에 들어온다. 어……, 여기가 어디지? 텐트 안 같지는 않은데? 나는 어느덧 낭가파르바트 헤를리히코퍼 베이스캠프에서 집으로 돌아와 있다.

2018년 6월 『평범한 사람들의 히말라야 14좌 1』을 겁 없이 세상에 내놓은 지 햇수로 4년이 되어간다. 어쩌면 그저 인생에서 하나의 숙제를 해치워야 하는 것같이 길 위에 서 있었고, 그것을 어설프고 모자란 글로 써내려갔다.

어쩌면 당연한 일상의 고마움과 행복을 산에서 나만 알게 된 깨달음인 양 이곳저곳에서 나는 '히말라야에서 행복을 말하다'라는 주제로 강연을 했다. 많은 사람들을 만나고 내가 느낀 히말라야를 나눌 때마다 나의 육체적 모든 감각은 그 혹독한 추위를 그리워하고 있었고 나의 영혼은 설산을 향해 있었다.

하지만 현실은 내 영혼의 풍요로움과는 반대로 흘러갔다. 1년 중 반 이상을 길에서 보냈으니 정상적인 경제 활동이 불가능했다. 장기간의 부재로 학생들이 많이 떨어져나갔고 당연히 수입도 줄었다. 장기간의 여행을 마치고 돌아오면 밀린 사무실 월세와 쌓여 있는 기타 공과금 고지서가 부담스러웠다. 산에서 돌아와 몇 개월간은 정말 숨만 쉬고 살아야 했다. 하지만 단 한 번도 후회하지 않았다. 그리고 경제가 조금 숨통이 트일 만하면 또다시 길을 나서는 짓을 반복했다.

20살 넘어서부터 나의 머릿속은 언제나 돈과 시간으로 빼곡했다. 24시간 가계부를 머릿속에 넣고 다녔다. 그래서 언젠가부터는 안 해도 되는 계산까지 당겨서 하는 버릇이 생겼다. 적어도 내가 아는 나는 이런 무모한 짓을 한 번도 아니고 대략 3년간이나 할 사람이 아니다. 혹시나 귀신에 홀린 것은 아닌가 스스로 의심해본다. 도대체 히말라야가 나에게 무슨 주문을 걸어놓았길래 산에서 돌아온 나는 또 다시 산으로 발걸음을 옮기는 걸까?

히말라야 14좌 베이스캠프 트레킹이 모두 끝나자 주변에서는 한결같이 물어봤다. "이제 다 끝났으니 더 이상 안 가실 거지요?" 처음 그 질문에 왜 그리 소스라치게 놀랐는지……. 히말라야 14좌 베이스캠프 트레킹을 모두 마쳤을 때 '이제 다 끝냈다.'라는 생각도 하지 못했고, '이제 그만해야겠다.'라는 생각은 더더욱 하지 못했다. 이제 1막을 끝냈을 뿐이라고, 이제 2막을 시작해야 한다고 생각했을 뿐이었다.

다만 친정 엄마가 같은 질문을 하셨을 때는 고개를 푹 숙여야만 했다. 딸과 사위를 산으로 보내놓고 노심초사하심을 알기에 "이제 그만 갈 거지?" 하는 그 물음에 그저 고개를 숙일 수밖에 없었다.

그리 멋지게 산 인생도 아니고 열정적으로 살아온 인생도 아니었다. 그랬던 나의 삶에 한 남자가 찾아왔다. 그리고 그는 나를 조금씩 조금씩 산으로 인도했고 드디어 히말라야와 마주하게 해주었다. 마주한 히말라야는 또 다시 '나'라는 사람과 마주할 기회를 주었다.

길에서 만나는 '나'는 지금껏 마주한 적 없는 '나'도 있었고 그 모습이 싫어 꽁꽁 숨긴 채 외면했던 '나'도 있었다. 그런가 하면 꼭 안아주고 잘했다고 수고했다고 격려하며 칭찬해주고 싶은 '나'를 만나기도 했다.

아직 내게는 만나야 할 내가, 그리고 산이 아주 많이 남아 있다. '어디까지'라는 것도 '언제까지'라는 것도 없다. 이번 내 삶에서 모두 만날 수도 없을 것이다. 다만 더 자주 더 많이 만나기를 바랄 뿐이다.

파키스탄은 나에게 너무 부담스러웠고 K2는 더더욱 부담스럽기만 했다. 여자의 인권이 바닥인 나라, 납치와 치안이 엉망인 곳. 나는 도저히 파키스탄으로 갈 용기가 없었다. 게다가 악명 높은 K2까지. 시간이 지날수록 개학이 다가오는데 밀린 숙제를 하지 않은 기분이였다. 피할수 없으면 즐기라고 했던가? 내가 언제는 히말라야를 알고 도전했었나? 나의 무모함이 나를 히말라야까지 데려다 놓지 않았던가. 그냥 쭉 한결같이 무모해지기로 했다. 그리고 그 험하다던 히말라야도 막상 가보면 험할수록 인간의 발걸음이 닿지 않을수록 아름답고 장쾌하지 않았던가?

다만 이번 일정은 우리 부부만 가는 것이 아니라 처음 보는 분들과 팀으로 가야 한다고 생각하니 조금 더 부담스러울 수밖에 없었다. 마지막까지 알 수 없는 국제 정세까지 뭐 하나 속 시원한 것이 없었다. 그럴수록 나의 기도는 간절해졌고 구체적일 수밖에 없었다.

하지만 막상 파키스탄에 도착해보니 너무 아름답고 평화로웠으며 사람들은 친절하기 그지없었다. 우려했던 것과는 달리 같이 간 일행들은 나에겐 최고의 팀이 되어주었다. 파키스탄 현지 에이전시의 준비는 감동할 만큼 훌륭했고, 이런 완벽함 덕분에 그 험난한 일정을 무사히 마칠 수 있었다. 다만 날씨 때문에 곤도고로 라를 넘지 못한 것이 아쉬운데, 이는 또 한 번의 K2의 초대라고 생각한다.

너무나 힘든 파키스탄 트레킹 내내 나를 배려해주시고 격려해주시면서 한 달 동안 얼음산에서 함께 고생하신 최성백 선생님, 배순규 선생님, 이용택 선생님, 조정환 선생님과 이번 일정을 책임지고 리드하고 함께 해준 나의 사랑하는 남편에게 지면을 통해 감사한 마음을 전한다.

그리고 코로나 사태로 모든 것이 멈춰버린 시간에 이렇게 책이 나올 수 있어서 너무 감사하다. 책을 출판해주시는 그러나의 도영 대표님과 관계자 분들께도 역시 깊은 감사를 드린다. 우리가 3년 동안 길을 나설 때마다 함께 기도해주시고 응원해주신 마닐라 한인연합교회(KUCM)의 성도님들과 목사님들께도 감사함을 전한다. 마지막으로 우리의 모든 일정을 함께하시고 인도해주신 나의 하나님께 모든 영광을 돌린다.

2021년 3월
서지나

히말라야 6좌 난이도 및 여행환경표

산	난이도(1~5)	시설 및 여행환경(1~5)
시샤팡마(티베트)	★	★★★
브로드 피크	★★★★★	★
K2	★★★★★	★
가셔브룸 1 · 2	★★★★★	★
낭가파르바트	★★	★★

1―최저, 5―최고

• SHISHAPANGMA •

1. 시샤팡마

티베트 대평원 : 장사의 꿈

시샤팡마 베이스캠프 트레킹 소개

▪시샤팡마(Mt. Shishapangma 8,027m)

시샤팡마는 8,000m급 메이저 봉 14좌 중 14번째 봉이다. 티베트어로는 '풀밭이 있는 산'이라는 뜻의 시샤방마, 중국어로는 시샤팡마(希夏邦马峰), 산스크리트어로는 '성자(聖者)가 거처하는 곳'이라는 뜻의 고사인탄(Gosainthān)으로 불렀다.

주봉(8,027m)을 비롯해 중앙봉(8,008m), 서봉(7,966m), 동봉(7,703m), 남동봉(7,486m), 남봉(7,119m)으로 구성되어 있는데, 시샤팡마의 정찰이나 등반은 오랫동안 금지되었다.

1921년 영국 에베레스트 정찰대가 동면을 정찰했고, 오스트리아의 하인리히 하러(Heinrich Harrer) 일행이 티베트 망명 생활 중 북서면을 관찰했다. 1949년 영국의 틸만(H. W. Tilman)이 랑탕 히말, 가네시 히말 탐사 및 틸만 콜 진출 중 시샤팡마 정찰을 시도했으나 실패했다.

1950년 미국 내셔널 지오그래픽에서 시샤팡마 산맥을 망원 렌즈로 사진 촬영했고, 1952년 스위스의 토니 하겐(Toni Hagen)이 랑탕 히말을 답사했다. 1954년에 오스트리아의 등산가 아우프슈나이터(P. Aufschneiter)가 랑탕 및 시샤팡마 지형도를 최초로 발표했다.

각국의 국력을 앞세운 8,000m급 14개 산의 등정 레이스가 펼쳐진 지

10년 만인 1960년 쿠르트 딤베르거(Kurt Diemberger) 등 오스트리아, 독일, 스위스 합동 원정대가 13번째 산인 다울라기리(8,167m)를 등정하여 8,000m급 14개 산의 등정이 곧 완료될 것 같았으나, 중국 정부의 등반 금지로 시샤팡마의 등반은 오랜 기간 지연되었다.

중국은 처음에는 정치적인 이유로, 이후에는 중국의 산을 스스로 등정하려는 계획하에 외국에 개방을 유보하고 꾸준한 노력을 기울였다. 허경을 원정대장으로 대규모 중국 시샤팡마 원정대를 구성했고, 1964년 5월 2일 오전 10시 20분 8,000m급 산 중 마지막으로 남아 있던 시샤팡마를 초등했다.

1990년을 기점으로 외국인에게도 개방하였으나, 1990년대 이후의 등반 중 사망률이 16%에 이를 정도로 시샤팡마는 매우 어려운 산이다.

트레킹 주의 사항
비자 및 허가 사항

개인 입국은 허용되지 않으며, 네팔 입국시 네팔 이외의 국가에서 받은 중국 비자로는 입국을 허용하지 않는다.

중국 단체 비자와, 티베트 입경 허가서 및 외국인 허가서와 국경 통과 허가서가 필요하다. 방문 시 각 방문 지역마다 세세한 허가를 받아야 한다. 현실적으로 최초 허가받은 지역 이외의 지역을 가거나 일정을 변경하는 것은 불가능하다.

네팔 라슈와 포트 – 중국 길롱 포트 이민국 개방 시간
• 양측 오전 10시~오후 5시 30분. 연중무휴
• 네팔–중국 간 시차 : 2시간 15분(만약 네팔이 11시일 경우 중국은 8시 45분이다.)

행정 서류 이외 주의 사항 – 고소 적응 기간의 확보

길룽(吉隆, 2,600m) 시내에서 고소 적응 기간을 반드시 가져야 한다. 길룽 포트부터는 도로가 아스팔트로 포장되어 있고 차량의 상태도 모두 좋으나, 길룽 시에서 시외로 나가면서 곧바로 우정공로(Friendship Highway: 티베트 라싸와 네팔 카트만두를 잇는 길)에서 가장 높은 마랍산(马拉山)을 지나는 마라 패스(Marra Pass 5,236m)로 급상승한다. 이후 펠쿠초 호수에서 조금 내려서지만 고도가 4,500~5,000m 수준으로 내내 유지된다.

우정공로를 따라 카일라스, 시샤팡마, 에베레스트, 초오유 BC 등을 방문하는 경우는 필연적으로 5,000m를 넘어서는 고도로 올라가게 된다. 길룽 시에서 1~2일 이상 쉬면서 고소 적응 기간을 가지지 않으면 고산병으로 여행은 반드시 실패하며, 때로는 죽음에 이르거나 죽음에 가까운 고통을 겪게 되므로 일정에 여유를 가져야 한다.

네팔 라슈와 포트에서 길룽 시내까지는 25km 정도의 거리다.

우리 부부의 트레킹 전략

2018년 가을 산을 타다가 문득 2019년 여름 K2와 연계하여 시샤팡마를 트레킹하려면 일정이 길어지고 당연히 비용도 단번에 많이 들며 여정과 관련된 행정 절차가 너무나 복잡하다는 데 의견이 모아졌다. 그래서 2018년 12월~2019년 1월 사이에 시샤팡마를 트레킹하기로 하고 정보를 수집했다.

시샤팡마로 가는 최단 코스는 그동안 네팔–중국의 주요 무역로 및 여행로인 장무–코다리 국경을 넘는 것이었으나 2015년 네팔 대지진으로 도로가 모두 붕괴되었다. 2018년 11월 현재 중국 측 도로는 복구가 완료되었으나 네팔 측은 복구되지 않고 있었다(2020년 11월 현재도 장무–코다리 국경의 통행은 재개되지 못하고 있다).

그 외의 옵션은 화물 교역만 허용되던 네팔의 라슈와 국경을 넘는 것이었다. 그러나 2017년 8월까지도 이 구간의 외국인 통행이 금지되고 있었고, 2018년까지 이 구간을 넘어본 한국 여행사도 없었다.

티베트 라싸의 현지 전문 투어 회사들과 네팔 카트만두의 투어 회사들도 겨울의 비성수기에 티베트 사이드에서 가장 유명한 에베레스트나 카일라스도 아닌 아무도 가지 않는 시샤팡마에 그것도 소수인 2명만 가려는 것에 대해 아무도 관심이 없었다. 비행기로 바로 티베트 라싸로 들어가는 것 자체도 불가능했다. 시샤팡마는 개인 입국도 전혀 안 되는데 과연 서류는 뭘 준비해야 하는지, 아무것도 알 수 없는 아주 암흑 같은 코스였다. 전세계를 다 뒤져도 답이 없었다.

남은 옵션은 랑탕 국립공원으로 들어서는 입구 마을인 샤부르베시에서 라슈와 국경까지 가는 길이다. 이 길은 지프로 불과 30분 정도면 갈 수 있는 거리다. 랑탕에서 고소 적응을 마친 뒤에 시샤팡마로 가면 큰 무리가 없는 매력적인 코스이다.

한참을 고민하고 애태웠지만 알게 되는 것은 없었다. 결국 늘 그렇지만 집에 앉아 몇 달 동안 아무리 정보를 취합해도 현지에 가서 반나절 둘러보는 것만 못하다는 것이 우리의 판단이었다. 일단 네팔 카트만두로 들어가 행정 처리를 현지에서 직접 다 해보기로 했다. 가능하다면 시샤팡마로 가는 길의 위밍업 삼아 랑탕을 라운딩하고 중국 국경을 넘기로 했다.

크리스마스 휴가 등으로 시간이 나는 겨울철, 우리는 길을 나섰다. 그러나 우리는 몰랐다. 한겨울 티베트의 추위가 어느 정도인지, 왜 사람들이 겨울에는 티베트에 가지 않는지, 왜 칸첸중가 이북의 티베트 지역에서 겨울이면 모두가 산에서 내려오는지, 실제로 온몸으로 실감하기 전에는 전혀 몰랐다.

그렇게 충동적인 의기투합으로 카트만두에 도착한 뒤 하루 종일 타멜 시내의 티베트 에이전시 수십 곳을 다녔다. 이틀 동안 다녀본 여러 에이전시

중 마침내 믿음직해 보이고 솔직하며 지리에 해박한 산사람의 특성을 모두 지닌 경험 많은 회사인 미션 에코 트레킹(Mission Eco Trekking)이라는 에이전시를 선정하고 티베트 현지의 여행사 사장과 카트만두의 여행사 사장과 우리 부부가 스피커폰으로 전화 통화를 했다.

연말이라 시간이 많이 걸리겠지만 선금을 주면 2주 정도 걸려서 시샤팡마 행 행정 처리를 완료하기로 했다. 우리가 랑탕을 라운딩하고 하산했을 때 랑탕 입구인 샤부르베시까지 직접 여권과 서류를 배달해주면 잔금을 치르는 방식으로 하기로 했다.

선금만 받고 잠적할 수도 있고, 여권 원본을 맡겨야 하는 것이 마음에 걸렸지만 선택의 여지가 없었다. 랑탕 트레킹에서 에이전시의 조언처럼 여권 복사본만으로도 국립공원 입장과 검문소의 검문과정에서 아무 문제도 없었다.

모진 추위를 겪으며 랑탕과 고사인 쿤드 산행을 마치고 12월 30일 하산했으나 연말이라 서류가 나오지 않았다. 우리 부부는 포터를 구하는 데 도움을 많이 준 동네에서 가장 허름한 숙소를 마음 편한 쉼터로 삼았다.

2019년 1월 1일 아침. 샤부르베시로 서류를 배달해준다는 연락을 받았다. 방 안에서 조용히 지내며 인터넷만 보다가 드디어 국경을 넘게 되었다.

	시샤팡마 트레킹 실제 (2019. 1. 1.~2.)
1일	샤부르베시(Syabrubeshi) — 네팔 라슈와 포트(Rasuwa Fort) — 중국 길롱 국경(吉隆口岸 Kyilong Fort, Tibet China 2,600m) — 길롱(吉隆 2,600m)
2일	길롱(2,600m) — 마라 패스(Marra Pass 5,236m) — 펠쿠초 호수(Pelkutso Lake 4,590m) — 시샤팡마 BC(Shishapangma BC 5,000m) — 올드 팅그리(Old Tingri, 老定日 4,400m) — 길롱(2,600m)

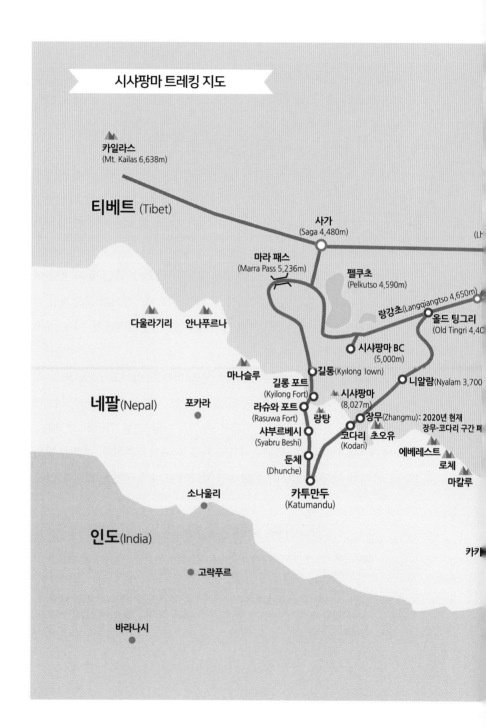

시샤팡마 트레킹 지도

카일라스
(Mt. Kailas 6,638m)

티베트 (Tibet)

사가
(Saga 4,480m)

마라 패스
(Marra Pass 5,236m)

펠쿠초
(Pelkutso 4,590m)

랑강초(Langqiangtso 4,650m)

올드 팅그리
(Old Tingri 4,4C)

시샤팡마 BC
(5,000m)

다울라기리   안나푸르나

마나슬루

길롱(Kyilong Town)

길롱 포트
(Kyilong Fort)

시샤팡마
(8,027m)

니알람(Nyalam 3,700)

네팔(Nepal)   포카라

라슈와 포트
(Rasuwa Fort)

랑탕

장무(Zhangmu) : 2020년 현재
장무-코다리 구간 폐

샤부르베시
(Syabru Beshi)

코다리   초오유
(Kodari)

에베레스트

둔체
(Dhunche)

로체

소나울리

카투만두
(Katumandu)

마칼루

인도(India)

카카

고락푸르

바라나시

30

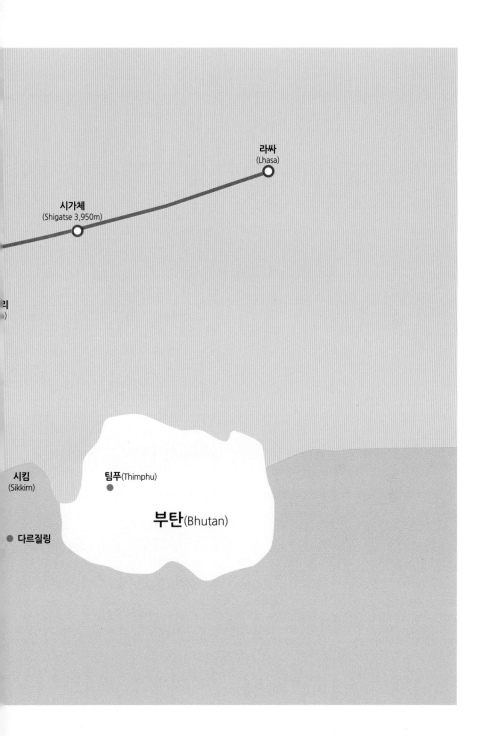

⊕ 시샤팡마 1일 차

네팔 라슈와 포트
(Rasuwa Fort)

길룽
(吉隆 2,600m)

샤부르베시
(Syabrubeshi)

중국 길룽 국경
(吉隆口岸 Kyilong Fort, Tibet China 2,600m)

　　랑탕 라운딩을 마치고 네팔과 중국의 국경에서 새해와 생일을 동시에 맞이했다. 나이는 숫자로만 구분 짓는 것일 뿐, 어제와 전혀 다를 것 없는 삶의 연장선상이라고 생각하곤 했다. 그러나 벌써 많은 선배들이 49살을 넘기지 못하고 유명을 달리했고, 친구들과 후배들도 40대에 들어서면서 많이 세상을 버렸다. 내심 나도 49살을 잘 넘길 것인지 자신이 없었다. 그러나 그들이 아깝게 넘기지 못한 49살에 도달한 것이다.

네팔 라슈와 포트 - 중국 길롱 국경
네팔 라슈와 포트, 라슈와가디 (Rasuwa Fort, Rasuwagadhi)는 2014년 트리슐리 강을 따라 네팔 카트만두 북부 120km 지점, 랑탕 국립공원에서 약 30km 지점의 네팔-중국(티베트) 간의 소금 무역으로 유명했던 길에 건설됐다.

오전 9시.

늘 해외를 다니는 우리 부부는 다른 나라에서 서류 처리를 어떻게 하는지 매우 잘 안다. 오늘은 생일 기념으로 이리저리 여러 곳을 불려 다니고 온몸으로 탁구를 칠 것으로 생각했다.

보기만 해도 복잡한 서류를 에이전시 사장에게 일단 정시에 받아야 했다. 그걸 들고 랑탕 입구 마을인 샤부르베시에서 출발해 네팔 라슈와 중국 길롱 국경의 만만치 않은 이민국을 지나야 하는 날이다. 신경이 매우 쓰였다.

며칠 묵은 로지에 숙박비를 지불했다. 서류를 가지고 카트만두에서 오고 있는 에이전시 사장을 기다렸다. '에이전시'란 히말라야 트레킹 등 특별한 서비스를 처리해주는 여행사를 말하는데 일반 여행사와는 많은 점이 다르다. 에이전시 선택에 따라 여행 성공의 향방이 갈린다.

네팔 라슈와 국경 세관   네팔 라슈와 이민국

　정말 힘들게 다리품을 팔아 우여곡절 끝에 '미션 에코 트레킹'과 계약했
는데 이 에이전시는 책임감 있게 일을 참 잘해줬다.

　중국과 시차가 있어서 네팔 측 국경이 2시간 15분 일찍 열린다. 네팔 국
경 이민국에서 일을 해도 중국 국경의 문은 일찍 열리지 않으니 서류가 일
찍 와도 별 소용은 없다. 그러나 비포장도로의 험한 길을 새벽에 지프를 타
고 달려오는 에이전시 사장이 정확하게 시간을 지키기 어려울 것 같아 마
음이 불안했다.

　그러나 그는 약속 시간인 10시에 정확하게 도착했다. 네팔에서는 보기
드물게 정확한 사람이다. 그가 타고 온 지프를 타고 다 같이 라슈와 국경
으로 향했다.

　라슈와 국경 세관에 30분 만에 도착했다. 카고 백을 모두 열어 보이며
엄한 검문검색을 받았다. 이 지역에서 중국 사람들이 좋아하는 물품들이
많이 나기 때문에 중국인 보따리상들의 밀수가 많다. 그러나 광활한 국경
에 국경 세관과 이민국 근처 일부에만 펜스가 쳐져 있다. 양국의 사람들이
자연스럽게 산길을 따라 국경을 넘나드니 큰 도로만 막는다고 밀수를 막을

수 있는 건 아닐 텐데, 라고 생각했다.

너무 심하게 짐을 검색하길래 뭔가 감이 있어 패스포트를 가리키며 우리는 중국인이 아니라고 했다. 웃으면서 "코리안 두이자나(한국인 2명이에요).", "차이나 처이나 처이나(중국인 아니에요)."라고 말도 안 되는 네팔어를 구사했다.

네팔 이민국 직원들도 어색하게 웃으면서 "차이나가 아니야?"라고 하더니 검색을 간단하게 했다. 검문검색을 여러 번 받은 뒤 다시 차를 타고 라슈와 이민국에 5분 만에 도착했다.

이민국 일은 에이전시 사장에게 맡기고, 되돌아올 일을 생각해서 중국 측에서 오는 사람들에게 그쪽 이야기를 들어봤다. 타멜에서 라슈와로 돌아오는 길의 합승 지프 비용은 1인당 네팔 2,500루피 혹은 중국 돈 150위안이라고 했다. 2명이니 5,000루피 혹은 300위안이면 충분했다. 원래 티베트에서 네팔로 돌아가는 지프는 에이전시 사장이 준비해주기로 계약했는데, 그가 100달러, 약 13,000루피를 더 부담하면 라슈와에서 다시 타멜까지 돌아올 수 있게 해주겠다고 제안했다. 그런데 국경 앞에 지프는 줄을 지어 너무나도 많아 공급 과잉이었다. 얼른 봐도 돌아오는 길에 라슈와에서 타멜까지 100달러 이하로 지프 1대를 전세 낼 수 있을 것 같아서 우리가 알아서 하기로 하고 들어간 비용은 나중에 카트만두로 돌아와 환불 받기로 했다.

네팔 측 이민국은 점심시간이 오전 11~12시라서 마음이 급했다. 결국 점심시간에 걸려 12시까지 기다린 다음 중국 측 이민국으로 향하는 임시로 가설된 철제 다리를 건넜다(이 임시 다리는 2019년 6월에 콘크리트 다리로 다시 개설됐다).

다리를 건너니 웅장한 대리석 건물이 길을 통째로 막고 서 있었다. 네팔 측에서는 점심시간이 지났지만, 중국 시간으로는 아직 업무 시작 전이었

다. 중국 측 길롱 국경 이민국의 손님은 우리 부부밖에 없었다. 우리가 올해의 첫 외국인 손님인 것이다.

이민국 건물의 입구로 들어서기 전에 네팔 측 에이전시 사장이 티베트측 가이드, 운전사를 소개해주고 간단하게 미팅을 했다. 티베트인 운전사와 가이드는 생김새가 거의 한국인 같았다. 마치 동네 아저씨나 어릴 적 친구 같은 수수한 모습이어서 거부감은 전혀 없었다. 영어도 잘하는 편이었고, 넘겨받은 서류를 잘 챙겨서 이민국 수속을 준비하고 간단한 주의 사항도 알려줬다. 네팔 측 에이전시 사장은 티베트 측 사람들에게 우리 부부를 시샤팡마 BC에 정확하게 도달하도록 꼭 도와줘야 한다고 아주 여러 번 신신당부했다. 상당히 고마웠다.

2019년 라슈와 국경은 새해 첫날 떠나기 직전까지도 통과가 가능할지 사실 네팔 사람도 한국 사람도 아무도 알지 못했다. 2018년 내내 이 길을 지나간 사람이 없다가 2019년 1월 1일부터 외국인을 통과시켜준다고는 했지만 통과해봐야 통과되는 줄 아는 게 네팔 혹은 중국이었다. 상황이 그러니 당연히 트레킹 루트를 잡는 데 애로가 많았다. 여러 곳에 문의해도 우리 부부를 시샤팡마에 데려다주겠다는 곳이 없었다. 아무런 정보도 없이 카트만두에 도착해 에이전시를 찾아보기로 하고 그냥 부딪쳤을 뿐이다. 라싸와는 달리 카트만두에서는 오직 '돈'이 문제였고, 정확한 지불이 가능하다면 비수기인 겨울에도 우리 부부의 요구를 들어줄 이들이 있었다.

30분 정도 기다리니 제복의 날을 칼날같이 세운 이민국 직원들이 자리에 들어섰다. 전자식 지문 날인을 하고, 여러 가지로 수속 과정이 복잡해서 기분은 좋지 않았다. 그런데 곤란하게도 이민국 직원의 친절도가 어땠냐는 질문이 LCD 화면에 떴다.

'별로였다'를 누르고 싶었지만 그걸 누르면 여행을 하지 못할 것 같아 '매우 친절했다'를 눌렀다. 만족스런 웃음의 이민국 직원을 뒤로하고 본격적인 통과 의례를 시작했다.

짐은 네 번을 열어 다 보여줘야 했고, 짐 안의 책 종류는 매우 정밀하게 살펴봤으며, 전화기의 락을 풀어서 내부 파일까지 열어서 다 보여달라고 했다. 이민국 직원은 자신들이 직접 가이드북을 보고 확인하고 있으면서도 지도나 가이드북 같은 걸 안 가져온 것에 대해 신기하게 생각하는 것 같았다. 그러나 정작 네팔에서 구한 티베트 가이드북과 정밀한 지도들은 이민국 검색 담당 직원 앞에 당당하게 놓여 있었다. 우리가 네팔 신문지와 신발 가방에 넣어갔는데 그들은 우리 부부가 이렇게 당당하게 들고 들어올 줄 몰랐던 것 같다.

모든 어려운 관문을 다 끝내자, 이민국의 직원들과 길롱 이민국장으로 보이는 사람이 새해 인사를 하며 미소를 지어주어서 우리도 웃으며 그들과 악수를 했다.

이민국의 문이 열리자 비포장에 깎아지른 절벽 길인 네팔과는 달리 아스팔트가 깔린 넓은 주차장이 있었다. 성수기에는 매우 잘될 듯한 상점들이 10개 정도 있었다. 잘 닦인 아스팔트 도로가 길게 펼쳐져 있었고, 길이 좋아져서 그런지 이 지역의 트레킹 전용차도 랜드크루저가 아닌 뷰익이었다. 이게 웬 뷰익인가? 차의 실내에는 중국 공안이 승차한 이들에 대한 감청 등 직접 감시가 가능하다는 이동식 CCTV가 달려 있었다. 가

중국 길롱 이민국 앞에 주차된 뷰익

이드는 차를 타기 전에 혹시라도 차 안에서 중국에 대한 부정적인 발언을 절대 하지 말라고 여러 번 당부했다.

차가 출발하고 강을 낀 아스팔트 길을 따라 절경이 펼쳐지는 높은 언덕을 여러 번 오르내리고, 공안 초소에 내려 5번 정도 검문을 받으면서 길롱 시내로 향했다.

길롱으로 가는 길에는 군부대가 여러 곳 있고 공안 본부도 여러 곳이 있었다. 공권력이 매우 강하게 미치는 곳인 듯했다.

차는 한참을 달려 길롱 시내에 접근했는데 동네를 둥글게 둘러싼 매우 높은 설산들이 인상적이었다. 예전에 중국의 고승 현장 법사도 이 길을 넘어 인도로 갔고, 티베트의 고승 밀라레파도 마지막 수행처를 저 설산으로 잡았다는데 그 이유를 알 것도 같았다.

은행이 밀집한 골목에 위치한 호텔에 짐을 풀었다. 겨울의 찬 바람에 대비하여 이동식 대형 히터가 방 안에 설치되어 있었다. 여러 채널의 시청이 가능한 TV가 있었고, 핫 샤워가 가능한 새 호텔이었다. 근 3주간 더운물로 씻지 못한 우리 부부는 이 점이 매우 마음에 들었다.

티베트 여행의 옵션이 대개 그렇듯이 우리 옵션에도 점심 식사와 저녁 식사가 불포함이었다(티베트 단체 관광의 경우 총 여행 금액 아래 작은 글씨로

길룽 시내

'식사 본인 부담'이라고 되어 있다. 현지에서 개인 부담이 많아지고 복잡해지는 이유가 여기에 있다).

이제 저녁 식사를 해야 하고 환전을 해야 하는데 은행은 문을 닫았다. 가이드가 동네 일반 환전소나 가게들이 환전을 해주지만 위조지폐가 많아 곤란하다면서, 자기 주머니에서 중국 돈 500위안을 꺼내 주며 우선 쓰고 네팔로 갈 적에 달라고 했다. 여러 여행 중에 이런 가이드는 처음 봤다.

어쨌든 돈이 생겼으니 식사를 해야겠는데, 메뉴판이 별로 없고 가격표도 없는 집이 많으며 메뉴도 여러 가지였다. 몇 곳을 둘러보다가 만둣집 같은 곳에 들어갔는데 밥도 팔았다.

차이나 타운을 수도 없이 다녔으나 탁자를 '탕탕' 치면서 "점소이(점원), 황주 한 근에 돼지 간과 허파를 볶은 것을 가져오시오!!!" 하는 무협지 스타일의 주문은 능력이 안 되는 것이었다.

물가를 잘 모르니 대충 눈치로 얼큰한 만두탕에 밥 한 공기를 시켰다. 만두탕은 한 그릇에 5위안이고, 밥은 한 공기에 1위안이었다. 밥을 먹은 뒤 동네를 더 둘러보니 네팔 식당도 많고 샤부샤부 집도 많았다. 네팔식은 지치도록 많이 먹었으니 우리에게는 맛있는 음식이라고 할 수 없었고, 샤부샤부 집은 문을 열지 않은 곳이 많았다.

다행히도 살아 있는 송어부터 돼지고기, 쇠고기, 야채와 과일 등 먹을거리는 뭐든지 다 파는 듯한 큰 식품점들이 시내 중심가에만 6곳이 있었는데 가격표가 없는 집이 3곳, 가격표가 있는 집이 3곳이었다.

당연히 가격표가 있는 집을 기준으로 해서 가격표가 없는 집에서 물건

값을 여러 번 물어보았다. 3번 정도 다른 가게들을 들렀는데 결국은 가격표가 있는 곳이 가장 싸고 물건이 좋아서 그곳에 자주 들르게 됐다. 우선 컵라면과 몇 가지 과자류를 샀다.

길롱 시내의 한복판에는 역사적으로 매우 중요했던 말파사(帕巴寺, Paba si)가 크게 자리 잡고 있다. 중요 유적지로 정해져 있다는 표지가 있다.

인도 바이샬리에서 태동하여 네팔 카트만두 분지로 이주하여 현재의 박타푸르에 자리 잡고 있었던 네팔 라차비 왕조는 부처님도 자주 언급하여 역사에 많이 남은 왕조다. 암슈바르마 왕(Amshuvarma, 595~621년)의 딸인 브리쿠티(Bhrikuti) 공주가 토번(옛날에 '티베트 족'을 이르던 말) 왕 송첸캄포에게 시집을 가던 중 모시고 온 불상 하나를 이 절에 봉안했다고 전해진다.

암슈바르마 왕은 토번과의 국혼을 통해 인도와 티베트를 잇는 무역로를 열어 상거래를 확장하고 큰 소득을 얻었는데, 라차비 족의 건축가와 장인들을 티베트로 보내 조캉 사원과 같은 건물과 탑을 많이 지었다고 전해진다.

말파사 주변으로 반듯한 새 건물들이 자리 잡고 있어서 마치 큰 절 주변의 상가 같은 모습이었는데, 스님들이 경을 외는 소리가 마치 정법을 거부하며 정토 세계로 가기를 거부하는 것 같았다. 사천왕의 외호도 없는 내공 0의 건물로 보였는데, 역사적인 건물이라는 표지를 세워놓고도 내부를 보는 것을 금지했다.

시샤팡마 트레킹을 마친 후에 사이드 트립(side trip)으로 길롱 시 외곽에 있는 작은 절에 갔는데 산 멀리서부터 사원을 외호하는 강력한 기운이 느껴졌다. 그 절의 스님들은 모두 추방되고 재가 신도들이 스스로 운영하고 있는 절이었다. 절에는 오색 깃발이 휘날리고 중국, 네팔, 인도, 미국 등 여러 나라의 돈이 매달려 있고, 보시의 공덕을 상징하는 찰흙으로 만든 공양물들이 가득했다. 법당의 불상도 마주 보고 서 있기 부담이 갈 정도로 생생한 기운이 넘쳐흘렀다. 그렇다. 본래 이 지역은 여러 종교의 수많은 논사들과 현자들이 걸었으며 성자들이 깊은 산속에서 명멸한 곳이 아니었던가?

시샤팡마를 가기 위한 하루가, 그리고 새해가 시작되었다. 아직 랑탕과 고사인쿤드(4,380m)를 다녀온 후유증이 남아 있어 다리가 여전히 아프다.

오늘은 남편의 생일, 어제 급하게 구한 초코파이에 성냥 3개를 꽂고 생일 축가를 요란하게 불러댔다. 미안한 마음에 목청만 키웠다. 대부분 남편 생일은 산 혹은 길에서 맞는다. 결혼 초에는 즉석 미역국이라도 챙겨 오곤 했는데, 해마다 성의가 없어진다.

미리 섭외해둔 에이전시 차량이 우리 서류를 들고 카트만두에서 새벽 4시쯤 출발한다고 했으니 오전 10시쯤 이곳 샤부르베시에 도착 예정이다. 우리는 일찍 짐을 싸고 1층 식당에서 간단한 아침을 먹으며 기다렸다.

오랫동안 기다렸기 때문인지 긴장감이 더해졌고 이상 식욕을 느끼는 듯했다. 결국 중독성 강한 모모를 한 접시 더 시키고 두근거리는 마음으로 지프를 기다렸다. 기다리던 지프가 도착하고 이틀간 잘 머문 숙소의 주인분들께 감사를 표하고 길을 나섰다.

3시간쯤 더 가야 중국 국경이라고 했는데 뭔가 좀 이상한 것 같다. 40분쯤을 덜컹거리며 갔을까? 남편이 국경에 도착한 것 같다고 했다. 설마! 아무리 카트만두에서부터 차가 온 것이라고 해도 난 이 지프를 한 시간도 채 타지 않은 듯한데 그 비싼 차비를 지불했다는 것인가? 그런 생각도 잠시 경찰과 군인들이 번갈아가며 짐 검사와 몸수색을 했다.

가방을 통째로 거꾸로 털어서 조그마한 화장품 가방까지도 뒤지고 또 뒤진다. 여권을 보고 "코리안?" 하면서 신기해한다. 그 뒤로도 짐 검사는 수시로 이뤄졌고 심지어는 스무 발자국도 안 가서 또 검사하는 곳도 있었다. 국경에 도착하니 네팔 측 이민국이 점심시간이라고 문을 닫았다.

중국 추위가 대단하다더니 차 문을 열고 나갔다가 다시 그대로 들어왔다. 얼마나 추우려나……. 중국은 네팔보다 시설은 좀 괜찮을까? 그렇게 시간이 흐르고 드디어 네팔 국경을 통과하여 중국 쪽으로 넘어갔다.

네팔 쪽 이민국을 지나왔음에도 또 다시 짐 검사. 바람은 쌩쌩 불고 짐 검사하는 군인들도 추워서 발을 동동 구른다. 한국인인 것을 알고 반갑게 인사한다. "안녕하세요?" 한국말을 조금 할 줄 안다고 했다. 비교적 수월하게 통과해서 다리를 건너, 중국 가이드 텐징과 만났다. 거센 바람을 피해 이민국으로 들어갔다.

갑자기 과거에서 현실로 귀환한 것 같다. 중국 측 이민국은 네팔 측 이민국과는 다르게 최첨단 시스템을 갖추고 있었다. 카고 백에 있는 네팔 가이드북은 한글임에도 불구하고 한 장 한 장 살펴본다. 티베트 관련 사진이나 달라이 라마 사진이 나오면 압수이고 입국을 거절당할 수도 있다고 했다. 심지어 우리 핸드폰의 사진들까지 살펴보고서야 이민국을 빠져나올 수 있었다.

이번 우리 여행의 가이드 텐징은 나이가 좀 있는 인상이 아주 좋은 티베트 출신이었다. 운전하는 아저씨도 인상이 좋았다. 네팔에서 덜컹거리는 비포장만 다니다 아스팔트로 포장되어 있는 길을 달리니 멀미가 났다.

시차 때문에 벌써 4시 가까이 되어가고 있었다. 놀라운 사실은 이 넓은 중국이 하나의 시간대를 사용하고 있다는 점이다. 중국 내에서는 시차가 없다는 것이다. 그게 가능할까 싶은데 중국은 그렇다고 했다.

1시간 정도 가면 길롱이라고 했다. 좋은 차를 편안하게 타고 가니 이건 또 무슨 호사인가 싶어서 어리둥절했다. 그러나 우리는 계속해서 검문에 응해야 했다. 수시로 차에서 내리고 타고를 반복해야 했다. 공산주의란 이런 것인가? 참 불편하고 왠지 모를 두려움을 갖게 한다.

저 멀리 제법 큰 도시가 보이고 그곳이 길롱이라고 했다. 외관으로는 시설이 그렇게 좋을 것 같지 않은 숙소로 들어갔는데 방은 깨끗했고 아주 큰 히터가 있었다. 오는 길에 너무 추워서 침낭을 다시 꺼내야 하나 고민했는데 기우였다. 심지어 뜨거운 물도 펑펑 나왔다. 5성급 특급 호텔 부럽지 않다.

저녁을 좀 빨리 먹을까 해서 나갔는데 추위가 정말 장난이 아니다. 네팔 추위는 추위도 아니다. 당연하지만 길거리는 온통 한문 일색이다. 덕분에 나는 완전 까막눈이 되었고 남편은 거의 다 이해하는 문명인이 되었다. 네팔에서는 둘 다 까막눈이었는데, 한쪽이라도 알아볼 수 있으니 다행이다. 나는 궁금함을 참지 못하고 계속 묻기 바쁘고 남편은 대답하기 바쁘다.

음식점에 들어가 만두탕을 시켜먹고 슈퍼에 들러 간식거리를 잔뜩 샀다. 숙소에 돌아와서도 끊임없이 먹어가며 과자며 라면 등을 품평했다. 중국 땅에 처음 도착한, 아니 공산주의 땅을 처음 밟은 나의 느낌은 '여기도 사람 사는 건 비슷하네.'였다. 다만 감시 속에 조심스럽게 행동해야 한다는 것이 무의식중에서 나를 주눅 들게 만드는 것 같았다.

반드시 허가서가 있는 곳만 갈 수 있다고 했다. 우리 같은 방랑 여행자에게는 불편하고 매력이 없는 장소다. 특히나 추운 것을 싫어하는 나에게는 더더욱 첫인상이 좋지 않다. 아무튼 내 인생에서 뜬금없이 만난 중국의 단일 시간대 정책으로 백야도 아닌데 저녁 9시가 넘어도 아직도 낮인 희한한 광경을 보면서 잠을 청해야 했다.

마라패스에서 본 시샤팡마

🧭 시샤팡마 2일 차

| 마라 패스 | 시샤팡마 BC | 길롱 |
| (Marra Pass 5,236m) | (Shishapangma BC 5,000m) | (2,600m) |

길롱 (吉隆 2,600m) · 펠쿠초 호수 (Pelkutso Lake 4,590m) · 올드 팅그리 (Old Tingri, 老定日 4,400m)

오늘은 드디어 시샤팡마 베이스캠프로 향하는 날이다.

그러나 티베트의 히말라야 베이스캠프들(에베레스트, 초오유, 시샤팡마 등)은 모두 차를 타고 가거나 마차나 말을 타고 갈 수 있는 곳에 있어서 어쩐지 사기를 당하는 기분도 들고 산을 탄다고 말하기도 민망한 기분이 들어서 마냥 신나지는 않았다. 히말라야 베이스캠프는 뭔가 좀 고되고 긴 길을 걸어서 가야 뭔가 보람도 있고 추억거리도 많이 남는 건데 마치 부정한 방법으로 산에 가는 것 같은 묘한 죄책감도 있었다.

아침은 간단한 호텔 조식을 먹었다. 본래 계획은 시샤팡마 BC를 둘러본

후에 에베레스트 BC의 관문인 팅그리에서 에베레스트를 바라보며 숙박을 하기로 했지만, 가이드가 가능하면 길롱으로 다시 돌아오는 게 좋을 것 같다고 한다. 이유를 물으니 팅그리는 숙소 상황이 너무 열악해서 손님들에게 권하지 못한다는 것이다. 그러자고 하고 쌌던 짐을 풀었다.

아내의 컨디션이 엉망인 오늘 시샤팡마에 가게 되어 마음이 편치 않았다. 중국 정부의 특이한 단일 시간대 정책으로 어제 저녁에는 늦게까지 훤하더니 오늘 아침에는 8시가 되어도 캄캄하고 매서운 찬 바람이 불었다.

역사적으로도 오늘 넘어가는 길은 주자행(朱子行, 203~282년)으로 시작해서 현장 법사가 인도로 법을 구하러 갔고, 페샤와르와 탁실라와 카슈미르를 거쳐 교학이 꾸준히 전해졌다. 히말라야의 성자 밀라레파가 여러 수행처를 거쳐 수행을 하다 마지막으로 입적한 곳으로도 유명하다.

길롱 근교의 아름답고 큰 산들은 마치 네팔 안나푸르나의 무스탕이나 인도 라다크의 라마유르 지역처럼 달의 지형과 같은 울퉁불퉁한 표면이 인상적이다. 그래서 여기도 문 랜드(Moon Land)라고도 부른다.

차로 이 길을 달려 좌측 카일라스와 우측 시샤팡마로 갈라지는 지점으로 가려면 마랍산(马拉山, 5,380m) 아래 마라 패스(5,236m)를 넘어야 한다. 마라 패스를 넘어 펠쿠초 호수에 도착해도 이후로 4,500m 이상의 높은 고도를 유지하다가 해발 5,000m의 시샤팡마 BC에 도착하게 된다.

우리의 9번째 히말라야 BC인 시샤팡마 BC를 지난 뒤 오늘 우리가 가는 최종 목적지인 팅그리로 진입하여 조금 더 가면 티베트 측 초오유 BC, 에베레스트 BC를 만나게 된다. 팅그리 역시 비슷한 고도를 유지하다 더 급격하게 상승하므로 고소 적응을 미리 해두지 않으면 고산병으로 여행을 계속 할 수 없게 된다.

오전 9시. 어제와 마찬가지로 가이드와 운전사와 우리 부부 2명이 차에 탑승하여 길을 떠났다. 어제 준비한 간식을 많이 들고서 차에 탔다. 처음

길롱 근교 문 랜드

에는 간식을 각자 먹다가 가이드, 운전사와 바꿔 먹으면서 길을 갔다. 차는 여전히 뷰익, 거리는 매우 추웠다.

　시내 외곽에 번듯한 주유소가 있기에 화장실에 들렀다. 소문으로만 듣던 화장실, 즉 친구와 대화하면서 큰 볼일을 보는 벽이 없는 화장실이었다. 가이드와 운전사 둘이서 담배를 피우면서 큰 볼일을 보고 있어서 어이도 없고 많이 놀라서 바로 나왔다. 여기가 이 정도면 다른 곳은 어떨 것인가?

　차가 시내 외곽으로 빠져나가는데 가만히 앉아서 편안히 아름다운 풍경을 보고 있으니 마음이 편치 않았다. 이 길을 걸어서 가야 하는데 차를 타고 가는 것은 죄를 저지르는 듯하고 사기를 치는 듯한 느낌의 연속이었다.

　'밀라레파의 마지막 수행 동굴, 출생지'라는 표지가 나왔다. 저 높고 먼 언덕 위에 수행 동굴이 있다고 한다. 매우 가파른 길이지만 차로가 나 있다. 조금 더 가니 밀라레파 유적지라는 좀 더 큰 갈색 표지판이 있었다. 돌아오는 길에 들러보자고 했더니 그것도 역시 허가가 필요하니 안 된다고 한다. 몹시 흥분했다가 풀이 죽었다.

　동네는 마치 인도의 라다크처럼 울퉁불퉁한 달 표면 같은 지형이다.

초모랑마(에베레스트) 자연보호지구

20분 정도 가자 길롱 시내가 나왔는데 여기도 사람들이 많이 살고 가게도 많다. 그리고 '대당법사 현장 서역행로 기념비'가 서 있다. 이 길로 혜초 스님은 물론 그 이전에도 수많은 중국과 신라의 스님들이 법을 구하기 위해 지나갔다.

여기서부터 완만하게 S자로 곡선을 그리면서 차로가 내내 올라갔다. 5,236m까지 올라간다. 옛날 분들은 이 길을 어떻게 지나갔을지 상상이 가지 않는다.

11시 10분. 5,236m의 도로 정상에 도착했다. Marra Mountains - 마랍산(马拉山, 5,380m). 티베트 측 에베레스트 베이스캠프(EBC 5,200m)보다 더 높은 곳이다. 초모랑마(에베레스트) 자연보호지구로 표시가 되어 있고, 여기서 사진 촬영들을 많이 해서 사진 포인트가 따로 있다.

날씨가 좋으면 에베레스트, 초오유, 마칼루 등이 잘 보인다는데 오늘은 조망이 그리 좋지 않다.

이제 도로는 내리막이 시작되고, 갈림길에서 왼쪽으로 가면 '카일라스 900km'라고 되어 있다. 카일라스는 라싸에서 가는 것보다는 네팔 카트만

펠쿠초 호수

두에서 가는 것이 더 가깝고 여행의 선택지가 다양해지게 된다.

다음번에 이곳을 지나면 카일라스를 지나 파미르 고원의 가장 높은 곳인 쿤자랍 패스를 지나 파키스탄 카라코람 하이웨이를 관통하고 스와트 계곡을 지나 페샤와르를 거쳐 이슬라마바드를 거쳐 라호르로 해서 암리차르를 넘는 학문과 상업의 길인 실크로드를 그랜드 트렁크 로드로 해보거나 파미르 고원 앞에서 좌로 꺾어 또 다른 학문과 상업의 길인 타지키스탄과 우즈베키스탄으로 넘어보자고 하며 아쉬움을 달랬다.

12시. 펠쿠초 호수(佩枯措湖, Pelkutso Lake 4,590m)에 도착했다. 시가체 지역에서 가장 크고 아름답기로 유명한 펠쿠초를 구경하는데 시샤팡마가 북쪽으로 60km 떨어진 곳에서 모습을 드러냈다 금방 사라졌다. 시샤팡마를 지나 에베레스트로 가는 관문인 팅그리까지는 여기서 250km정도를 더 가야 한다.

펠쿠초 사진을 찍고 잠시 쉬었다. 야생 당나귀인 '꺙'을 보호하는 지역이라는 표지가 나왔다. 당나귀이지만 유네스코 보호종으로 지정되어 있다.

펠쿠초 근처의 호텔들은 추위로 모두 문을 닫았다. 처음에 계획을 세울 때 상황이 허락하면 팅그리 대신 펠쿠초에서 1박 하려던 계획도 있었으나, 현지 사정은 그런 계획을 허용하지 않았다.

시샤팡마 BC를 향한 지름길이 닫혀 있고, 사고가 많이 나는지 부서진 차의 잔해들이 도로에 굴러다녔다. 우리 차는 시속 100km로 40분 정도 더 달렸고 우리 차 앞을 야생 사슴들이 더 빠르게 가로질러 갔다.

10분 정도 더 가다가 우회전하여 비포장도로로 진입했다. 검문하는 포스트는 있었지만 가혹한 추위로 공안들이 안으로 들어가버렸는지 검문은 없었다.

시샤팡마 BC (5,000m)

오후 1시 10분. 시샤팡마 베이스캠프에 도착했다. 시샤팡마(希夏邦马峰, Mt. Shishapangma 8,027m)는 16개의 8,000m급 산들 중 세계 14위의 산이고, 산 전체가 중국 영토 안에 자리 잡은 유일한 산이다.

우리 부부가 방문한 9번째 히말라야 베이스캠프다!

히말라야 전체 산군 중에서 가운데에 위치해 있고, 시가체의 니알람 현과 길롱 현 사이에 있다. 히말라야 베이스캠프 13좌를 방문한 사람은 많지만 14좌를 모두 방문한 사람을 찾기 어려운 이유는 시샤팡마 때문이다. 시샤팡마는 그야말로 특별한 방문 목적이 없는 한 트레킹을 많이 하는 산이 아니다.

비포장도로를 덜컹거리며 1시간 정도 차를 타고 가서 근처에 도착했다. 차에서 내리니 뼛속까지 시린 추위가 우리 부부를 강타했다. 산도 안개에 가려 잘 보이지 않았다. 히말라야의 고지에서 수도 없

시샤팡마 입구

시샤팡마 베이스캠프

이 떨었지만 대낮의 추위가 이렇게 강력한 곳은 처음이었다.

부처님이 와선(臥禪) 중인 옆얼굴을 닮았다는 시샤팡마는 얼굴을 잘 보여주지 않았다. 많은 돈과 시간과 노력을 기울여 왔지만 안개에 둘러싸인 산을 보고 있으니 야속한 마음만 가득했다.

잠시 잊고 있었지만 티베트 히말라야는 물론 8,000m급 산 전체가 늘 그랬다. 청명하고 깨끗한 산을 보려면 봄에 와야 한다. 철이 아닌 때 나타나서 좋은 조망을 구하는 것은 우리의 욕심이다. 우리 부부의 9번째 히말라야 베이스캠프는 그렇게 아쉽게 도달되었다.

이곳의 황량한 길을 걸어 더 가면 에베레스트나 초오유의 경우처럼 시샤팡마도 어드밴스 베이스캠프에 도착하게 된다. 어떻게 할지 결정을 못 내렸다.

시샤팡마 베이스캠프 표지석 앞에서 사진을 찍고 주변을 조금 둘러보다가 어마무시한 추위에 온몸이 얼어서 우리 부부는 조용히 차에 올라탔다. 모두가 말없이 정말 도망가다시피 전속력으로 쿵탕거리면서 비포장도로를 지나 고속으로 차를 밟아 팅그리로 향했다.

카트만두의 서점에서 티베트 지역을 촬영한 화보를 본 적이 있는데, 팅그리로 가는 길 위에서 그 장면들이 그대로 보였다. 중국의 침공을 받아 파괴된 티베트의 오래된 성터와 절터들이 그냥 흙벽처럼 처연하게 덩그러니 밭들 사이에 서 있었다. 일제에 나라를 잃은 역사가 있었던 나라의 사람이어서 그런지 티베트 사람들의 심정에 감정 이입이 되었다. 중국은 서양 열강과 일본의 침략을 받아 국토를 유린당하고 수많은 국민들이 목숨을 잃는 참극을 겪었지만, 제2차 세계대전이 끝나고 불과 몇 년 후 같은 방법으로 티베트를 침공하고, 주변국들을 침공하여 드디어 중국 역사상 가장 거대한 영토의 통일 국가를 완성한 것은 역사의 아이러니다.

시샤팡마에서 팅그리까지의 거리는 100km이다. 길은 내내 좋은 편이어서 시속 70km 정도로 달렸다. 차도 옆으로 야생 소와 사슴들이 자주 날듯이 지나쳐 갔다.

오후 2시 20분. 시샤팡마의 다른 측 베이스캠프인 니알람으로 가는 길과 만났다. 우정공로의 중국 측 구간은 모두 정상 복구되었지만, 네팔 측 구간이 2020년 11월 현재까지 복구되지 않아 결국 이 길은 폐쇄된 상태다.

난주 우육면집   티베트 절

'우정공로-상하이까지 5,400km'라는 표지가 보였다.

오후 3시 30분. 올드 팅그리(老定日, Old Tingri 4,400m)에 도착했다. 멀리 에베레스트, 초오유, 로체, 마칼루가 네팔과는 달리 일렬로 죽 늘어서 있었다. 네팔에서는 칼라파타르(5,550m)에 올라가야 에베레스트와 로체를 조금 볼 수 있고, 각 산의 길을 따라 각고의 노력을 거쳐 근처에 가야만 모습을 조금 보여주는 산들이 티베트 측에서는 너무나도 편하게 대평원을 따라 그 크고 거대한 뒷모습을 후하게 보여주고 있었다.

올드 팅그리 길가에서는 많은 사람들이 장사를 하고 있었다. 마치 탄광촌의 겨울 같은 분위기다. 가이드가 단골 식당으로 우리를 데리고 갔다. 난주 우육면과 난주 볶음밥을 시켰는데, 맛은 평이했으나 가격은 매우 비쌌다.

길룽으로 돌아가는 것으로 이야기가 되어 있었지만, 그래도 팅그리 호텔들의 상태를 한번 살펴봤다. 방과 화장실을 보고는 아침에 한 결정이 매우 현명했음을 알게 됐다.

오후 4시. 올드 팅그리를 떠나면서 보는 에베레스트는 어쩐지 멀고 작게 보였다. 초오유나 로체는 이제는 잘 보이지 않았다. 가이드 말이 겨울에는 잘 보이지 않는다고 좋은 철에 오라고 한다.

다음 날 하루는 길롱 근처의 산을 트레킹했다. 주력(呪力)이 강대한 재가 신도들의 힘이 전달되는 진정한 절을 둘러보고 법의 힘을 느꼈다. 가이드가 학교 근처를 지나면서 쓸데없는 것만 가르치는 쓸모없는 곳이라는 말을 조심스럽게 했다. 티베트 사람을 중국인으로 만들고 싶어 하는 교육에 대한 반감이었다고 생각하고 충분히 이해도 했다.

길롱에서 카트만두로 지프 한 대에 10,000루피로 협상해서 타고 갔다.

원래 계획은 시샤팡마 베이스캠프를 갔다가 팅그리에서 하루 머물고 날씨가 허락한다면 주변 조망을 보고 다시 길롱으로 오기로 되어 있었으나, 가이드 텐징이 팅그리 사정이 너무 열악하다고 해서 그럼 그냥 길롱으로 돌아오기로 했다. 도대체 얼마나 열악하길래 그토록 만류하는 것일까? 일단 모든 것이 얼어붙어서 화장실 물도 없을 거라는 말에 팅그리에서의 하룻밤은 과감히 포기했다.

이곳의 시간대가 이상한 건 알고 있었지만 아침 8시가 되어서야 여명이 밝아오고 9시가 되니 사물을 구분할 수 있게 되었다.

히말라야 14좌 베이스캠프 트레킹을 준비하면서 이런 계획도 이런 트레킹도 처음이다. 훌륭한 차에 미끄러지듯 달리는 차도라, 잘 적응이 되지 않는다. 나는 이런 안락한 여행을 하면서 연신 카메라 셔터를 누르고 있었지만 왠지 마음이 편하지가 않다.

가는 내내 공안과 경찰에게 검문을 당했고 가이드는 연신 서류를

마라 패스

들고 내렸다 탔다를 반복했다. 그리고 차 안에 달린 CCTV는 누군가의 눈동자처럼 나를 끊임없이 따라다녔고, 내 일거수일투족을 감시받고 있다고 생각하니 행동도 사고도 자유롭지 못했다.

남편과는 누가 들을세라 조용조용 이야기했고 몸은 편안하나 마음이 아주 불편한 상황이 되었다. 내가 개인적으로 가장 싫어하는 상황이다. 나는 몸은 좀 불편해도 마음이 편안한 것이 가장 좋다고 생각하는 사람 중 한 사람이다.

나의 기분과는 상관없이 차는 우리나라의 지리산 노고단을 차로 오르는 길처럼 부드럽지만 가파르고 급격한 S자 곡선을 그리며 오르고 또 올랐다. 5,236m, 오르막의 끝이다. 깃발이 펄럭이고 5,236m를 알리는 표지판이 서 있다. 마라 패스다. 잠깐 차 밖으로 나가 기념사진을 찍었다.

바람이 세차다고 느끼는 것도 잠시 곧 약간 어지럽고 숨이 차오르는 것을 느꼈다. 전형적인 고산 증상인데, 항상 이 증상과 함께 찾아오는 감동이 없다. 왜 아무 감동도 설렘도 없는 것일까?

차이점이라고는 전에는 죽네 사네 하며 내 두 발로 몇 날 며칠을 걸어 올랐던 반면 오늘은 편안하게 차를 타고 몇 시간 만에 도착했다는 것뿐인데 말이다. 단순히 기분 탓일까? 나는 그냥 빠르게 다시 차 안으로 들어가 시샤팡마 베이스캠프로 가기를 재촉했다. 그곳에 가면 무언가 다르리라!

차는 다시 내리막을 달리고 평원을 지났다. 얼마나 달렸을까? 드디어 펠쿠초 호수가 보인다. 나 나름대로 기대한 명소 중 하나인데, 가까이 갈수록 실망스러웠다. 분명 아름다웠다. 그 아름다움만을 본다면 고쿄 리나 마칼루의 호수에 뒤지지 않았다. 하지만 내 마음이 그 아름다움을 인정하지 못하고 있었다. 차에서 내려서 본 펠쿠초 호수는 너무 아름다웠지만 내 마음을 훔쳐 가지는 못했다. 마치 꿈에 그리던 아주 잘생긴 남자를 만났는데 내 운명의 남자는 아니라는 생각을 하는 것처럼 그렇게 나를 사로잡지는 못했다.

또 다시 한참을 달려 베이스캠프로 가는 입구 마을까지 갔다. 이제부터는 비포장도로라고 했다. 한 40분 정도를 모래 먼지를 일으키며 쿵탕거렸다. 왜 이제서야 마음이 조금 편안해지는 걸까? 중간중간 야생 당나귀와 사슴 같은 동물도 볼 수 있었다. 역시 이렇게 쿵탕거려야 잠이 오나 보다. 그렇게 흔들리는 차에 시달리며 졸다 보니 어느새 베이스캠프에 도착했다.

시샤팡마 베이스캠프라는 표지 앞에 차가 섰다. 그저 반가운 마음에 아무 준비 없이 차 밖으로 나갔다가 다시 들어왔다. 잠이 번쩍 깼다. 가이드가 최소 영하 20도는 될 거라고 했다. 정신을 가다듬고 장갑

시샤팡마 BC - 아이 추워라!

과 모자를 쓰고 옷깃을 단단히 여미고 다시 나갔다. 하지만 여전히 잠시도 견딜 수 없이 추웠다.

햇살이 이렇게 따뜻한데도 이렇게 추울 수가 있구나! 정말 대평원이었다. 과연 여기가 5,000m가 맞나? 내 눈앞에 구름에 싸인 시샤팡마가 우뚝 서 있었다. 좀 더 가까이 가보고 싶은 마음이 들 만도 한데 그런 마음이 전혀 들지 않았다. 물론 허가도 여기까지라 그 이상 갈 수도 없지만 말이다.

마치 어느 관광코스 기념사진 촬영장소처럼 표지를 만들어놓았다. 커다란 돌덩이에 새겨진 글씨가 이곳이 시샤팡마 베이스캠프임을 증명하고 있었다. 늘 보던 초르텐(불탑)도 룽다(오색 깃발)도 없었다. 그리고 시샤팡마의 베이스캠프에 도착했다는 뿌듯함도 없었다. 그저 이 지독한 추위에서 빨리 벗어나고 싶다는 생각만 들었다.

남편과 빠르게 기념 촬영을 하고 구름에 가려 온전한 모습을 보여주지 않는 시샤팡마를 허무하게 바라보다 다시 차에 실려서 하산하기 시작했다. 사람이나 차나 하산 길이 빠른 듯했다.

드넓은 들판의 양 떼와 목동

　다시 넓은 도로로 나와 팅그리로 향했다. 팅그리에 가까워질수록 겨울 왕국을 연상시켰다. 모든 것이 얼어붙은 얼음의 나라로 들어가는 것 같았다.

　잠시 차를 세우고 화장실을 갔는데, 엄청났다. 화장실에 칸막이가 없다. 천장은 물론이고 옆도 없다. 바닥에 구멍만 한 개 두 개……. 그리고 사방이 뚫려 있었다. 다만 남자와 여자 사이에만 내 키만 한 벽이 있을 뿐. 다행히 나 말고는 아무도 없었지만 무어라 말이 나오지를 않았다. 이래서 팅그리가 열악하다고 말했나 보다.

　허름한 식당에서 엄청 비싼 국수와 밥을 먹고 바로 길롱으로 출발했다. 왜 운전사가 이토록 먼 거리를 하루 만에 왕복하는 것에 대해 격하게 찬성했는지를 온몸으로 이해할 수 있었다.

　돌아오는 길의 풍경은 또 달랐다. 지금은 겨울이라 그렇고 봄이 되면 이렇게 삭막한 곳이 정말 아름다운 곳으로 변한다고 했다. 그 말을 반신반의하는데 저 넓은 들판에서 한 무리의 양 떼들이 목동을 따라 이동하는 모습을 봤다. 살면서 한 번도 직접 보지 못한 광경이었다.

차 안에서 바라본 그 모습이 왜 그렇게 정겹고 평안하게 보이던지. 이 땅에 봄이 오는 모습이 조금은 상상이 갔다. 삭막한 대평원에 양 떼들이 목동을 따르는 모습은 내 머릿속에서 한 장의 사진처럼 각인되었다. 현지인들의 말처럼 새 생명이 싹트는 계절이 오면 정말 아름다울 것 같다는 확신이 들었다. 그런 날 내가 다시 이곳을 올 수 있을까?

지금의 삭막함을 뒤로하고 어느 햇살 가득한 아름다운 봄날을 꿈꾸는 것으로 이번 트레킹은 나에게 충분히 의미 있는 일정이 되었다.

해가 지고 어둠이 내려앉을 무렵에 눈이 내리기 시작했다. 이 기온에 눈이 내리면 내일은 길이 얼어붙겠구나 싶었다. 항상 그랬듯 이번에도 아슬아슬하게 모든 것이 순조로운 방향으로 흘러가주었다.

준비하는 과정은 늘 까다로웠지만 날씨도 사람들도 너무 좋았다. 다만 이번 트레킹은 트레킹이라는 말이 부색할 성노로 그서 너무 공으로 얻은 것 같아 어리둥절했다. 내가 땀 흘려 노력하지 않고 얻은 것은 같은 값일지라도 빛을 발하지 못하는 것 같다.

다만 다시는 이런 호사스러운 트레킹은 없을 것 같아 색다른 경험이라 생각하며 티베트의 그 바람을 간직하기로 했다.

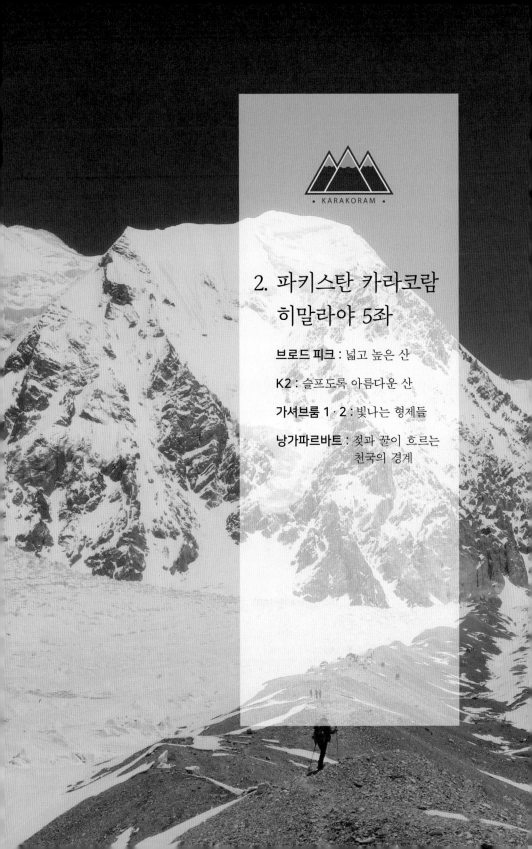

KARAKORAM

2. 파키스탄 카라코람 히말라야 5좌

브로드 피크 : 넓고 높은 산

K2 : 슬프도록 아름다운 산

가셔브룸 1 · 2 : 빛나는 형제들

낭가파르바트 : 젖과 꿀이 흐르는
천국의 경계

망고피크

발이 보이지 않는 60대 번개 3분과 느리디 느린 40대 3명. 합 6명.

서로를 잘 모르는 6명이 팀을 이뤄 한 달간 희박한 공기 속으로 들어갔다. 험하고 먼 길을 찌는 더위와 타는 목마름, 폭설과 추위 속에서 각자의 힘과 팀의 단합으로 잘 견뎌내고 단 한 번의 분쟁도 없이 처음부터 끝까지 일정을 잘 마칠 수 있었다. K2 트레킹 역사상 이런 팀이 없었고, 다시 구성하기도 어려울 것이라는 생각이다. 같은 길을 걸었던 팀 멤버들에게 깊은 감사를 드린다.

좌측부터

스태프들에게 항상 냉정하고 까칠했던 팀 리더이자 늘 골골거린 **저자 최찬익**

트레킹 내공 제로(0). 한국 부부 최초로 히말라야 14좌를 완료한 **저자 서지나**

자상함으로 힘든 캠핑 생활에 위로를 건네주신 **배순규 선생님**

항상 느리디 느린 일당들에게 느려서 좋다며 천천히 가라고 배려해주신 **이용택 선생님**

재미있는 이야기를 자주 해주신 텐트 분위기 메이커 **최성백 선생님**

만능맨이자 알뜰살뜰 스태프들까지 신경 써주신 조 가이버 **조정환 선생님**

평범한 부부의
카라코람 히말라야 5좌 베이스캠프 트레킹

2019년 6월 16일~7월 9일. 24일간 카라코람 산맥에 위치한 브로드 피크, K2, 가셔브룸 1·2, 낭가파르바트 등 5좌의 베이스캠프를 트레킹하여 히말라야 14좌 베이스캠프 트레킹을 완료했다.

K2 지역의 트레킹을 준비하기 위해 오랫동안 노력했으나 이 지역에 관한 한글 자료가 많지 않았다. 영어 자료들과 한국 자료들을 보이는 대로 모두 구입하고, 2008년 이전부터 최근까지 K2를 자주 트레킹한 김만수 선생님의 정보를 토대로 최신 정보들을 입수했다. 일정이나 에이전시 선정 시 주의할 점 등 의문 나는 점을 김 선생님께 메일로 여쭤보면서 많은 도움을 받았다.

파키스탄 일반 여행 및 출입국에 관한 의문은 이 지역에서 가장 유명한 전문 가이드인 훈자 왕자 '복마니' 님의 도움을 받았다. 메일로 자주 물어서 교통과 통신 및 환전, 의료 등 파키스탄 전반에 관한 정보를 모두 최근의 것으로 업데이트하고 현지에서도 여러 번 만났다.

K2 지역의 캠핑 트레킹은 다른 지역의 캠핑 트레킹과는 달리 최소 6명 이상의 인원이 트레킹을 해야 기본적인 캠핑 도구들을 모두 구비할 수 있

다. 팀 리더가 특히 명확하게 전권을 행사하고 그 대신 권리와 책임을 모두 져야 하는 부담이 있고, 에이전시와의 협상 능력과 현장에서 노회한 가이드 등 스태프들을 통솔할 팀 지휘 능력도 좋아야 한다.

그런데 우리 부부는 결혼 후 10여 년 동안 주로 단둘이 다녔을 뿐 다른 사람들과 같이 다녀본 적이 많지 않고, 필리핀 열대 우림의 1,000~2,900m 급의 산들을 주로 다니다 보니, 히말라야를 다니는 설산파들의 커뮤니티와는 자연스레 멀어졌다. 이런저런 이유로 K2 트레킹을 함께 할 최소한의 인원인 6명의 트레킹 팀을 모으는 일이 쉽지 않았다.

다행히 내가 히말라야에 처음 간 1998년부터 뵙던 파키스탄 K2 지역 최고의 전문가인 김만수 선생님, 네팔 히말라야를 오래 오르신 신한범 선생님 등이 여러 블로그에 우리 부부의 K2 트레킹 팀 홍보를 해주셨다. 네팔 히말라야 GHT를 마치고 파키스탄과 인도 등 히말라야의 여러 곳을 탐사 중인 거칠부 선생님도 개인 블로그에 우리 부부의 K2 트레킹 팀에 대해 홍보를 해주셨다.

여러 분의 홍보 덕분에 아내가 수십 명을 만나 트레킹에 관한 자세한 설명서를 나눠드리면서 미팅을 할 수 있었다. 그중 최종적으로 히말라야 트레킹의 최고 고수 네 분이 우리 팀으로 합류하셨다. 그렇게 해서 우리 부부까지 총 여섯 명으로 어렵게 팀을 구성할 수 있었다.

카라코람 트레킹 루트와 일정 및 에이전시의 선정

카라코람 트레킹 루트와 일정의 설정

카라코람은 K2, 브로드 피크, 가셔브룸 1·2가 콩코르디아를 중심으로 모두 모여 있고, 낭가파르바트만 스카르두를 지나 데오사이 고원을 건너

길기트에 홀로 위치해 있다. 지형과 개인의 기호 및 컨디션에 따라 크게 두 가지 방법으로 트레킹을 할 수 있다.

하나는 K2 등 4개 봉우리를 먼저 트레킹하고, 낭가파르바트로 건너가는 방법이다. 이 경우는 오랜 기간 힘들고 어려운 코스를 마치고 순탄하고 편안한 낭가파르바트에서 쉬면서 일정을 마칠 수 있다.

다른 하나는 먼저 낭가파르바트 트레킹을 하여 고소 적응을 마친 다음 K2 등 4개 봉우리를 하는 방법이다. 이 경우 낭가파르바트의 푸른 초원에서 시간을 보내다가, 길고 긴 지프 운행을 이틀 정도 한 다음 험한 얼음 속으로 걸어 들어가 황량한 풍경을 보면서 트레킹을 한 다음 다시 긴 시간을 지프를 타고 나와 일정을 마치게 된다.

두 가지 방법 모두 날씨와 도로 상태에 따라 비행기를 타면 40분, 지프를 타면 2~3일이 걸리는 이슬라마바드–스카르두/이슬라마바드–칠라스 및 길기트 구간의 일정을 고려해서 예비일을 준비해야 한다.

2018년까지도 파키스탄 항공(PIA)은 잦은 운항 지연 및 취소로 악명이 높았다(많은 파키스탄 사람들이 항공사 이름을 빗대어 'Perhaps I am Fly'라고도 빈정댈 정도였다). 이는 스카르두 현지의 공항이 좁고 48인승 프로펠러 비행기를 운항했기 때문인데, 2019년부터 공항이 확장되고 더 크고 출력이 강한 에어버스의 제트기가 운항되면서 결항률이 많이 줄었고 정시 운항률도 높아졌다. 날씨가 안정적인 경우 이슬라마바드에서 스카르두까지 불과 40분 정도면 도착하게 되므로 일정의 운영이 매우 원활해진다.

K2 지역을 트레킹할 때 일정이 지연되는 경우는 두 가지이다. 하나는 날씨에 따른 자연적인 일정 지연이고, 다른 하나는 팀원들의 컨디션이나 기분, 분쟁에 따른 인위적인 지연이다. K2 트레킹 팀 중에 어떤 방식으로든지 분쟁이나 지연을 경험해보지 않은 팀은 없었다고 말할 수 있을 정도로 거친 산은 사람의 감정을 자극하기도 하고 트레킹의 난이도도 높아 육체

를 괴롭힌다.

문제는 무슨 경우에서건 일정이 지연되면 트레킹 비용이 추가된다는 것이다. 힘들게 트레킹을 마쳤는데 생각지도 못한 엄청난 청구서를 대하게 되면 분쟁이 일어날 소지가 있고 깔끔한 마무리를 하기 어렵게 된다. 그런 이유로 K2는 기본적으로 트레킹 일정에 필요한 휴일을 제외하고도 예비일을 3~5일 이상 충분히 준비하는 것이 좋다.

에이전시의 선정

에이전시의 선정은 사실상 파키스탄 트레킹의 성패를 좌우하는 아주 중요한 부분이다. 다른 팀들에게 좋았던 에이전시가 내게는 안 좋을 수도 있지만, 대개는 순탄하게 트레킹을 진행하는 경우가 많다.

우리 부부는 여러 일정표를 참고하여 우리 팀의 상황에 맞춰 일정을 먼저 수립한 다음, 이전에 트레킹을 잘 진행한 기록이 있는 에이전시를 선정하고, 우리가 수립한 일정표를 함께 점검하고 별 이상이 없으면 견적서를 자세하고 까다롭게 요구해서 해당 회사의 성향을 파악했다.

트레킹 지역이 전통적으로 상업과 불교 교학의 중심지였던 카슈미르 지역이었던 만큼 현란한 말의 잔치는 마음을 흡족하게 하지만 실천도 따르는지 주의해서 살펴봐야 한다. 파키스탄에는 에이전시가 많고 일할 사람도 많지만 트레킹을 하는 팀들은 다른 지역에 비해 많지가 않다. 과거에 실시한 트레킹에 대한 평가, 특히 영어권 여행자들의 솔직한 반응을 찾아보고 에이전시들을 걸러내는 작업을 지속했다.

네팔, 인도, 파키스탄 등 어느 나라를 불문하고 히말라야 전문 에이전시들은 모두 한국말을 잘하지 못하고 한국인에 대한 이해가 부족한 곳들이다. 한국말을 구사하는 에이전시가 조금 편하기는 하지만 세부적인 협의와 계약으로 들어가면 결국 한국말로는 100% 진행되지 않으며, 이행에 대한 구속력이 더 강한 서류 처리에 필요한 합리적인 합의도 잘 이루어지지 않는 경우가 많다.

대개 한국인들은 말투와 행동은 거칠지만 정이 많아서 부당한 일에도 크게 항의를 하거나 보상을 받아내는 경우가 거의 없다. 또 잘못이나 실수에 대한 지불의 거부 등 처리에 대한 내용이나 해당 에이전시에 대한 냉정한 평가나 공개도 많지 않았다.

항상 손해를 입고서도 그 손해를 감수하면서 부드러운 마무리로 넘어가는 경우가 많았다. 잘못을 저지르는 에이전시는 같은 잘못을 반복하는 경향이 있었는데 우리는 그런 일을 받아들일 생각이 전혀 없었다.

이번에 우리 팀의 에이전시를 선정할 때 거절하기 어려운 방법을 동원하며 간절하고 끈질기게 한 번만 기회를 달라는 한국어 구사 가능 에이전시가 있었지만, 그 에이전시를 선정하지 않았다.

우리에게 기회는 한 번일 가능성이 높고, 그런 감정에 호소하는 수사보다는 이전의 행동이 선정 기준으로 삼기에 적당하다고 생각했기 때문이다. 결국 한국어로 소통은 안 되지만 성의도 있고 잘 조율하면 서양인 기준으로 된 트레킹이 한국인들에게도 편안할 수 있을 것 같은 영어 및 중국인 전문 에이전시를 선정했다.

그런 과정에서 계약금이 건너가기 직전에 당연한 것을 내내 확인하고 점검하는 과정이 너무 까다로워서 힘들어서 못하겠다는 불평이 있었다. 그럼 다른 곳을 선정하겠다고 응수했을 정도로 크게 엇갈린 적도 있었다.

트레킹을 마친 후에 에이전시 사장은 내가 다른 한국 손님들 같지 않다고 말했다. 그러고는 그래서 서로 분쟁이 일어나거나 더 조율하고 정산할 게 하나도 없다며 크게 웃었다.

트레킹 루트와 여행 일정의 확정

트레킹 루트를 다음과 같이 확정했다. 가능하면 비행기로 이슬라마바드-스카르두로 간다. 아스콜리부터 캠핑을 하면서 콩코르디아로 진행하여 브로드 피크 BC와 K2 BC를 먼저 방문하고, 가셔브룸 1·2 BC를 방문한 뒤에 곤도고로 라를 넘어 스카르두로 돌아가 휴식한다. 그런 다음 데오사이 고원을 넘어 낭가파르바트 루팔 벽에서 평온한 시간을 가진다. 이로써 카라코람 히말라야 5좌를 더해 히말라야 14좌 베이스캠프를 모두 마친다.

산행 중에는 하루 일정을 길게 잡지 않고 휴일을 자주 가지도록 하며, 인력을 충분히 배치하여 보조하도록 했다. 예비일을 충분히 가지도록 하고 옵션 조항을 충분히 깔아둬서 불의의 일정 변경에도 대비했다. 긴 산행의 성공 여부의 70%는 산에 가기 전 일정의 확정 능력에 달려 있고, 나머지 30%는 직접적인 산행 능력과 자연의 허락에 달려 있다. 그러니 처음 시작이 가장 중요한 부분이다.

트레킹의 준비

국제선 항공기

2019년 봄까지 파키스탄 K2를 여행하는 수많은 팀들의 최선의 선택은 분명히 타이 항공이었다. 그러나 2019년 초 인도-파키스탄의 영토 분쟁으로 자주포의 포격전과 전투기의 공중전으로 인도 조종사가 생포되는 등 상황이 심각해졌다. 대부분의 한국 출발 팀들이 선택한 타이 항공 편이 취소도 되지 않고, 운영도 되지 않는 진퇴양난의 상황이 벌어졌다.

같은 시즌 K2로 출발하는 한국의 모든 팀들에게 항공권에 대한 많은 고민이 있었다. 파키스탄의 경우 최소 3달 전에는 비자 및 발권을 완료해야 했다. 이미 항공권 발권은 했는데 전쟁 상황에서도 환불에 대한 문의에 회사의 입장이 정해지지 않고 있었다.

팀 리더들끼리 정보를 내내 교환했지만 결국 모든 팀들이 중국 항공으로 항공사를 바꿔야 했다. 타이 항공의 환불 처리 전에 손실을 볼 각오를 하고 팀원들의 출발 날짜를 6월 14일에서 6월 15일로 하루 변경하고 항공사를 중국 항공으로 전환해야 했다. 그런데 중국 항공은 북경에서 이슬라마바드 비행기 편의 환승 시간이 1시간이 조금 넘는 정도로 빠듯해서 상당히 곤란했다.

여러 경로로 알아본 결과 환승 시간이 짧으므로 탑승 전후에 항공사에 이야기하면 스튜어디스가 착륙 전 맨 앞으로 오도록 해서 가장 먼저 비행기에서 내리고 항공사 직원을 따라 신속하게 수속을 밟아 같은 항공사 비행기를 탈 수 있게 해주는 시스템이 있었다. 조금 안심은 했지만 다 믿을 수는 없었다.

결국 6월 15일 파키스탄으로 떠나는 당일, 한국의 공정거래법 등이 강화된 결과로 한국의 여행사 사이트에서 발권한 타이 항공만 비교적 깔끔하게 환불 처리가 완료됐다. 해외 사이트에서 발권한 불량한 항공사와 항공권 판매업체들은 항공사에서 취소한 경우임에도 일부만 환불해주거나, 전액 환불해주지 않는 경우도 있었다. 어떤 경우는 같은 회사라도 .com에서 발권한 것과 co.kr에서 발권한 경우 처리가 달라 미국에 여러 번 전화해야 하는 경우도 있었다.

항공권 처리 문제와 환율의 상승 및 트레킹 전문 보험 가입 문제로 고심하여 근 한 달 동안 저녁 운동 시간마다 아내와 같은 이야기를 반복했다. 항공권은 손해를 감수하기로 했고 기한이 정해진 것이니 환율에 따른 환차손을 입고 에이전시에 달러 송금 및 잔금 환전을 했다.

트레킹 보험은 유사시 헬기 구조 요청이 가능하다는 등의 이유로 그동안 상당히 비싼 금액을 물고 국제적인 전문 트레킹 보험 회사에 늘 들어왔다. 2017년 다울라기리 조난 시부터 의문이 있었는데 이번 K2는 구조가 필요한 상황이 발생하면 매우 심각하므로 꼭 보장이 되어야 했다. 2019년 초부터 근 3달간 수많은 보험 담당자를 끈질기게 물고 늘어진 결과 보장이 되려면 먼저 보험 회사에 트레킹 계획서를 제출해야 하고 그것이 승인이 나면 더 비싼 보험에 가입해야 한다는 것이 요지였다. 그러나 콩코르디아까지만 보장해주고, 바로 지척의 브로드 피크나 K2 및 가셔브룸은 물론 곤도고로 라로 가는 경우는 보장해주지 않으며 낭가파르바트도 안 된다고 했다. 갖가지 화려한 보상을 약속하더니 모두가 아무 소용이 없는 것들이었다.

세계적인 트레킹 보험이라고 든든하게 믿고 우리 팀에 들어오는 분들에게 강제 규정으로 트레킹 보험을 들게 했는데 그 보험이 유명무실해지니 큰 문제였다.

보험에 대한 고민이 깊어지다가 먼저 보험을 가입한 분들에게는 우리의 착오이니 현금으로 보상하고 이미 든 보험은 해약하지 않았다. 어렵게 다른 보험을 하나 알게 되어 우리 돈으로 팀원들 전체에게 무료로 가입해드리고 수년간의 보험에 관한 의문과 이번 여행과 관련된 긴 고민도 마무리지었다.

팀원들이 6월 15일 도착하기 전에 이슬라마바드에 먼저 도착해 에이전시 측의 준비를 확인하려던 계획도 틀어졌고, 그와 맞물려 당연히 현지 도착 후 휴일도 사라졌다.

2019년 6월 사고를 겪은 뒤로 7월이나 8월에 출발하는 거의 모든 팀들이 일정 불합치와 불확실성의 문제 때문에 타이 항공과 동남아를 경유하는 루트를 선정하지 않게 되었다.

파키스탄으로 가는 말레이시아, 태국 등의 동남아 루트는 모두 봉쇄되어 항공기의 출입국이 금지되었지만 북경, 우루무치 등 중국 항로로 날아가는 비행기들과 아랍에미리트연방 등에서 들어가는 비행기들은 모두 정상 운항되는 것을 확인하고 있었지만 불안하기는 마찬가지였다.

항공기 루트는 아래와 같다. 많은 옵션이 있으므로 편의에 따라 잘 조합해야 한다.

항공기 루트
① 인천 – 북경 – 이슬라마바드(유사시 라호르, 카라치)

② 인천 – 중국 우루무치 – 이슬라마바드

③ 인천 – 아랍에미리트연방 두바이 – 이슬라마바드(유사시 라호르, 카라치)

④ 인천 – 태국 방콕 – 이슬라마바드(유사시 라호르, 카라치)

⑤ 인천 – 말레이시아 쿠알라룸푸르 – 이슬라마바드(유사시 라호르, 카라치)

항공권 가격은 왕복 90~100만 원 정도이고, 3개월 이전에 미리 준비하면 조금 저렴해진다.

그 외에 파키스탄 트레킹 이후 여행을 할 계획이라면 아래와 같은 선택이 있을 수 있고, 육로와 항로로 매우 다양한 조합의 선정이 있겠다.

인도와 파키스탄은 비행편이 없다. 육로로 국경을 넘는 경우 검문 10회 이상을 받고 아침 일찍 통과를 시작해서 늦은 오후에 나올 것을 각오해야 한다.

육로
① 인천 – 인도 델리(도착 2회 멀티 비자) – 암리차르(육로) –
   와가 보더(국경) – 파키스탄 라호르 – 이슬라마바드(혹은 스카르두, 길기트)
② 인천 – 중국 우루무치(항공) – 쿤자랍 패스(육로) – 파키스탄 소스트 –
   훈자 – 이슬라마바드(혹은 스카르두, 길기트)

③ 인천 – 북경 – 라싸 – 쿤자랍 패스(육로) – 파키스탄 소스트 – 훈자 –

이슬라마바드(혹은 스카르두, 길기트)

(※③의 경우 상당한 불편과 비용도 많이 든다)

파키스탄 트레킹 이후 인도를 여행할 계획인 경우, 인도 델리에 먼저 입국하여 on arrival visa를 받으면 2번 출입할 수 있는 멀티 비자를 준다(한국, 일본만 가능). 이후 암리차르를 통해 와가 보더를 넘어 라호르 – 이슬라마바드로 육로로 이동해야 한다.

이 방법을 이용하는 것이 가장 저렴하고 편리한 방법이고, 그 외의 방법은 파키스탄 여행 이후에 곧장 인도로 들어갈 수 없어서 제3국으로 멀리 돌아 들어가야 하기 때문에 비용과 시간이 많이 들고 불편하다.

출입국

2019년 초 파키스탄 정부의 비자 간소화 정책이 발표되었으나 인도–파키스탄 영토 분쟁으로 실질적으로 중지되었다가 2019년 말에 재개되었다. 관광 비자로 이슬라마바드 등으로 처음 입국한다는 가정하에 아래와 같이 준비한다. 상당히 길고 채워야 할 내용이 많고 이해가 어려운 부분도 많다. 당연히 준비할 서류와 주의해야 할 것과 알아야 할 것이 제법 많다.

(1) 전자 비자 신청 (https://visa.nadra.gov.pk)

언어는 영어로 설정하고 Tourist Visa On Arrival을 선택한 후에 Apply now 비자 신청을 시작한다. Create a New Account를 누르고 빈 창에 정보를 입력하여 어카운트를 만들고 시작한다.

① Application Info

② Personal Info

③ Family Info

부모님의 정보를 쓰는 칸이다. 실제로 출입국 과정에서 확인하므로 정확하게 쓴다. 배우자의 정보는 같이 여행하지 않는다면 별표만 써도 된다.

④ Finances & Employment

현재의 직업 고용 상태를 쓰는 칸이다. 무직 혹은 학생도 가능하다.

⑤ Travel History Info

지난 3년간 방문한 국가를 쓰는 칸이다. 대표적인 곳만 적어도 된다.

⑥ Visit Info

파키스탄 숙박 정보를 입력하는 칸이다. 숙박 예약증을 첨부해야 한다. 도착한 첫날 정보를 입력하는 것이 좋다. 부킹 닷컴 등에서 무료 취소가 가능한 곳으로 예약하고 정보를 적는 식으로 해도 된다.

⑦ Documents/Photograph

증명 자료를 올린다. 모든 자료는 350KB 이하인 JPG 파일로 준비해야 한다.

- 숙박 예약증＋영어 여행 일정표(이해가 안 되지만 트레킹 일정을 그대로 넣으면 비자가 안 나오므로 일반 여행 일정으로 신청해야 한다.)
- 여권 스캔본(사진이 있는 측 여권 정보 페이지)
- 본인 증명사진(흰 바탕의 여권 사진)

⑧ Review

모든 파일을 업로드하고 내가 쓴 정보를 확인하는 리뷰 페이지가 나오고 마지막으로 정보를 확인한 후 다음으로 넘어간다.

⑨ Payment

결제는 신용 카드로 가능하며 가격은 25USD이다.

그리고 파키스탄에서 비자 신청이 되었다는 메일이 오고, 다시 비자 승인 메일을 받게 된다. 메일에 붉게 화살표가 되어 있는 Pak Visa application을 클릭하면 등록했던 증명사진과 함께 QR 코드도 붙어 있다. 그걸 출력하면 비자가 준비된다. 이후 파키스탄의 공항에서 여권과 출력한 비자 인쇄본을 보여주면 된다.

파키스탄 도착 후 이민국 심사를 통해 해당일부터 30일 유효한 비자를 받게 된다. 아주 드물게 입국 거부도 될 수 있으므로 긴장을 늦추면 안 된다.

세계 어느 나라나 그렇지만 여행객은 도착일로부터 6개월 이상 유효한 여권을 소지해야 하며, 출입국 확인 도장을 위한 최소 1페이지가 있어야 한다.

(2) 파키스탄 관광 비자 신청 (30일 이상)

30일 이상 여행을 하게 되는 경우 주한 파키스탄 대사관에 직접 신청해야 한다.

- 주한 파키스탄 대사관 주소 : 서울시 용산구 장문로 51
- 신청 시간 : 오전 9시 30분 ~ 12시
- 수령 시간 : 오후 3시 30분 ~ 5시
- 소요 기간 : 3일
- 수령 방법 : 신청한 지 3일 후 대사관에서 연락이 오면 비자 신청 수령증을 가지고 본인 직접 방문하여 수령한다. 본인이 직접 비자 신청 시 등기 우편 수령이 가능하다. 이때 4,000원 착불 요금을 지불해야 한다. 30일 이상 여행 계획으로 신청하는 경우 간혹 여행 일자가 잘못 기록되는 경우도 있으므로 발급된 비자를 상세히 살펴보아야 한다.

관광 비자 신청은 위 전자 비자와 신청 서류는 거의 동일하다. 신청서는 영어로만 되어 있다.

① 비자 신청서, 여권용 사진 2장, 여권(6개월 이상 남은 유효 여권), 여권 복사본 1장
② 영어 여행 일정표
③ 호텔 예약 확인증/여행사 초청장
④ 왕복 항공권 확인증: e 티켓 출력
⑤ 영문 재학 증명서, 재직 증명서. 무직인 경우 혹은 기타 경우 영문 주민등록등본 1통.
⑥ 비자 수수료: 45,000원 단수 3개월.
⑦ 비자 신청 일정과 관계없이 발급일로부터 6개월 유효. 90일 이하 체류 가능.

그 외에 한국 국민이 한국 이외의 제3국에서 비자를 받을 수 없다.

이해가 어려운 부분이지만 트레킹 목적으로 비자 신청을 하는 경우 비자를 받지 못했다는 사람들이 있었다. 대부분의 K2 트레킹 팀들은 트레킹 일정이 아닌 일반 여행 일정으로 전환하여 비자를 신청하는 경우가 일반적이다.

비자 신청서 양식이 난해한 편이어서 원활한 비자 신청이 이뤄지지 않았다. 처음에는 한글로 번역본을 만들어 안내만 하다가 결국 모든 일행들의 비자 신청 서류를 대리 작성해서 인쇄만 해서 청구하면 바로 받을 수 있도록 조치했다. 이렇게 팀원 모두가 무사히 비자를 받을 수 있었다.

그런데 다른 팀원들은 30일 이하로 신청하고 우리 부부만 K2 트레킹 후 파키스탄 세계문화유산 기행을 위해 45일을 신청했는데 주한 파키스탄 대

사관에서 비자 기간을 짧게 해서 잘못 나왔다. 문구가 애매한 탓에 파키스탄 여행을 모두 마치고 파키스탄 라호르 이민국에서 인도로 출국 수속을 할 때서야 잘못 나온 걸 알게 되었다. 우여곡절을 겪었지만 다행히 벌금을 무는 수준에서 해결되었다. 이 일로 당시에는 골치 아팠지만 지금은 가장 재미난 에피소드가 되었다. 시간이 지난 뒤에 떠올려보면 이런 뜻밖의 일들이 가장 기억이 남고 재미있다.

5월 후반부터 보통 7월 중순까지 많은 팀들이 K2에 오르기 시작한다. 7월이 되면 눈이 다 녹아 빙하호가 넓고 깊어져서 고생하게 되고, 특히 열대성 몬순의 영향으로 카라코람 산맥의 산들이 선명하게 보이지 않는다. 우리가 동행을 구하기 쉬운 7월 말을 포기하고 6월 중순을 선택한 이유도 거기에 있었다.

6월 중순의 K2는 40년 만의 폭설로 죽을 고생은 했지만, 7월의 K2처럼 50도가 넘는 폭염으로 힘들지는 않았다. 빙하가 많이 녹아 개울을 건너느라 칼로 저미는 듯한 찬물에 발을 자주 담그거나 안개가 끼어서 산을 전혀 보지 못하는 일도 없었다. 눈 때문에 고생은 많이 했지만 눈 덮인 장엄한 산을 자주 볼 수 있어서 좋은 추억을 남길 수 있었다.

나중에 K2 트레킹이 끝난 후에 7월경 다녀온 분들에게 문의해봤다. 우리 팀과는 달리 K2에 오르는 데 크게 고생한 사람들은 아무도 없었고, 그냥 너덜 지대로 쉽게 다녀왔다는 소식만 들을 수 있었다. 어느 것이 나은지는 잘 모르겠지만 각자 장단점은 있었다.

파키스탄 카라코람 히말라야 5좌 베이스캠프 트레킹 소개

■ 브로드 피크(Broad Peak 8,051m)

브로드 피크는 발티어로 '넓은 눈의 산'이라는 뜻이다. '팔찬 깡그리 (Falchan Kangri)'라고도 부르고 K3봉이라고 불렀던 산이다. 가셔브룸 4봉 옆에 서 있는 널찍하고 벙벙한, 그야말로 봉우리가 넓은 산이다. K2 바로 옆 8km 지점에 있어 콩코르디아에서 잘 보인다. 발토로 빙하(Baltoro Glacier)를 따라 K2 베이스캠프로 진행하려면 브로드 피크 베이스캠프를 반드시 지나가야 한다.

이 산은 헤르만 불(Hermann Buhl)과 인연이 깊은 산이다. 헤르만 불이 세계 최초 단독 등반으로 낭가파르바트에 오른 불멸의 업적을 남긴 뒤 2번째로 오른 8,000m급의 산이다.

1957년 6월 9일 헤르만 불은 쿠르트 딤베르거(Kurt Diemberger), 마르쿠스 슈무크(Marcus Schmuck), 프리츠 빈터슈텔러(Fritz Wintersteller) 등의 오스트리아 대원들과 알파인 스타일˚로 전원이 정상에 올랐다. 마르쿠스 슈무

● 알파인 스타일(Alpine style): 자급자족적 방법, 즉 자신의 식량, 침낭, 장비 등의 모든 것을 가지고 가는 방식의 등반. 고소 포터, 보조 산소 기구, 고정된 로프 등을 사용하지 않는다.

크는 "왜 나는 산에 오르는가? 이 말에 대답할 말이 없다. 다만 있다면 어떻게 해서든지 올라야겠다는 생각뿐이다."라는 등산계에 유명한 말도 남겼다.

일반인들에겐 꿈의 코스이지만 전문 산악인들에게는 산행 코스를 찾기가 쉬워서 8,000m급 산을 오를 수 있는 등반 능력을 시험하는 산으로도 통한다.

한국인 최초 등정은 1995년 7월 12일 엄홍길, 스페인 바스크 다국적 원정대가 등정했다. 같은 날 빛고을 원정대 이정현, 박현재 대원도 등정했다.

▪ K2(8,611m)

K2는 에베레스트(8,848m)에 이어 세계에서 2번째로 높은 산으로 파키스탄 북부와 중국 서부 신장 위구르 자치주에 걸쳐 있는 카라코람 산맥의 최고봉이자 파키스탄의 최고봉이다.

흔히 K2, 마터호른, 마차푸차레를 세계 3대 미봉(美峰)이라고 부르는데, 지역에서 부르는 '초고 리(Chogo Ri)'라는 이름은 현지 언어인 발티어로 '큰 산'을 의미하며, 발트인들은 '케두(Ketu)'로 부르고 있다. 연봉이 아니라 홀로 주위를 완전히 압도하며 군림하고 있기 때문에 파키스탄 사람들은 '하늘의 절대 군주'라고도 부른다.

1856년 인도 측량국의 토머스 몽고메리(Thomas Montgomerie)는 카슈미르에서 바라본 카라코람의 고봉들을 현지에서 부르는 명칭대로 기록할 수 없어서 순차적으로 K1, K2, K3, K4,……, K32까지 기록한 데서 'K2'라는 별칭이 붙었다.

1858년 카슈미르 측량국에서 높이를 정확하게 측정하여 세계 제2의 고봉이라고 확인한 후, K2가 정식 이름으로 굳어졌다. 1861년 고드윈 오스턴(Godwin Austen)이 남극, 북극을 제외하고 전 세계에서 가장 긴 빙하인 발토로 빙하를 발견한 후 처음으로 K2에 접근한 업적을 기념하여 '고드윈 오스턴 산이라고 부르기도 했으나 현재는 K2로 부르는 경우가 거의 대부분이다.

발토로 빙하를 따라 거칠고 험한 길을 지나 신들의 정원이라 불리는 콩코르디아(Concordia 4,691m)와 브로드 피크 베이스캠프 구간에서 선명하게 볼 수 있고, K2 베이스캠프로 들어가면 산이 잘 보이지 않는다.

우리는 산 밑으로만 다니니 큰 상관은 없지만 등산 난이도로만 따지면 전 세계에서 가장 등정하기 어려운 산이라는 평가를 받는다. 삼각형의 피라미드형 산으로 다른 8,000m급 산 들보다 훨씬 경사가 급하고, 바닥에 코가 박힐 것 같을 정도로 가파르다. 등반로도 10개가 있다고 하는데, 저기에 길이 있을까 싶다.

늦봄, 여름, 초가을 시즌에 주로 오르게 되어 다른 산들과는 달리 원정대와 트레커가 베이스캠프를 같이 쓰게 되므로 원정대 구경을 직접 할 수도 있는 산이다.

K2 겨울 시즌에는 트레킹이 불가능하다. 동계 등정 도전은 폴란드 원정대가 대규모로 했으나 실패했다. 2021년 1월 16일 네팔팀이 세계 최초로 동계 K2 등정에 성공했다.

1954년 이탈리아에서는 제2차 세계대전에서 패전한 국민의 사기를 북돋아주기 위해 데시오 탐험대를 조직하여 K2의 등반을 기획했다. 국력을 기울여 원정을 준비한 결과 1954년 7월 31일 리노 라체델리(Lino Lacedelli)와 아킬리 콤파뇨니(Achille Compagnoni)가 초등에 성공했다.

한국에서는 1986년 8월 3일 장봉완 부대장과 김창선, 장병호 대원이 K2에 올랐다. 1987년 김병준 대장이 이때의 K2 원정기를 『K2, 죽음을 부르는 산』이라는 제목으로 펴냈다(이 책은 2012년 『K2, 하늘의 절대 군주』라는 제목으로 재발간되었다).

한국 원정대의 등정 후인 8월 6~10일에 강풍과 기후 변화로 7개국 원정대원과 고소 포터 등 총 18명이 목숨을 잃는 전대미문의 비극적인 사고가 있었다.

한국 원정대원들은 본인들의 몸을 돌보기에도 힘든 K2에서 예지 쿠쿠츠카(Jerzy Kukuczka), 반다 루트키에비치(Wanda Rutkiewicz), 쿠르트 딤베르거 등 세계적인 산악인들이 무사히 생환할 수 있도록 도왔다. 한국 산악인들의 인간미 있는 행동은 전 세계의 등반가들에게 깊은 감명을 남겼다.

▪가셔브룸 1(Mt. Gasherbrum 1 8,080m)

'감춰진 봉우리(Hidden Peak)'로도 불리고 K5로도 불리는 히말라야 14좌 중 11위 봉이다.

파키스탄 카라코람 산맥과 중국 신장 자치구의 사이에 걸쳐 두 나라가 유일하게 국경을 맞대고 있어 국경 분쟁도 자주 있는 곳이다. 양국 군인들이 무기를 놓고 맨손 격투로 자주 승부를 내기도 한다. 당연히 주먹이 상당히 셀 것으로 보이는 튼튼한 파키스탄 병사들이 많이 주둔한다. 중국 측에서는 전문 격투기 선수를 해당 지역에 배치하기도 한다.

가셔브룸 베이스캠프 아래에 마치 만화 영화 「개구쟁이 스머프」에 나오는 것 같은 하얀색 버섯 모양의 파키스탄 군의 벙커가 설치되어 있다. 군인들이 고생하면서 주둔하는 곳으로 사진 촬영에도 주의를 기울여야 하는 곳이다. 드론 등은 전 지역에서 금지되어 있다.

가셔브룸은 미국 원정대의 앤디 코프먼(Andy Kauffman)과 피터 쇼닝(Peter K. Schoening)이 1958년 7월 5일 초등한 산이다.

1975년 이탈리아의 라인홀트 메스너(Reinhold Messner)와 오스트리아의 페터 하벨러(Peter Habeler) 2인조 원정대가 알파인 스타일로 가셔브룸 1봉을 등정했는데, 히말라야 8,000m급 중에서 최초로 알파인 스타일로 등정된 역사적인 업적을 남긴 산이 되었다.

한국에서는 1990년 충남산악연맹 원정대 박혁상 대원이 처음 올랐다.

■ 가셔브룸 2 (Mt. Gasherbrum 2 8,035m)

'아름다운 산'이라고 불리는데 관측상 실수로 K4가 되었지만 히말라야 14좌 중 13위 봉이다. 가셔브룸 1봉과 같은 베이스캠프를 써서 우리 부부처럼 히말라야 14좌 베이스캠프를 목표로 하는 이들에게는 매우 경제적이고 고마운 산이다.

1957년 7월 7일 프리츠 모라벡(Fritz Moravec), 요제프 라르흐(Josef Larch), 한스 빌렌파르트(Hans Willenpart) 등 오스트리아 원정대 3명이 남서릉을 경유해 초등했다.

한국에서는 1991년 성균관대 산악회가 초등했다.

■ 낭가파르바트 (Nanga Parbat 8,125m)

낭가파르바트(Nanga Parbat)은 우르두어로 '벌거벗은'이라는 뜻의 '낭가'와, '산'이라는 뜻의 '파르바트'의 합성어로 '벌거벗은 산'을 의미하고, 산스크리트어로는 '산 중의 산' 혹은 '산의 왕'이라는 뜻으로 '디아미르(Diamir)'라고 부른다. 셸파어로는 '악마의 산(Killer Mountain)'이라고 한다. 히말라야 14좌 중 9위 봉이다.

등반로는 루팔(Rupal), 라이코트(Raikot), 디아미르(Diamir), 세 루트가 있다. 특히 남동쪽 루팔 벽은 4,500m 이상의 수직 벽으로, 로체, 마칼루 남벽과 함께 히말라야 3대 난벽(難壁) 중 하나로 손꼽힌다.

낭가파르바트는 인류가 최초로 도전을 시작한 8,000m급 산이고, 초등당시 8,000m급 최초로 단독 등반이 이뤄졌다. 8,000m 높이의 산에서 최초의 조난을 기록했고, 단 한 번의 눈사태로 16명이라는 엄청난 인원이 희생된 기록을 가지고 있다.

1854년 영국 동인도 회사에 근무하던 독일 뮌헨 출신의 슐라긴트바이트(Schlagintweit) 3형제가 1856년 낭가파르바트 남벽을 정찰하고 지질학적인 보고서를 작성했다. 1887년 의사이자 선교사인 아서 네베(Arthur Neve) 박사가 낭가파르바트 산군을 정찰하며 루팔 벽을 발견한 뒤 『카슈미르, 라다크, 스카르두 지역 여행안내서』를 발간했다. 1891년 존 콘웨이(John Conway) 등이 낭가파르바트에 대한 등반 관련 자료를 발표했다.

1895년 머메리즘●의 창시자 영국의 앨버트 머메리(Albert F. Mummery, 1855~1895)는 단 하나의 유작인 『알프스에서 카프카스로』의 원고를 출판사에 넘긴 후 오랜 등반 친구인 제프리 헤이스팅스(Geoffrey Hastings) 및 존 노먼 콜리(John Norman Collie)와 낭가파르바트 루팔 벽으로 향했다. 그들은 마제노 패스(Mazeno Pass 5,399m)를 넘어 디아미르(Diamir) 벽의 머메리 능선을 타고 6,100m까지 진출 후 하산하다가 구르카 병사 2명과 눈사태로 빙벽 너머로 실종되어 낭가파르바트 최초의 등반 시도자 및 사망자가 됐다.

이후 1934년 독일의 빌리 메르클(Willy Merkl)이 1·2차 원정을 시도했으나 대원 4명을 비롯해 포터 6명이 희생되었고, 1937년 독일의 3차 원정이 시도되었으나 대원 7명과 포터 9명 등 16명이 사망하면서 실패했다.

1939년 낭가파르바트 등반에 수많은 희생을 치른 독일은 낭가파르바트를 반드시 초등하기로 하고 5명의 정찰대를 파견했으나 정찰대가 귀국 중 2차 세계대전이 시작되어 영국군의 포로가 됐다. 대원 중 하인리히 하러(Heinrich Harrer)와 아우프슈나이더(P. Aufschneiter)가 탈출하여 티베트의 수도 라싸까지 간 뒤 1950년 중공군의 진주 전까지 달라이 라마의 보호하

● 머메리즘(mummerism): 정상 등반이라는 결과보다는 얼마나 어려운 등반 과정을 거치며 등반했느냐에 진정한 의미가 있다고 보는 등반 정신. 쉬운 능선을 따라 정상에 오르기보다는 절벽 등 어려운 루트를 직접 개척해가며 역경을 극복해나가는 것을 목적으로 한다.

에 머물게 되었고, 하인리히 하러가 그때의 경험으로 『티베트에서의 7년』을 쓰게 되었다.

영국 원정대도 3명 중 2명이 사망하며 1953년 헤르만 불의 초등까지 30명 이상의 인명이 희생되었다.

헤를리코퍼 베이스캠프는 1953년에서 1982년까지 약 30년간 낭가파르바트 등반을 실시한 독일의 카를 헤를리코퍼(Karl Herrligkoffer) 박사의 이름을 딴 것이다. 낭가파르바트 2차 원정대장인 형의 꿈을 실현하고자 1953년 빌리 메르클 원정대를 조직한 헤를리코퍼 박사는 헤르만 불 등 9명을 등반에 참여하게 했고, 1953년 7월 3일 오후 7시 헤르만 불이 단독으로 초등에 성공했다. 그 후 헤를리코퍼 박사의 원정대는 수직 고도 3,100m의 디아미르 벽의 등반을 시도해서 성공했다. 1963년부터 남면 수직 벽 4,500m의 루팔 벽 등반을 시도했으나 실패했고, 1970년 라인홀트 메스너 형제를 초청해서 루팔 벽 등정에 성공했다. 헤를리코퍼 박사는 1982년 마지막 남동릉 등반을 주도하고 30년간의 낭가파르바트 등반을 끝냈다.

한국에서는 1992년 광주 우임산악회 김주현, 경남 합동대 박희택이 낭가파르바트 정상에 처음 올랐다.

우리 부부의 트레킹 전략

카라코람 히말라야 5좌를 계획하는 경우, 낭가파르바트를 먼저 트레킹을 하거나 브로드 피크, K2, 가셔브룸 1·2를 마친 뒤에 스카르두로 돌아와 잠시 쉰 뒤에 아름다운 데오사이 국립공원을 넘어 낭가파르바트로 가는 것이 일반적이다.

우리 부부는 스카르두로 향하는 비행기가 자주 결항하고 지프도 2일 이상 주행하는 부담을 덜고 싶었다. 하루 안에 이슬라마바드에서 고속 도로로 칠라스를 거쳐 페어리 메도로 진입하고 낭가파르바트를 마친 뒤에 데오사이 국립공원을 하루 안에 주파하여 스카르두로 진입하면 여정이 조금 덜 피곤할 것으로 생각했다.

그러나 김만수 선생님과 의논하던 중, 네팔의 산들이 공원이라면 카라코람의 산들은 쥐라기 공원이라는 말씀을 듣고는, 먼저 편하게 트레킹하고 나중에 죽을 고생을 하는 것보다는 죽을 고생을 먼저 하고 편안하게 여정을 마무리 짓는 것이 좋을 것이라는 결론에 도달했다.

마침 파키스탄 정부에서 관광에 대해 관심을 가지고 스카르두 공항을 확장하고 48인승 프로펠러 비행기 대신 제트기를 투입하여 정시에 항공편이 운항할 듯하다는 정보를 입수했다. 비행기가 정확하게 운행되면 일정이 1~3일이 줄고 신체의 피로도도 매우 감소하게 되는 좋은 소식이었다.

낭가파르바트를 가는 가장 대중적인 방법은 보통 라이코트 브리지를 건너 페어리 메도에서 머물다가 길기트로 해서 훈자로 가는 것이다. 우리도 처음에는 평범하게 페어리 메도로 가고 싶었지만 산을 아는 사람들은 모두가 루팔 벽을 강력하게 추천했다.

심지어 에이전시에서도 페어리 메도보다는 루팔 벽에서 반드시 2일은 있어야 한다고 힘주어 말했다. 루팔 측 베이스캠프는 2013년 어디선가 나타난 탈레반이 야영 중인 사람들 중 외국인들만 골라 12명을 살해한 사건이 있었다. 그 후 한국인을 제외하고는 외국인들의 트레킹이 아주 끊어졌다가 최근 파키스탄 정부의 강력한 외국인 보호로 사람들이 조금씩 다시 찾고 있다. 최근 몇 년 동안 각 트레킹 팀마다 칼라시니코프 소총과 기타 무기로 중무장한 경찰을 배정해 직접 인솔하게 하므로 사고가 전혀 없었다. 과거의 사고로 조금 꺼려지긴 하지만 역설적으로 더 안전해진 상태였다.

이 코스로 오르게 되면 히말라야 최악의 난공불락의 벽인 낭가파르바트 루팔 벽을 바라보면서 헤를리코퍼 베이스캠프와 빙하를 하나 건너 대초원을 지나 랏보 베이스캠프를 지나 다시 마제노 패스 직전에서 멈추게 된다.

낭가파르바트에서 각기 다른 2개의 베이스캠프를 방문함으로써 히말라야 14좌 베이스캠프 트레킹 중 마지막을 장식하는 14번째 트레킹을 하게 되는 것이다.

파키스탄 카라코람 히말라야 5좌 트레킹 일정표 (2019. 6. 16. ~ 7. 9.)		
일차	일 정	시간
1일	이슬라마바드(Islamabad) — 스카르두(Skardu 2,498m)	40분
2일	스카르두(2,498m) — 아스콜리(Ascoli 3,050m) / 130km	8~10h
3일	아스콜리(3,050m) — 코로퐁(Korofong 3,104m) — 줄라(Jhula 3,218m) / 20km	8~10h
4일	줄라(3,218m) — 바르두말(Bardumal 3,295m) — 빠유(Paju 3,418m) / 20km	8~10h
5일	빠유 휴식(고소 적응. 파키스탄 정부 강제 휴식)	
6일	빠유(3,418m) — 릴리고 BC(Liligo BC 3,698m) — 호불체(Khoburtse 3,816m) / 16km	7~8h
7일	호불체(3,816m) — 우르두카스(Urdukas 4,168m) / 7km	3~4h
8일	우르두카스(4,168m) — 고로 1(Goro 1 4,250m) — 고로 2(Goro 2 4,319m) / 13km	7~8h
9일	고로 2(Goro 2 4,319m) — 콩코르디아(Concordia 4,691m) / 12km	7~8h
10일	콩코르디아(4,691m) — 브로드 피크 BC(Broad Peak BC 4,900m) / 9km	4~5h
11일	브로드 피크 BC(4,900m) — K2 BC(5,050m) — 브로드 피크 BC(4,900m) / 9km	6~7h
12일	브로드 피크 BC(4,900m) — 콩코르디아(4,691m) / 9km	3~4h
13일	콩코르디아(4,691m) — 샤킬링(Shaquring 4,800m) / 8km	3~4h
14일	샤킬링(4,800m) — 가셔브룸1·2 BC(Gasherbrum 1·2 BC 5,150m) — 샤킬링(4,800m) / 20km	12h
15일	샤킬링(4,800m) — 콩코르디아(4,691m) / 8km	3h
16일	콩코르디아(4,691m) — 고로 2(4,319m) — 고로 1(4,250m) / 19km	6~7h
17일	고로 1(4,250m) — 우르두카스(4,168m) — 호불체(3,816m) / 22km	6~7h
18일	호불체(3,816m) — 릴리고 BC(3,698m) — 빠유(3,418m) — 바르두말(3,295m) / 26km	9~10h
19일	바르두말(3,295m) — 줄라(3,218m) — 코로퐁(3,104m) / 19km	8h
20일	코로퐁(3,104m) — 아스콜리(3,050m) 1시간 / 3km	1h
	아스콜리(3,050m) — 스카르두(2,498m) / 130km	6h
21일	스카르두(2,498m) — 데오사이 국립공원(Deosai National Park 4,100m) — 낭가파르바트 타리싱 마을(Nanga Parbat Tarishing 2,900m) / 156km	10h
22일	타리싱 마을(2,900m) — 루팔 마을(Rupal 3,100m) — 헤를리코퍼 BC(Herrligkoffer BC 3,550m) / 10km	3h
23일	헤를리코퍼 BC(3,550m) — 랏보 BC(Latboh BC 3,500m) — 헤를리코퍼 BC(3,550m) / 8km	4h
24일	헤를리코퍼 BC(3,550m) — 루팔마을(3,100m) — 타리싱 마을(2,900m) / 10km	3h

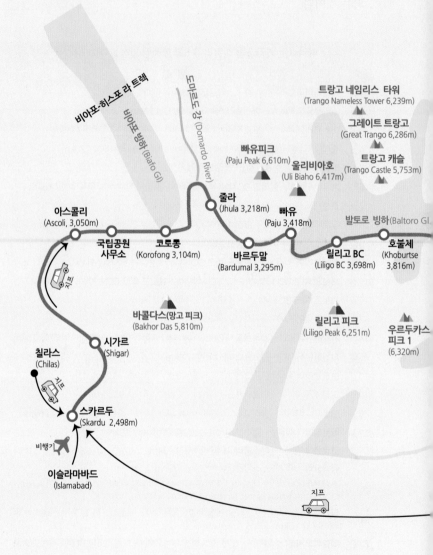

히말라야 5좌 트레킹 지도

비아포-히스포 라 트렉

비아포 빙하 (Biafo Gl.)

도마르도 강 (Domardo River)

트랑고 네임리스 타워
(Trango Nameless Tower 6,239m)

그레이트 트랑고
(Great Trango 6,286m)

빠유피크
(Paju Peak 6,610m)

울리비아호
(Uli Biaho 6,417m)

트랑고 캐슬
(Trango Castle 5,753m)

아스콜리
(Ascoli, 3,050m)

국립공원
사무소
(Korofong 3,104m)

코토롱

줄라
(Jhula 3,218m)

빠유
(Paju 3,418m)

발토로 빙하 (Baltoro Gl.)

호불체
(Khoburtse
3,816m)

바르두말
(Bardumal 3,295m)

릴리고 BC
(Liligo BC 3,698m)

바콜다스(망고 피크)
(Bakhor Das 5,810m)

릴리고 피크
(Liligo Peak 6,251m)

우르두카스
피크 1
(6,320m)

시가르
(Shigar)

칠라스
(Chilas)

스카르두
(Skardu 2,498m)

비행기

이슬라마바드
(Islamabad)

지프

엔젤 피크
(Angel Peak 6,858m)

K2 (8,611m)

고드윈 오스틴 빙하
(Godwin Austen Gl.)

무즈타그 타워
(Muztagh Tower 7,276m)

K2 BC
(5,050m)

브로드 피크 BC
(Broad Peak BC 4,900m)

브로드 피크
(Broad Peak
8,047m)

롭상 스파이어
(Lobsang Spire 5,707m)

크리스털 피크
(Crystal PeaK 6,252m)

마블 피크
(Marble Peak
6,256m)

G4 (7,925m)

G3

카스
s 4,168m)

고로 1
(Goro 1 4,250m)

고로 2
(Goro 2 4,319m)

콩코르디아
(Concordia 4,691m)

G7

G2 (8,035m)

르두카스
피크 4
(5,900m)

미터 피크
(Mitre Peak 6,025m)

G5

G6

G1
(8,080m)

비뉴 빙하
(Vigne Gl.)

샤킬링
(Shaquring 4,800m)

알리 캠프
(Ali Camp 4,965m)

가셔브룸1·2 BC
(G1, G2 BC 5,150m)

곤도고로 라
(Gondogoro La 5,625m)

아브루치 빙하 (Abruzzi Gl.)

룸
abrum
m)

후스팡
(Kulspang 4,695m)

비뉴
(Vigne 6,874m)

발토로 캉그리
(Baltoro Kangri 7,300m)

달상파
(Dalsangpa 4,170m)

파이어니어 피크
(Pioneer Peak 6,650m)

사이초
(Saicho 3,500m)

초골리사 1
(Chogolisa I 7,669m)

네
she 3,050m)

낭가파르바트 트레킹 지도

비행기

이슬라마바드(Islamabad)

칠라스(Chilas) 차

훈자(Hunza)
쿤자랍 패스(Kun
중국(China)

인더스 강(Indus River)

KKH 카라코람 하이웨이

부나르
(Bunar)

카루 사가르 패스
(Karu Sagar Pass)
(Kachal 4,800m)

③ 페어리 메도
(Fairy Meadows)

하이 B
(High BC

쿠타갈리(Kachal)
(Kuta gali)

하탈로
(Halalo)

산고트
(Zangot)

니아비트 BC
(Diamir)

디아미르 빙하(DIAMIR GI.)

② 디아미르
(DIAMIR)

마제노 패스
(Mazeno Pass
5,399m)

(N

루팔 빙하(Rupal GI)

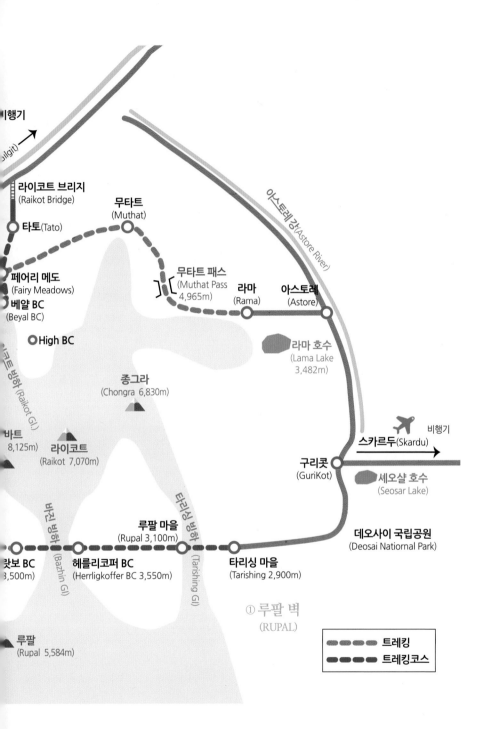

승무원들과의 기념 촬영

🧭 카라코람 히말라야 5좌 1일 차

스카르두
(Skardu 2,498m)

이슬라마바드
(Islamabad)

우리 부부는 6월 13일 저녁 인도 델리에 도착했다. 6월 14일 저녁 인도 암리차르에 비행기로 도착한 후 6월 15일 암리차르에서 육로로 와가 국경을 넘어 파키스탄 라호르에서 대우 버스를 타고 이슬라마바드에 도착했다.

나머지 일행들도 6월 15일 인천에서 중국 북경을 거쳐 이슬라마바드에 도착했다. 다 부서진 가방을 들고 불시착하듯 도착한 후 곧장 환전 골목에 가서 환전하고 물가 동향을 살피느라 바빴다.

6월 16일 새벽 3시 기상. 잠시 후 새벽 비행기를 타기 위해 공항으로 나서기는 하겠지만 탈 수 있을지는 아무도 몰랐다.

2019년 전까지 수많은 K2 팀 중 98% 이상은 비행기를 못 타고 이슬라마바드부터 지프를 타고 칠라스에서 1박을 하고 스카르두까지 꽉 채워 2일, 도로 상황이 나쁘면 3일간의 긴 여정을 가야 했다.

비록 공항이 넓어지고 비행기도 커졌지만 아주 운이 좋아야 비행기를 탈 수 있으므로 트레킹을 계획할 때 예비일을 충분히 준비해두어야 한다. 그렇지 않으면 일정 연장으로 상당한 위약금을 물게 되고 초반부터 분쟁을 끼고 산행을 시작하게 된다.

항공사는 결항, 지연 등으로 악명 높은 파키스탄 항공 PIA. 큰 기대는 없지만 우리 팀의 일을 맡은 에이전시에서 올 시즌 우리보다 앞서 보낸 K2 팀이 비행기를 타고 들어갔다는 소식이 있어서 혹시나 하며 기대했다.

호텔에서 다행히도 조식을 준비해주어서 간단하게 아침을 먹고 새벽 4시에 출발했다. 21인승 전용 버스로 약 30분 정도 걸렸다. 공항 건물이 상당히 멋지다. 이런저런 이유로 파키스탄도 미국 수준으로 보안 검색이 매우 철저하다. 공항에서 검색을 3회 정도 철저히 하고 신발도 벗어서 보여주어야 했다. 검색대에서 스카치테이프를 압수당한 팀원도 있었다.

1인당 수화물 무게는 가방 1개, 20kg이 한도인데, 산으로 가는 짐은 많을 수밖에 없다. 만약을 위해 준비해두었던 얇지만 큰 카고 백을 꺼내 오

공항 대기

버되는 팀원들의 짐을 모았다. 우리 부부의 짐이 1개여서 우리 짐으로 부쳐서 추가 화물 요금을 내지 않도록 했다.

일단 공항에 들어서서 짐을 부치고 비행기 출발 시간을 기다렸다. 비행기가 과연 뜰까? 다행히 비행기가 6시 정시에 떠난다는 안내가 나왔

다. 그러나 그동안 공항에서 내내 대기하다 결국 지프 타고 떠나야 했던 비운의 팀들이 너무나 많았기에 안심이 되지 않았다.

최근 파키스탄 정부의 관광 진흥 정책 발표 이후 2019년 초에 스카르두 공항을 확장하고 제트기인 Airbus A320이 신규 취항하면서 비행기가 정시에 떠나게 되었다. 또 한 번에 더 많은 승객이 갈 수 있게 되었는데, 2019년 시즌이 시작되자마자 달려온 우리 팀이 큰 혜택을 받게 되었다.

비행기가 이슬라마바드 공항에서 뜨자마자 대평원을 지나 인더스 강 위의 산악 지방으로 날아오르면서 갑자기 눈 덮인 하얀 설산들이 양쪽으로 나타났다.

창가 자리를 잡지 못한 나는 몹시 흥분하여 카메라를 창가에 들이밀고 사진을 찍으며 감탄사를 연발했다. 그랬더니 창가 자리의 현지인 아저씨가 친절하게도 자리를 바꿔줬다. 염치 불고하고 감사하게 창가에 앉아 설산들을 사진과 동영상으로 촬영했다.

바로 이 구간에 전 세계의 8,000m가 넘는 산 14개 중 5개가 있고 7,000m가 넘는 산 108개와 그 수를 알 수 없는 6,000m 이상의 산이 모여 있는 것이다. 5,000m급의 산들은 그야말로 이름도 없는 대산맥이 펼쳐지는 현장인 것이다.

일행들도 모두 '이야~' 하는 감탄사와 웃음소리를 그치지 못하면서 창가를 바라보고 있었는데 그러는 건 역시 스카르두에 사는 현지인이 아닌 우리 팀밖에 없었다. 스카르두에 도착할 때까지 좌우 좌석에 관계없이 설산들이 우리를 맞아주었는데 설산을 좋아하는 이들에게는 비행기가 뜨기만 하면 참으로 행복한 비행 구간인 것이다.

승무원들이 준 간단한 기내식을 입에 물고 있으면서도 잠시도 창에서 눈을 떼지 못했다. 비행기 기장에 따라서는 밖에 보이는 산들을 설명해주기도 한다는데, 우리가 탄 비행기 기장은 별 코멘트는 없었다.

보통은 이슬라마바드에서 가장 가까운 길기트의 낭가파르바트가 먼저 그 모습을 보여준다. 낭가파르바트는 세계에서 9번째로 높은 산이다.

이륙한 지 40분 만인 오전 7시. 하늘에서 바라보는 스카르두 공항은 하얀 설산이 가득한 강가의 아주 평평한 사막 같은 곳에 있었다. 비행기가 산 중턱에 하얀 조약돌로 'I LOVE PAKISTAN'이라고 새겨진 곳 위를 빙빙 돌면서 고도를 낮추다가 갑자기 땅으로 내리꽂듯이 착륙했다.

주변엔 온통 날카롭고 찬 기운이 흐르는 산들과 중무장한 군인들로 황량했다. 공항 활주로에 서서 한참 공항 대합실로 가는 버스를 기다리는 동안 같은 비행기를 탄 현지인 가족들과 서로 기념 촬영도 하고 승무원들과도 같이 사진을 찍었다.

가장 나이 어린 미녀 승무원은 부끄러워하면서 촬영을 거부해서 몹시 안타까웠다. 모두 두 번째로 예쁘고 우아한 승무원 그리고 기장과 스카르두 도착 기념 촬영을 했다.

셔틀버스를 타고 스카르두 공항 대합실에 도착했는데, 네팔 지방 공항처럼 비행기에서 짐을 가져다가 거의 그냥 승객에게 넘겨주는 아주 작은 공항이었다. 공항은 작고 사람은 많으니 정신없었다. 그 북새통 속에도 공항 안을 장식한 커다란 사진들, 산과 지역 사람들, 폴로, 독수리와 거대한 산양 등을 찍은 커다란 사진들을 보니 가슴이 두방망이질했다. 그냥 좋기만 했다.

우리가 도착한 스카르두는 한국 여행자들이 많이 방문하는 인도의 라다크, 즉 예전의 카슈미르 지역에서 큰 산을 2개 정도 넘으면 만날 수 있는 산 중의 매우 큰 도시다. 역사적으로는 수많은 불교 순례자들이 불법을 찾아 인도 라다크에서 파키스탄의 탁트바히, 스와트, 탁실라, 페샤와르로 넘어가는 길에 머물러 가던 곳이다. 그리고 실크로드를 따라 장사를 다니던 상인들이 험난한 길을 지나 쉬어 가던 곳이기도 하다. 그래서 유적지도 많다.

그러나 현재는 인도-파키스탄 양국의 분쟁이 심화되어 두 국가의 국경에서 가까운 이곳에 군부대가 주둔하여 삼엄하게 지키고 있으며 이산가족도 많다.

스카르두는 파키스탄의 훈자보다도 볼거리가 더 많은 지역인데, 파키스탄 자체의 안전에 대한 보장 문제와 복잡한 입국 문제 및 실제 여행의 제약과 불편한 교통수단 및 불합리한 관습 등의 문제로 여행객들이 많이 찾지 못해 안타깝다.

광활한 강과 드넓은 평야가 어우러진 폴로 경기장들과 역사적인 성과 시장들이 있고, 불교 유적도 여러 곳에 산재해 있지만, 지역의 유물을 모은 박물관이나 갈 만한 곳을 잘 알려주는 자료나 대중교통 수단을 찾기 어렵다. 현재는 K2 트레킹 혹은 데오사이 국립공원 탐방에 필요한 물건들을 준비하는 전진 기지 정도로 인식되고 있다.

짐을 찾아 대기 중인 랜드크루저 2대에 나누어 탔다. 인더스 강을 거슬러 15km를 달려서 K2 PTDC호텔로 가는데 길가에 나무들과 가게들이

랜드크루저

보였다. 학교 가는 학생들이 우리를 보면서 손을 흔들고 환호하며 환영해주기에 우리도 흐뭇하게 손을 흔들어주었다.

시장을 지나 언덕 위에 자리 잡은 K2 PTDC호텔에 도착했다. 근처에 많은 숙소가 있지만, 파키스탄 정부에서 운영하는 이 호텔은 세계 각국의 원정대들이 주로 머무르는 역사와 전통이 오래된 곳이다. 호텔 한 곁에는 이탈리아에서 만들어놓은 K2 메모리얼 박물관도 자리 잡고 있다. 이탈리아 원정대가 참조한 등반 관련 지도, 지역에 대해 기록한 사진들이 있고 약간의 유물도 있다. 문이 열린 시간에 둘러볼 만하다.

호텔 안에는 전 세계의 수많은 원정대들이 지나간 자취와 2019년 김홍빈 원정대가 다녀가고, 거칠부 선생의 팀도 다녀가며 붙인 현수막들이 있었다. 오늘은 휴식을 하고 내일은 지역 관광청의 브리핑을 받으며 쉬기로 했다.

호텔에서 아침 식사가 나왔다. 비행기를 타기 전에 이슬라마바드의 호텔에서 아침을 먹고 기내식도 먹었으니 그다지 식사를 하고 싶지는 않았지만, 정원에 가득 열린 체리와 살구가 투숙객들에게 무제한 무료로 제공되고 있어 유혹적이었다. 모든 팀원들이 눈빛을 반짝였다. 처음에는 손이 닿는 곳의 몇 개만 수줍게 따 먹다가 잠시 후 나뭇가지를 잡아당기며 정말 온 얼굴과 손이 빨갛게 물들도록 수백 개를 따 먹었다. 한참 체리를 따 먹느라 여념이 없는데 에이전시 사장이 찾아와서 잠시 체리와 작별을 고했다.

트레킹 중 식사에 대해 상의하고 가이드와 미팅을 했다. 가이드가 자신을 '바바(형)'라고 부르라고 해서 "'바바'라니⋯⋯." 하고 웃었다. 가이드가 자

기는 무려 48세라고 해서 "내가 더 형이다."라고 했더니 그가 많이 놀랐다.

바바 그대보다 더 나이 어린 사람은 내 아내와 조 선생밖에 없다고 했더니 더 놀랐다. 그렇다. 우리 팀은 비교적 속도도 느리고 골골한 40대가 3명, 60대 중반의 체력이 좋은 명품 번개 선생님들 3명으로 구성된 팀이었다.

K2 호텔 내에는 마침 여러 행사들이 있었다. 종교 행사 같기는 했지만 마을의 최고 유지들과 고위관리들이 모여 웃고 즐기면서 신나게 노는 중이어서 편하게 잠을 자거나 휴식을 취하는 게 어려워서 필요한 장비를 알아볼 겸 밖으로 나왔다.

호텔 입구에서 우측으로 내려가면 큰 시장과 전문적인 등산용품을 파는 가게가 1~2개 있고 큰 시장이 이어진다. 등산용품의 확인과 보급이 필요하거나 성벽과 폴로 시장 등을 구경하려면 우측으로 2킬로미터 정도 걸어가면 된다. 좌측으로 가면 그냥 간단한 비스킷 등의 보급품을 살 수 있는, 작지만 쓸 만한 물건을

갓 딴 체리

스카르두 시장

파는 가게들이 여러 개 있다.

우리는 20분 정도 걸어 시장에 가서 여기저기 구경하며 트레킹 준비물과 생필품을 샀다. 의외로 허브로 병을 고치는 닥터가 있는 병원도 있었다. 으레 시장 뒷골목에서는 여러 가지 물품들이 풍부하듯, 더 깊숙한 골목에서는 헌 양말도 팔 정도로 가난한 사람들을 위한 여러 종류의 물건이 거래되고 있었다.

이슬라마바드 환전 골목에서 경비 3,000달러를 바꾸었는데 네팔과는 달리 파키스탄은 담합이 단단해서 잘 깨지지 않았다. 1달러당 겨우 153.50루피에 바꿀 수 있었다. 환전소에서는 100루피짜리 주는 걸 거절하고 5,000루피짜리로만 줬다. 다른 나라에서는 보통 커봐야 1,000짜리이나 500짜리 지폐라 바꾸면 부피가 상당히 컸는데, 여기는 환전한 현지 화폐의 부피가 너무 작아서 당황스러웠다.

트레킹하는 동안에는 팁을 계속 줘야 하니 100루피짜리 작은 돈이 많이 필요했다. 시장에서 휴지, 과자, 속옷, 양산, 건전지, 초콜릿, 지도 등을 사면서 계속 5,000루피짜리를 내고 잔돈으로 거슬러 받았다. 의외로 사람들이 큰돈을 선선히 받아주고 잘 유통되어 도리어 놀랐다. 맨 마지막에 산

속옷은 정말 아무리 찾아도 품질이 그것보다 좋은 게 없고 사이즈도 그게 가장 큰 거라서 살 수밖에 없기는 했지만 매우 독특한 핑크와 레드의 현란한 색이라 좀 민망했다. 남자가 빨간색 속옷이라니……

길을 떠날 준비를 하느라 정신이 없어서 이발도 하지 못한 채 떠나왔더니 머리가 길어서 불편했다. 트레킹이 시작되면 머리 깎기 힘드니 나간 김에 시장 구석의 이발소를 찾아갔다. 아내의 걱정이 많았다. 앞서 자른 사람들 상태가 괜찮은 것 같아서 대충 깎고 모자 쓰고 다니기로 했는데 다 깎고 난 후에 사람들이 '풋' 하고 웃기도 하고 아내도 웃음을 참는 것 같았다. 시내에서 사람들이 굉장히 희한한 얼굴로 보기도 했는데 나중에 알고 보니 뒷머리를 특이하게 마무리 지어서 토속 티베트 사람처럼 만들어 놓았다고 했다.

장비 가게에서 인도 암리차르 공항에서 만나 육로로 같이 국경을 넘었던 네팔 원정대를 다시 만났다. 대개 한국 원정대와 같이 다닌 경력이 있는 사람들이었다. 처음에는 봐도 무뚝뚝하고 인상만 쓰더니 자주 보니 이제는 먼저 아는 척도 하고 반가워했다. 그들은 아내와 웃음꽃을 피우며 이야기를 했다. 나중에 산에서 만나기로 했지만, 소식만 들었을 뿐 직접 만나지는 못했다.

저녁에 에이전시에서 찾아와 내일 아침 일찍 지역 관광청 브리핑이 끝나면 바로 아스콜리로 떠날 수 있게 해본다고 한다. 원래는 하루 정도 쉬고 떠나려고 했지만 하루를 먼저 떠난다면 절약된 하루를 산행 예비일로 할 수 있으니 다행이라고 생각했다.

팀원들과 상의 후 만장일치로 만약 가능하다면 내일 바로 떠나기로 했다. 인터넷도 오락가락하고 카톡도 잘 터지지는 않지만, 그나마 이런 문명도 여기까지다.

빨리 잔다고 잤는데 결국 몇 시간 못 자고 알람이 울렸다. 새벽이라고 부르기도 민망한 3시 30분에 아침을 먹었다. 식빵과 버터, 잼, 시리얼 등 입맛이 돌게 하는 것은 하나도 없었다. 그래도 억지로 조금 먹었다.

다시 한 번 모든 짐을 차에 실었는지 확인 후 출발했다. 과연 비행기를 탈 수 있을까? 만약 비행기가 뜨지 않는다면 지금 타고 있는 이 차를 타고 이틀을 꼬박 달려야 한다. 물론 길이 좋지 않을 거다.

갑자기 한숨이 절로 난다. 날씨가 좋으니 부정적인 생각은 말자고 다짐했지만, 중요한 것은 이슬라마바드의 날씨가 아니라 스카르두의 날씨다. 산에 오면 항상 느끼는 것이지만 내 생각 내 뜻대로 되는 일은 그다지 많지가 않다.

도시에서는 늘 이런저런 생각을 하며 어떻게든 무언가를 시도하고 이루어내려고 애를 쓰는데 산에 오면 모든 걸 내려놓게 된다. 그저 기도하는 것 외에는 내가 할 수 있는 일이 거의 없을 때가 많기 때문이다. 날씨도 나의 컨디션도 그날그날 바뀌는 상황도……. 그래서 산에 오면 낮아지고, 나 그리고 인간이란 존재가 얼마나 작은 존재인지 매번 뼈저리게 느끼게 된다.

오늘도 나는 비행기를 탈 수 있기를 기도하며 공항으로 향했다. 다행히 공항은 열려 있었고 수속도 받아주었다. 모두들 공항에서 단체 사진을 찍으며 파이팅을 외쳤다. 한국에서 사전 미팅 때 한 번 만나고 어제 만난 일행들이지만 왠지 친근하게 느껴진다.

네팔의 경험으로 새벽 비행기는 항상 지연이니까 느긋하게 기다리기로 했다. 에이전시 사장인 아니스도 언제 탑승이 될지 비행기가 뜰지 아무도 모른다고 했다. 하지만 어쩐 일인지 정시에 탑승을 하고 출발을 했다.

한 시간 후에 스카르두 공항에 도착했다. 이슬라마바드는 더워서 죽을 것 같았는데 스카르두는 쌀쌀하다 못해 춥다고 느껴질 정도다. 비행기에서 내려서 보니 사막처럼 모래 언덕이 보였고 저 너머 어딘가가 라다크라고 남편이 말해주었다.

공항까지 데려다줄 셔틀버스를 기다리는데 우리 일행들은 어느새 '셀피(함께 사진 찍자)'를 외치는 현지인들에 의해 어색한 포즈들을 취하고 있었다. 나에게 조심스럽게 다가온 한 남자는 자신의 아내와 아이들과 함께 사진을 찍어줄 수 있는지 물었다. 나는 상당히 어설픈 미소를 지으며, 차도르로 얼굴을

현지인 가족과의 기념 촬영

가린 그의 아내와 귀여운 아이들과 사진을 찍었다.

공항을 나가서 2대의 차에 나누어 타고 스카르두 숙소로 이동했다. 숙소는 정말 애니메이션의 한 장면을 옮겨놓은 것처럼 비현실적으로 아름다웠다. 뒷마당에는 체리가 지천이었고 저 멀리 흐르는 강이며 산과 숲, 정말 지상 낙원처럼 느껴졌다.

하지만 너무 일찍 도착한 탓에 방으로 바로 들어가지 못한 채 세 번째 아침을 먹었다(비행기에서 두 번째 아침을 먹었다). 마치 같은 사람이

요리한 듯 메뉴는 똑같았고 투덜거리면서도 나는 세 번째 아침을 먹었다. 나의 늘어나는 몸무게를 걱정하면서……

이상하게 설산을 타고 내려오면 몸무게가 늘어 있었다. 남편은 늘 10kg도 넘게 빠지는 반면 나는 항상 2~3kg씩 늘어났다. 그런데 아침을 세 번이나 먹으려니 걱정이 되었던 것이다. 남편은 다들 몸무게가 빠지지 나 같은 사람은 본 적이 없다고 했다. 지금까지는 둘만 다녔으니 다른 사람들은 어떤지 알 수가 없어 반박할 수가 없었다. 이번에는 일행들이 있으니 다른 사람들은 어떤지 지켜볼 생각이다.

방이 정해지고 잠시 쉬었다가 아니스와 음식에 대해 상의했다. 대부분의 업체가 그러듯 음식은 서양 팀을 위주로 준비되어 있었다. 대표적인 아침 식사는 오트밀이다. 물론 우리도 집에서는 아침으로 시리얼에 오트밀을 섞어 먹는다. 입맛과는 상관없이 순전히 건강을 위한 선택이다. 하지만 산에 와서까지 건강을 생각하고 싶지는 않다. 산에 와서는 정말 입맛 당기는 대로 불량 식품을 마구 먹을 수 있는 것도 또 다른 즐거움이다. 음식과 관련된 미팅을 마친 후 짐의 무게 때문에 가져오지 못한 것들을 사러 시장으로 향했다.

어디를 가도 아름다웠고 신기했다. 시장에서 양산을 사려고 했는데 그게 그렇게 귀한 품목인지 몰랐다. 한 시간을 넘게 돌아다녀서 겨우 두 개를 샀다. 이젠 남편의 속옷이 문제였다. 사이즈가 작은 것만 있어서 남편에게 맞는 것은 구하기가 힘들었다. 결국 마지막이라고 생각한 집에 사이즈가 맞는 속옷이 딱 두 개 있었다. 빨간색과 핑크색!! 나는 터져 나오는 웃음을 참을 수가 없었다. 남편은 인상이 구겨진 채 고민하고 있었지만 난 무조건 사야 한다고 했다. 선택의 여지가 없었다. K2에서 슈퍼맨을 구경할 수 있겠다고 말하며 웃었다가 남편에게 꿀밤을 맞았다. 그래도 웃음이 멈추질 않았다.

　그렇게 말렸는데도 남편은 굳이 이발을 하겠다며 이발소로 향했다. 남자들만 가득한 이발소에 난 위풍당당하게 들어갔다. 남자들이 모두 일어나며 자리를 내어주었다. 끊임 없는 질문 공세가 펼쳐졌다. 무슨 면접 보는 줄 알았다. 그사이 남편은 못난이 중국 인형이 되어가고 있었다. 이발이 끝나고 남편의 얼굴은 불만이 가득했다. 앞모습보다 뒷모습이 더 웃기다는 말을 차마 할 수 없었다. 뒤를 볼 수 없다는 것이 다행이라는 생각이 들었다. 아마 자기 뒷모습을 봤다면 그 이발소는 오늘 영업을 할 수 없었을지도 모른다.

　숙소로 돌아왔을 때는 아침부터 시작했던 행사가 아직까지도 끝나지 않고 있었다. 무슨 종교 행사 같았는데 높으신 분들이 많이 참석한 듯했다. 저녁 먹기 전 아니스가 트레킹에 가져갈 음식을 체크하러 가자고 했다. 남편은 몸이 안 좋다고 혼자 가라며 침대에 누워버렸다.

　아니스 차를 타고 10분쯤 가니 조용하고 깨끗한 마을이 나왔다. 집 옆에 작은 사무실이 있었다. 우리 팀의 요리를 맡아줄 줄피를 소개받았다. 인상이 좋았고 매너도 좋았다. 음식 재료는 입이 벌어질 만큼 양이 많았다. 준비한 것들에서 몇 가지를 빼고 팝콘을 추가해달라고 했다. 집에서 가져온 누룽지를 주면서 설명하니 아니스는 그걸 어떻게 먹느냐며 경악에 가까운 표정을 지었지만 쿡 줄피는 알아들은 듯했다. 아니스가 집에 가서 식구들과 인사를 하자고 했다. 갑작스러운 제안에 당황스럽고 난처했지만 현지인의 삶도 보고 싶고 해서 초대에 응했다.

　집에는 아니스의 아버지와 어머니 그리고 여동생이 있었다. 아버지는 스카르두 지역 방송국에서 오래 근무하셨고 그 경험을 토대로 책을 출간하시기도 했다고 한다. 유머 있고 해박하셨다.

대화가 제법 길어졌다. 차와 간단한 간식이 나왔고 앞마당에서 딴 두 종류의 체리가 나왔다. 아니스 말에 따르면 체리 종류가 많아서 한 종류의 체리가 끝이 나면 다른 종류의 체리가 나와서 항상 체리가 있다고 했다. 일행들이 저녁 먹을 시간이 되어서 어른들께 양해를 구하고 숙소로 돌아왔다. 체리를 한가득 들고 돌아오니 일행들은 나보다는 체리를 더 반가워했다.

저녁에 아니스가 찾아와 만약 내일 아침 일찍 지역 관광청 브리핑을 들을 수 있다면 바로 아스콜리로 가자고 했다. 스카르두가 너무 아름다워서 하루 더 머물고 싶은 마음이 있었지만 만약 일정이 일찍 끝나면 돌아와서 쉬기로 했다.

꽤 추위가 느껴져서 남편과 나는 여기도 이렇게 추운데 산에서는 텐트에서 어떻게 잘 수 있겠느냐고 걱정하며 잠들었다.

강과 산이 어우러진 시가르 마을

🧭 카라코람 히말라야 5좌 2일 차

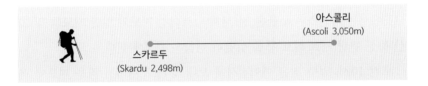

새벽 6시에 일어나서 짐을 다 쌌다. 오전 8시에 스카르두 지역 관광청 브리핑에 일행이 모두 갈 필요는 없다고 해서 나와 우리 팀의 이 선생님 2명이 참가했다. 특별할 것은 없으나 교육을 마친 다음에 받는 교육필증이 있어야 트레킹을 바로 출발할 수 있도록 편의를 봐준다고 해서 반드시 참가해야 했다.

스카르두 관광청은 확장 공사 중이었다. 지도가 많고 세밀하기는 한데 너무 작거나 해상도가 낮아서 큰 도움이 되지는 않았다. 약간의 브리핑을 받은 뒤에 트레킹이 성공하길 바란다는 악수를 하고 관광청 직원이 주는

스카르두 관광청

지도 2장을 얻어 왔다.

정밀한 등산 지도를 저렴하고 쉽게 구할 수 있는 네팔과는 달리 파키스탄에서는 트레킹 지도를 구하는 게 정말 어려웠다. 스카르두 안에서 지도를 구하기 위해 애썼지만 비싸기만 하고 별 소용이 없었다. 차라리 구글 어스 지도를 인쇄해 오는 게 나을 것 같을 정도였다.

시간이 난다면 지도는 이슬라마바드의 F7 상업 구역의 사히드(Saheed) 서점에서 구매하는 것이 가장 좋다. 사히드 서점은 파키스탄의 교보문고 같은 초대형 서점으로, 큰 건물의 5층 전 층이 모두 다 책으로 가득하다. 그곳에서는 파키스탄은 물론 전 세계의 트레킹 지도와 일반 지도들 및 고산 등산 관련 자료 화보 등을 상당히 괜찮은 가격에 판다.

오전 10시. 일부 짐은 에이전시에 보내 맡기고 나머지 짐을 지프에 옮겨 싣고 팀원들과 아스콜리로 출발했다. 가이드가 말은 간단했다. 시가르(Shigar), 다소(Daso) 마을을 통과해서 브랄두 강(Braldu river)을 따라가면 아스콜리다.

130km 정도로 길이 아주 멀지는 않지만, 이걸 길이라고 할 수 있나 싶을 정도로 험한 길을 아침에 출발해서 해가 지도록 가야 한다. 아내에게 먼지가 상당하니 버프 등으로 입을 막고 차가 수시로 뛰어 오르니 얇은 장갑을 끼고 항상 손잡이를 꼭 잡으라고 말했다. 그런데 어쩌다 보니 아내와 다른 차를 타게 됐다.

지프 두 대로 가는데, 도시에서는 모두가 타고 싶어 하는 랜드크루저였다. 한 대는 신형이고 한 대는 구형이었다. 호텔에서 멀리 보이기만 하던 강과 평야 지역을 지나 장쾌하게 열린 도로를 지나 다리를 건너 중국과 접경한 빙하도 바라보고 사막 지대와 험준한 산악 지형도 보면서 내내 차를 달렸다.

가이드가 멀리 강과 산이 어우러진 시가르 마을이 보이는 곳에서 여기가 사진작가들이 좋아하는 곳이라고 하며 차를 세웠다. 사진을 찍으며 잠시 쉬었다. 풍광은 경탄스러울 정도로 큼직큼직했고 하늘은 푸르고 맑았다.

사람들이 마을 여기저기에서 일을 하고 있었는데 지난겨울은 다른 때보다 더 길었고 눈이 많이 왔다고 한다. 오랜 겨울을 지나 이제 추수를 앞두고 곡식이 황금색으로 잘 익어가고 있었고, 이미 추수를 마친 곳도 있었다. 그러나 명색이 차가 다니는 다리인데 나무다리다. 밑에는 빙하가 흐르는데…….

나무다리

시가르 마을에는 올해 산사태가 나서 마을이 쓸려 가고 도로가 막혀서 불도저와 인력으로 치우는 중이었다. 이상 기온으로 겨울이 길고 폭설이 내려서 온 동네가 힘들다고 한다.

갈 길이 먼데 길이 험해서 그런지 차가 자주 고장 났다. 운전사가 차를 세우고 차 부품 중에 팬 벨트도 아니고 팬 자체를 통으로 꺼냈다. 그러고는 정말로 돌멩이로 쳐서 두드려 맞춰서 끼웠다. 그러자 차가 다시 움직이기 시작했다. 신묘한 기술이다.

오후 1시 반. 다시 차가 멈췄다. 오늘만 세 번째다. 오토바이 집에서 고치려고 했는데 고치는 데 시간이 많이 걸렸다. 잘 안 되고 신통치가 않았

고장 난 차

원석 가게

서 결국 다른 차를 불렀다. 새 차가 올 때까지 동네 원석 가게에 들러 보석 원석들을 구경했다.

오토바이 집 앞에 학교가 있었다. 꼬마들이 반갑게 인사하더니 천진난만한 얼굴로 우리 앞에 다가왔다. 환하게 웃었더니 "기브 미 1달러?"라고 했다. 굉장히 실망해서 얼굴을 돌렸다. 그리고 속으로 생각했다. '네 이놈들, 지금 원 달러면 파키스탄 루피로 150루피가 넘고 체리가 1kg에 60~70루피 정도 하는데 그걸 달라고???'

다른 차가 도착하자 시간이 부족해지니 좀 더 급하고 빠르게 더 긴 다리를 건넜다. 나무로 만든 다리는 현수교라 출렁거림이 심했다. 이런 다리는 요샌 네팔에도 없는데 파키스탄도 참 갈 길이 멀다고 생각하면서도 다리 만드는 기술은 참 탁월하다는 생각을 했다. 그러나 한편 여긴 인도와 중국이 가깝고 매일 분쟁 중인데 유사시 전쟁이 터지면 전차나 자주포가 통과할 수 있을까? 하는 생각도 했다.

파키스탄은 중국제 자주포 등 중국제 무기를 많이 쓰는데 분쟁 상대국인 중국의 무기를 많이 쓰는 것도 아이러니하다. 이번 2019년 트레킹 직전에 벌어진 인도와 파키스탄 간의 공중전은 파키스탄 공군의 F-16이 인도 공군을 이겨서 확실한 우위를 보였다. 그러나 육군의 전투는 인도군이 도입한 한국산 K-9 자주포가 파키스탄 육군의 중국산 SH 시리즈 자주포를 일방적으로 이겨서 공군과 육군이 1:1로 무승부로 끝났다. 그 뒤 인도군이 K-9 자주포 추가 도입을 검토 중이라는 소식을 들었다.

양국의 분쟁은 무승부로 종결됐지만, 고래 싸움에 새우 등 터지는 격으로 우리 같은 여행자만 양국의 분쟁 사이에 끼어 비행기 값을 강제로 환불받거나 저가 항공사에 모두 떼이면서 손해 보고 환율도 올라 환차손이 상당했다.

길가의 절벽에 구멍이 수백 개 뚫려 있는데 여기가 보석 광산이란다. 지하로 굴을 파지 않고 절벽 위로 올라가 구멍을 파서 사파이어, 루비 같은 걸 캔다고 한다. 그러나 대개 수출을 하는지 라다크 등과는 달리 스카르두의 보석 가게에서는 보석들을 많이 보지 못했다.

사파이어 광산

보석도 가공을 안 하면 그냥 예쁜 돌일 뿐이고, 가공 솜씨가 보석 가격을 결정한다. 파키스탄의 보석들이 어디에서 가공되는지는 전혀 듣지 못했다. 사파이어 광산 근처는 울타리가 높게 쳐져 있었고, 국경이 가까워지니 여러 곳에서 군인들의 검문이 있었다.

강을 건너 다소(Daso)에 도착했다. 예전에는 도로가 여기까지만 개설되어 있어서 여기서부터 트레킹을 시작했다고 한다.

길가의 식당에서 늦은 점심 식사를 했는데, 가이드가 잘 아는 곳인 듯했다. 여기서도 식당 주위에 체리나무가 많았다. 마지막이라고 생각하고 체리를 조금 더 따서 식사와 곁들였다.

점심 식사를 하고 출발하는데, 잘 먹여 놓고 이제 죽이려나 보다 하는 생각이 들 정도였다. 도로의 경사가 40도는 넘는 듯한 데다가, 길 좌측에는 이름도 액션 영화 배우 비슷하고 상당히 험악한 브랄두 강이 흐르고 있고, 우측에는 절벽에서 수시로 돌이 굴러 내려왔다.

운전사가 현란한 운전 솜씨를 자랑하면서 그 길을 따라 올라갔다. 중간에 조금 넓은 공터가 있어서 차를 세우고 한 번 쉬었다.

아내가 탄 차는 신형이고 자리가 편했는데도 아내는 내가 탄 나이 많은 차로 건너왔다. 이유는 '혼자 죽거나, 혼자 사는 것보다는 죽어도 남편과 같이 죽는 게 나을 것 같아서'라고 했다. 사람이 그렇게 쉽게 죽지는 않는 존재라는 생각을 하면서도 차의 손잡이를 꽉 쥐고 세차게 흔들리며 거친 길을 갔다.

옛날에는 먹고 살기 힘든 이 동네 사람들이 다이너마이트를 터뜨려서 산사태를 내거나 차가 지나가는 나무다리의 한쪽 로프를 풀어놓고는 트레킹 팀을 기다리고 있다가 짐을 날라주고 돈을 벌고는 했다고 한다. 다행히 우리에게는 그런 일이 벌어지지 않았다.

우리는 죽을 맛인데 지프 운전사는 여유만만이다. 그 좁은 길에서 맞은편에서 온 지프 운전자와 차를 붙여놓고 온갖 이야기를 하다가 다시 길을 떠났다. 맞은편 운전사 아저씨가 쓴 훈자 전통 모자, 하얀 모로 만들고 깃털을 꽂은 모자가 멋졌다.

오후 6시. 험악하다는 말로는 부족한 길을 통과해서 아스콜리에 도착했다. 먼저 도착한 가이드와 쿡이 동네 입구에 텐트를 쳐놓아서 거기에 짐을 풀었다.

잠을 자는 텐트는 본래 대개의 팀에서 2인 1텐트로 운영한다. 그러나 그렇게 하면 서로 생활 방식이 달라서 힘들고, 고도가 올라가면 신체에 가해지는 기압과 산소 저하와 긴 여정에 지친 심신이 다양한 이유로 민감해지므로 길고 긴 밤에 서로 많이 불편하다. 그래서 우리 팀은 돈을 좀 더 주고 1인 1텐트로 사용하도록 계약했다. 모두 새 텐트다. 에이전시에서 이번

험악하다는 말로는 부족한, 아스콜리 가는 길　　　　　　　　　　훈자 운전사

에 우리 팀을 위해 새로 구입을 했다고 한다. 바닥에는 에어매트를 깔았다.

　주방 텐트는 부엌 역할을 한다. 쿡이 요리를 해서 식당 텐트, 즉 거실 격인 다이닝 텐트로 가져온다. 밤에는 주방 텐트가 가이드와 쿡이 자는 숙소 역할을 하고 자기 전에는 여정에서 만나는 손님들을 맞이하는 역할을 한다. 식당 텐트는 손님 전용으로, 손님 외에 아무도 쓰지 못한다. 식당 텐트와 우리 팀원들은 정말 정이 들 정도로 긴 시간을 같이 보냈다.

　도착한 지 얼마 되지 않아 해가 졌다. 계약을 할 때 고기를 염소 대신에 닭으로 했다. 네팔에서 트레킹을 할 때, 캠핑 트레킹을 하는 사람들 중 닭을 가지고 다니면서 잡아먹는 서양 트레커들을 보며 야만적이라고 욕했으나, 이번에는 우리도 할 수 없이 같은 방식이었다. 사람이 살지 않아 현지에서 먹을거리를 조달할 수 없고 중도에 탈출할 방법도 없는 이곳에서 빙하 위로 왕복 200km를 걸어야 한다. 먹는 것이 부실하면 버틸 힘이 없을 테니 다른 방법이 없었다.

　저녁 식사는 맛있었다. 트레킹을 하는 동안 주방 팀은 거대한 수박이나 망고 등을 수시로 등장시켰다. '맛은 있지만 이 거대한 과일 녀석들을 어떻게 들고 왔지?'라고 미안하게 생각하며 맛있게 잘 먹었다. 게다가 언제 닭

개인 텐트

식당 텐트

을 잡았는지 모를 정도로 조용히 잡아서 요리를 잘했다. 쿡 팀에 관해서는 아무런 불만이 없는 트레킹이었다.

밤에 모두가 모여서 오이와 무로 김치를 두 가지 담갔다. 이번 트레킹의 쿡 팀은 처음부터 시종일관 너무나 잘해줬다. 나는 거기 더하여 시간이 나는 대로 틈틈이 주방에 들어가서 이런저런 한국 음식도 가르치고 간식도 만들고 식사 전후에 반드시 누룽지를 끓여서 가져오게 하는 등 팀원들이 먹는 것이 부실해서 힘들어하지 않도록 신경 썼다.

김치도 다 담그고 좀 쉬려는데 가이드가 찾았다. 오늘 차 두 대가 출발해서 한 대가 고장 나서 애먹다가 동네에서 고물 랜드크루저를 하나 구해서 어렵게 타고 왔는데, 팁은 고장 난 차의 운전사 몫까지 3명 몫을 달라고 했다. 안 된다고 하려다가 그냥 팁을 줬다. 아직 포터도 뽑아야 하고 할 일이 많으며 포터 사다(우두머리)와 가이드의 성향을 알지 못하니 조금 지켜봐야 할 부분이 있었기 때문이다.

K2를 트레킹한 서양인들이 귀족적으로 트레킹하면서 이상하게 가르쳐놓아서 그런지, 동네 사람들이 총명해서 그런지, 여기는 포터나 말몰이꾼이나 운전사 등의 팁을 팁이 아닌 임금의 일부로 손님에게 다시 더 부담

하게 했다.

이 지역 사람들은 스테이션제를 적용하는 독특한 관습이 있다. 스테이션제란 산을 올라갈 때를 기준으로 하루 거리로 정하고, 내려올 때도 그 거리를 하루치로 계산하는 것이다. 내려올 때는 힘이 덜 들고 짐도 가벼워지니 많은 거리를 가게 된다. 그러니 하루 일하고 2일치를 청구하는 셈이다 (같은 방법을 쓰는 곳은 오직 한 집안이 장악한 네팔의 마칼루 지역 한 곳뿐이다). 이런 관습은 트레커 입장에서는 합리적이지 않으므로 팁을 지급할 때 분쟁이 잦았다. 그리고 이것이 트레킹 과정에서 돈을 쓸 곳이 별로 없는데도 불구하고 잔돈이 많이 필요한 이유이기도 했다.

운전사들을 보내고 텐트에 들어가서 아주 고요히 죽은 듯이 잤다. 네팔에서는 저녁 시간에 잠이 안 온다거나 일찍 잠에서 깨어 밤이 길어 힘든 경우가 많았는데, K2에서는 하루 종일 코스가 험해서 그런지 그런 일이 없었다. 저녁에 잠들면 아침에 기상 알람이 울리는 소리를 듣고 벌써 아침인가? 하고 야속해하거나 기계 고장을 의심할 정도로 푹 잤다.

매일 규칙적으로 산에서 잘 자고 잘 먹고 운동하다 보면 사회생활에 지쳤던 몸이 건강해진다. 긴 산행 후에 병원에서 건강 검진을 해보면 몸무게도 많이 줄고 내장은 물론 혈관도 깨끗해지는 등 몸 상태가 매우 좋게 나오곤 했다.

아침에 남편이 부산하다. 아침잠이 많은 나는 더 자고 싶었지만 스카르두의 아침을 보고 싶은 마음에 침대에서 일어났다. 오늘 아침은 느긋하게 조금 늦은 식사를 하자고 했지만 모두들 일찍 식당에 모여 계셨다. 날씨는 구름 한 점 없이 맑았고 스카르두의 아침을 볼 수 있다는 것이 눈물 나게 감사했다.

똑같은 메뉴에 입맛은 없지만 식빵 한 쪽을 베어 물었다. 9시쯤 아니스가 왔고 오늘 출발할 수 있다고 했다. 브리핑에는 남편과 일행 중에 이 선생님이 함께 다녀오기로 했다. 잠깐 다시 침대에 누웠다가 의자에 앉아 바깥 풍경을 보고 있는데, 생각보다 일찍 남편이 돌아왔다.

다시 한 번 누고 갈 짐과 가져갈 짐을 체크하고 어제와 같이 차 두대에 나누어 탔다. 예상대로 길은 험했고 곳곳에 눈을 질끈 감을 수밖에 없는 구간들이 나왔다. 그러나 운전사는 대수롭지 않은 듯 마구 달렸다. 앞서 가던 차에 문제가 생겼는지 멈추어 섰다. 그리고 다시 조금 가다가 다시 멈추어 섰다. 차에 문제가 생긴 것이다. 고치면 된다고 하는데, 우리 팀 정 선생님이 저건 심각한 문제라고 힘들 거라고 했다.

일행 중 몇 분은 딱히 할 일도 없자 주변의 오디나무에서 오디를 따기 시작했다. 오디가 크고 정말 달았다. 오디가 저렇게 큰 나무에서 열린다는 걸 처음 알았다. 나는 직접 따지는 않고 일행들이 따다 주는 열매를 염치없게 잘도 받아먹었다.

그사이 운전사들은 한참 동안 변변한 장비도 없이 적당한 돌로 두드리고 패고 하더니(나는 우리가 구석기 시대로 돌아간 줄 알았다), 시동을 켜고 다시 타라는 손짓을 했다. 그들의 솜씨에 혀를 내둘렀지만 얼

마 못 가서 차가 다시 서고 말았다. 남편과 나는 서로 다른 차에 타고 있었기 때문에 나의 불안은 한층 커져만 갔다. 길도 험한데 저러다 차가 구르는 건 아닐까, 브레이크가 고장이 난 건 아닐까 온갖 상상을 했다. 머릿속에는 수도 없는 각 종류별 사고 영상이 그려지기 시작했고 마음은 불안해서 견딜 수가 없었다.

내 마음을 알 리가 없는 우리 차 운전사는 고장 난 차를 앞질러 가고 우리 차가 먼저 군 체크 포인트에 도착해서 서류 처리를 했다. 20분이 넘게 걸렸는데도 남편이 탄 차는 오지를 않았다. 가이드 바바에게 전화를 해보라고 하니 이 구간은 전화가 안 터진다고 했다. 서류 신고를 마치고 식당에 먼저 도착해서 한참을 기다리고 있으니 허름한 차가 저 멀리서 보였다. 아까 그 차는 도저히 안 될 것 같아 급하게 다른 차를 부른 모양이다. 그런데 차의 상태가 너무 심했다. 좀 편안한 차에 일행들을 태우고 우리 부부와 스태프들은 그 허름한 차로 옮겨 타기로 남편과 이야기를 나누었다.

맛있는 점심을 먹고 다시 출발해서 저녁이 되어서야 아스콜리에 도착했다. 이미 우리 텐트가 쳐져 있었고 매트는 예상보다 아주 훌륭했다. 1인 1텐트에 각 텐트마다 매트가 2개씩 지급되었다. 우리 부부만 두 사람이 한 텐트를 써서 매트가 좀 더 있었으면 하고 아쉬웠지만 그래도 생각보다 너무 훌륭해서 모두들 감탄사를 연발했다.

닭장

텐트 앞에 닭장이 있고 그 안에 닭이 열댓 미리가 있길래 농담으로 "우리 닭?" 하고 물어봤더니 정말 우리 닭이란다. 괜스레 닭한테 미안해져서 눈길을 돌렸다.

이곳 물 사정이 안 좋다는 이야기를 하도 많이 들어서 가져간 정수기를 주방 팀에게 조심스레 내밀었다. 짐이 많다고 불평하면 어쩌나 내심 걱정이 되었다. 이미 어제 저녁에 한국 라면과 각종 양념을 한 보따리를 안겼는데……. 그러나 줄피와 바바는 환한 미소로 너무 기뻐하며 고마워했다. 짐이 늘어난다고 싫어할 줄 알았는데 오히려 고맙다는 소리를 들으니 당황스러웠다. 이내 그들의 착한 마음씨에 고맙고 마음이 훈훈해졌다. 왠지 이번 트레킹에서는 사람들 때문에 힘들 일은 없을 것 같았다.

저녁 식사가 준비되었다는 소리에 식당 텐트에 갔다가 턱이 빠지는

저녁 식사후 디저트 수박   김치 담그기

줄 알았다. 진수성찬이다. 모든 일행들이 대만족스러운 식사를 마치고 음식이 너무 맛있다며 칭찬 일색이다. 마지막 디저트로 나온 수박에는 모두 박수가 터져 나왔다. 산에 들어가면 이렇게 맛있는 식사는 하지 못하겠지라고 생각했지만, 그것은 기우였다. 우리는 산에서 정말 매일 매일 식사 시간이 즐거웠다.

저녁 식사를 마치고 김치 담그기에 돌입했다. 날씨가 제법 추워서 자신이 없었는데, 결국 나는 입으로 김치를 담갔다. 나는 시범만 보이고 스태프들이 씻고 다듬고 버무렸다. 오이김치와 깍두기를 담갔는데 줄피에게 오이김치를 다 먹은 다음 깍두기를 먹겠다고 했다. 낮 동안 너무 더워서 김치가 너무 쉬면 어쩌나 걱정을 했지만 나중엔 김치가 얼거나 익지 않을까 봐 걱정을 했다.

줄라 캠프 입구

🧭 카라코람 히말라야 5좌 3일 차

코로퐁
(Korofong 3,104m)

20km

아스콜리
(Ascoli 3,050m)

줄라
(Jhula 3,218m)

오늘은 그토록 기다리던 K2의 첫날이다. 그동안 잘 자다가 아스콜리에 도착해서 긴장이 풀려서인지, 긴장을 해서 그런지, 밤새 잠을 설쳤다. 일정을 하루 벌고 시작했지만 앞으로 2주 이상 타는 듯한 더위와 목마름 그리고 살을 에는 듯한 추위를 경험하면서 빙하 위로 200km 정도를 내내 걸어야 한다.

우회로는 없다. 다만 갈 뿐. 깊이를 가늠할 수 없는 크레바스와 절벽과 낙석을 피하면서 크고 작은 돌멩이가 깔린 수천 개의 높고 낮은 언덕길을 계속 오르락내리락하며 가야 한다.

저지대라 날이 덥다. 해 뜨기 전 새벽 5시경에 식사하고 최대한 멀리 가는 게 좋은데 아침에 세컨드 가이드가 마을 사람들 중에서 포터를 선정하고 정확하게 무게를 재서 짐을 배분하느라 시간이 많이 걸렸다.

7시경 일어나서 아침 식사를 했다. 처음 식사 관련 협의를 할 때 에이전시에서 아침으로 빵, 파라타(인도 빵), 포리지(죽), 잼, 콘플레이크, 탱 주스. 핫 초콜릿, 에너지 바 이런 걸로 호화로운 아침 식사를 준다고 했다. 나는 호탕하게 웃으면서 이런 걸로 매일 먹으면 한국 사람들은 굶어 죽는다고 다 빼버렸다. 처음에는 에이전시에서 당황하더니 나중에는 쓸데없는 것 안 들고 가게 되어서 다행이라고 좋아했다. 항상 밥을 하라고 하고 빵 같은 것은 들고 오지 말라고 다시 한 번 당부했다. 아침에 어제 담근 김치를 곁들여 제법 입맛에 맞는 아침 식사를 했다.

7시 30분 출발 예정이던 것이 그나마 7시 50분에야 트레킹을 시작할 수 있었다. 아스콜리의 지역 마을인 발티스 마을을 지나면서 꼬마들에게 카메라를 들이대자 다들 도망갔다. 마을을 가로질러 천천히 걷기 시작하는데 길가에 죽은 말의 뼈가 다 드러나 있다. 산골 말들의 운명은 어려서부터 고생하고 대개 그렇게 끝이 난다. 이 말들에게도 좋은 시절이 있었을 텐데 불쌍한 일이다.

길가에 버려진 말 뼈

오늘의 여정은 아스콜리에서 출발해서 코로퐁을 지나 줄라 캠프에 도착하는 20km 정도의 길이다. 일단 아스콜리 마을에서 출발해 1시간 정도 걸어 국립공원 관리사무소를 지나간다. 조금 더 가다 나무들이 우거지고 해당화 비슷한 예쁜 꽃들이 가득하고 시원한 물이 흐르는 코로퐁에서 점심을 먹는다. 다시 언덕으로 부지런히 걸어 강을 끼고 절벽 길을 걸어 도마르도 강(Domardo River) 상류로 거슬러 올라 나무다리를 건너 다시 하류로 2km 정도 내려온 다음 언덕을 올라 줄라 캠프에 도착하면 오늘의 여정은 마무리된다.

첫날 길치고는 너무 길다. 몹시 더운데 마지막의 7~8km 정도를 산허리로 올라 절벽 길로 강 옆을 지난다. 간혹 몸이 안 풀린 상태에서 시작해 더운 날씨에 체력이 떨어진 경우 코로퐁에서 1박을 하고 그다음 날 줄라로 가는 걸로 일정을 잡아 컨디션을 조절하기도 한다.

아스콜리에서 마을 밖으로 나가 아침의 선선한 바람을 맞으면서 1시간 정도를 걸었다. 아스콜리에서 코로퐁까지 도로를 개설 중이어서 2020년 이후로는 국립공원 관리사무소 이후까지도 길이 열릴 듯하다.

전체적으로 길의 시작은 괜찮은 편이다. 길 옆을 작은 조약돌로 장식한 넓은 평야 같은 길을 걷다가 약간 험한 언덕길을 하나 넘으면 우측의 평야 한가운데에 큰 돌 2개가 있다. 그 돌 아래에 국립공원 관리사무소 표지판이 있고 우측에 국립공원 관리사무소가 있다.

국립공원 관리사무소에 들어서니 입구에 좋은 지도를 확대해놓은 표지판이 서 있다. 사무소에 들어가 간략한 브리핑을 듣고 차를 한잔 마시면서 입산 등록을 했다. 인도, 네팔, 방글라데시 등의 서남아시아 각국의 정책처럼 파키스탄도 외국인과 자국인에 대한 차별 요금 정책을 고수하고 있다. 외국인은 1인당 50달러 정도의 입장료를 내야 하고, 파키스탄 국민은 750루피 즉 5달러 정도를 내면 된다. 오래 다녀도 잘 적응이 안 되는 희한한 관습이다.

사무소에서 팀 리더에게만 특별히 준다며 표지판의 지도를 그대

국립공원 관리사무소

다리가 내내 이런 나무다리라 마음이 편치 않았다.

로 축소해서 만든 작은 지도를 하나 줬다. 선명하게 인쇄해서 만들었으면 더 좋을 텐데 인쇄 상태가 안 좋아서 표시하고자 하는 바가 명확하지 않았다. 구글 어스에서 다운받아 준비한 간략한 지도보다도 어쩌면 못한 듯도 보였지만, 지역의 지형을 숙지하는 데는 큰 도움이 되었다.

다시 길을 나섰다. 가이드가 아침에 많이 지체해서 시간이 모자란다며 길을 급하게 밀어붙여서 부지런히 걸어야 했다. 최근에 그 나름대로 길을 정비하고 돌로 길 표시를 죽 해놓아 걷기는 좋았다. 이 코스가 이전에는 길이 안 좋기로 원성이 자자했다고 한다.

중도에 빙하가 녹은 물이 급하게 흐르는 강을 여러 번 건너야 했다. 다리는 여전히 위태로운 나무로 만든 흔들다리로 네팔의 높고 긴 철제 흔들다리가 그리울 지경이었다. 더위에 대비를 많이 했는데, 이번에는 이상 기후로 바람도 불고 비도 자주 와서 날씨가 쌀쌀했다. 하루 종일 더위와 비가 수시로 교차하여 옷을 자주 입었다 벗었다 하면서 애를 많이 먹었다.

12시. 비아포 빙하의 끝자락에 있는 코로퐁 캠프(Korofong 3,104m)에 도착했다. 거의 4시간이 걸렸는데, 시간 지체가 없었으면 3시간 정도면 될 듯

코로퐁 캠프

하다. 이 캠프의 이름은 '돌멩이'라는 뜻의 '코로'와, '바위'라는 뜻의 '퐁'의 합성어이다.

전형적인 모레인(moraine : 빙하에 의해 운반되어 하류에 쌓인 돌무더기) 지형에 가시덩굴과 해당화 사촌 같은 꽃이 길가에 우거진 곳이다. 이 지역에서 나무 그늘이 있는 곳은 이곳과 빠유뿐이다. 이곳은 점심때까지는 비아포 빙하가 녹은 물이 그런 대로 깨끗하다가 오후가 되어 빙하가 많이 녹으면 흙탕물이 되어 이용에 어려움이 있다.

여기에서 좌측 언덕 위 모레인 지역을 따라 오르면 바인타브락 산군과 히스파 라가 나오고, 거기를 넘으면 중국과 늘 분쟁 중인 시아첸 빙하와 비아포 빙하가 나온다. 흔히 비아포-히스파 빙하 트레킹은 여기에서 시작되는 것이다.

비아포 빙하는 남극과 북극을 빼고 세계 3위의 빙하 길로 유명하다. 포터와 트레커들이 서로의 몸을 연결한 채 일렬로 걸어 120km 정도를 주행하면 훈자로 나가게 된다.

최근 몇 년 사이 이 길만 걷는 팀, 우리와 같은 방법으로 아스콜리에서 시작하여 K2를 끝낸 후에 연결해서 이 길을 걷는 팀, 우리와는 역으로 후세에서 시작하여 곤도고로 라를 넘어 K2를 끝낸 후에 연결해서 이 길을 걷는 팀들도 생겨났다.

앞에서 말했듯이 K2는 독특하게도 하루 동안 간 실제 거리로 일당을 계산하지 않고 지역 사람들이 자체적으로 구분한 스테이지(stage)로 계산하는데, 아스콜리에서 콩코르디아까지는 9개의 스테이지가 있다. 즉 콩코르디아 도착까지 9일을 잡은 것이다. 요새는 길이 짧아졌으니 이 구분이 맞지 않지만 여전히 관습적으로 이 구분을 적용하고 있다. 예를 들어, 아스콜리에서 반나절 거리도 안 되는 코로퐁이 하루치에 해당하는 첫 번째 스테이지다.

12시 30분. 코로퐁에서 점심을 먹기로 했는데 아무리 기다려도 점심이 없었다. 쿡 팀은 미리 도착해 있었으나 물만 끓이고 있었다. 음식 재료를 날라야 하는 포터들이 빈손으로 도착했다. 여러 가지 말은 전해지는데 밥은 나오지 않았다.

가이드를 불러 점심 준비가 안 된 까닭을 물으니 그때서야 말이 짐을 지고 오다가 다쳐서 말 주인과 분쟁이 생겨서 못 올라오고 있다고 이유를 말했다. 미리 말을 해줬으면 대책을 세우든, 팀원들에게 양해를 구하고 간식으로 점심을 대신하고 바로 떠났을 텐데, 여러 번 물어봐야 겨우 대답을 하니 조금 아쉬웠다. 항상 정확하게 상황을 말해달라고 했다. 비는 오고 그늘진 곳에 있으니 허기지고 추웠다.

오후 1시 반. 말과 포터가 아직도 오지 않았다. 포터 사다 역할을 하는 세컨드 가이드도 오지 않았다. 더는 기다릴 수가 없어서 대충 육포 등을 나눠 먹고 주방 팀이 끓인 맹물을 마시고 출발했다. 팀원 중에 이 일에 대해 나무라는 분은 없었지만, 결국 단체로 굶게 되었으니 팀 리더로서 마음이 불편했다.

코로퐁에서 줄라로 가는 길은 8km 정도 남았는데, 브랄두 강을 따라 오르막이다. 길은 외길로 단순하지만 이후 수많은 오르막과 내리막을 가게 되었다. 길이 중간에 강가에 바싹 붙기도 해서 강바람이 불기는 하지만 시원하지 않았고 모래밭이 있는 길은 찜질을 하는 것 같았다. 길은 좁은 산허리 길에 절벽 길이어서 사람이나 말이나 다 위험했다.

아침에 아스콜리에서 포터는 구했는데 가이드가 자꾸 포터를 구할 수

아슬아슬한 절벽 길

없다는 말을 해서 무슨 말인지 이해할 수가 없었다. 일단 사고는 터진 것이고 길은 힘들지만 단순하니 가서 상황을 정확하게 더 파악해보라고 했다.

산허리로 난 절벽 길이 2~3km 정도 이어지는데 우측 강 건너로 산꼭대기에 망고를 하나 박아놓은 듯한 산이 보인다. 그래서 정식 이름은 바콜다스(Bakhor Das, 5,810m)인데 모두가 '망고 피크'라고 불렀다.

강 건너 움푹 파인 곳에 줄라 캠프가 뻔히 보였다. 다리가 있으면 여기서 건너가서 트레킹이 끝나고 하루 여정은 15km 정도가 된다. 하지만 이곳에는 다리가 없고 도마르도 강 상류로 2km 이상을 더 올라가야 나무다리가 있다. 그 다리를 건너 다시 2km를 하류로 내려가다가 좌측의 언덕으로 올라가 움푹한 분지로 들어서면 줄라 캠프가 있다.

절벽을 깎아내어 만든 절벽 길은 높이가 낮아서 머리가 부딪히지 않도록 고개를 숙이고 한참을 걸어야 했다. 이번에는 모래에 발이 푹푹 빠지는 길이다. 강을 건널 다리는 멀게만 느껴진다. 그나마 오늘 날씨가 초반에 덜 더워서 물이 많이 남았지만 7월이 되면 더 더워져서 1인당 최하 3리터 이

이 다리를 건너 2km 정도 전진하면 줄라 캠프다.

상의 물을 준비해야 하는 뜨거운 길이다.

이곳의 지명인 '줄라(Joula)'는 '그네'라는 뜻인데, 예전에 원정대들이 강 양측에 강철 케이블을 연결하고 작은 통을 타고 다녀서 그런 이름이 붙었다고 한다. 그런데 사람들이 케이블 다리를 이용해 4~5km 정도를 절약하면서 비교적 평탄한 길을 걸어 바르두말 캠프나 빠유 캠프로 바로 가게 되자 줄라 캠프 사람들이 케이블로 만든 다리를 없앴다는 전설 같은 이야기도 전해온다.

그전에 케이블 다리가 있었던 자리에는 지금 파키스탄 군의 헬리콥터 착륙장이 있는데 곧 이곳에 콘크리트 다리를 건설할 계획이 있다는 이야기를 가이드에게 들었다. 산으로 도로가 지나치게 발달하고 거리가 짧아지는 걸 바라는 바는 아니나 이 코스는 분별없이 길어진 코스이니 다리 하나 정도는 있는 게 맞다. 하지만 지역 경제를 위해 4~5km 정도는 온몸을 불태우는 것도 우리가 이 산에서 할 일이라고 생각한다.

강 상류로 올라가 나무다리를 건너 줄라 캠프로 가는 오르막을 오르는

데 세컨드 가이드가 나타났다. 오늘 사고의 사연인즉슨, 포터가 배탈 나서 병원에 후송했고, 거기에 말이 넘어져 다리가 탈골되고 짐도 망가졌다는 것이다. 포터를 다시 구하고 말 주인에게 말값 물어주고 하느라 같은 산길을 세 번 이상 왕복해야 했다고 한다. 우리 일행들에게 점심도 굶게 하고 오래 기다리게 해서 미안하다고 솔직하게 말해서 넘어가기로 했다. 같은 상황이 발생하면 충분히 대비할 수 있게 정확하게 상황 설명을 해달라고 말하고 그러겠다는 대답에 더는 길게 말하지 않았다.

줄라 캠프는 여기저기 작은 집 같은 화장실이 여러 개 있고, 강하게 불어오는 바람을 막는 돌벽이 길게 있고, 나무도 몇 그루 있고 맑은 물이 나오는 곳이다. 오늘은 참 사고가 많은 하루여서 푹 쉬고 싶었다. 그러나 그게 끝이 아니었다.

어제 석유 냄새가 심하게 나는 텐트가 있었다. 에이전시에서 바로 텐트를 빨아서 냄새 안 나게 한다고 약속하길래, 그렇게 믿고 아스콜리에서 두 분만 하루 2인 1텐트 하는 걸로 양해를 구했었다. 그런데 에이전시에서 그 텐트를 빨지 않고 대충 방향제 같은 것만 뿌렸는지 석유 냄새가 머리가 아플 정도였다.

당연히 그 텐트에서 자야 할 팀원은 난감한 상황이 되었다. 석유 냄새가 나는 텐트는 물에 얼른 빨라고 하고, 말이 넘어지면서 어딘가에 부딪혀 찢어진 텐트는 내가 가져온 접골용 테이프를 붙여 바람이 들어오지 않게 했다.

점심도 못 먹었으니 다들 시장해했다. 저녁 식사를 빨리 준비하라고 했더니 점심에 먹어야 했던 라면을 끓여 왔다. 그걸 좋아할 사람이 없었고, 밥 되는 데 시간이 걸린다고 해서 누룽지를 주고 우선 끓여 오라고 했다. 그런데 거기에 소금을 듬뿍 넣어 끓여 왔다.

우선 라면을 먹고 주방에 가서 누룽지에 소금 넣지 말고 끓이라고 했다. 집에서 시간 들여 만든 누룽지를 이런 식으로 못 먹게 되어 속상했다.

이래저래 힘든 하루였는데 전날 우유 마신 게 탈이 난 최 선생님은 비까지 내리는 중에 하루 종일 설사로 고생하셨다. 중간에 응급 처치를 해드렸지만 여전히 속이 안 좋으시다며 식사를 거르고 텐트에 누워 계셨다. 새로 끓인 누룽지 물을 아주 뜨겁게 해서 보온병에 넣어 드렸다.

고소가 조금 오는 구간이라서 팀원들 여럿이 약간씩 머리가 아프다고 했다. 거기에 굶고 피곤한데 겨우 라면으로 요기했으니 몸에 이상이 오면 어쩌나 걱정했다. 60세 이상 어른들은 초저녁에 모두 텐트에 들어가 누우시고 40대 3명만 남은 식당 텐트의 분위기는 아주 썰렁했다.

저녁 8시. 밖에 잠깐 나왔는데 망고 피크만 이름이 있고 나머지 봉우리들은 이름이 없단다. 분위기도 파장 분위기인데 우리 쿡이 닭튀김과 감자튀김으로 저녁 식사를 다시 준비했다고 한다. 굶다가 늦은 시간에 라면을 많이 먹었으니 모두 저녁 식사에 큰 관심이 없었다.

주방 팀이 모두 와서 우리 일행에게 오늘 일을 사과했다. 주방 팀에게 오늘 이후로는 항상 점심 재료를 가지고 먼저 출발해서 우리가 도착하면 바로 점심 식사를 할 수 있게 준비하라고 했다. 그리고 누룽지나 밥에 절대 소금 넣지 말라고 했다.

오늘 트레킹을 점검해보니 8~10시간이 걸렸다. 국립공원 관리사무소에서 한참 지낸 시간과 점심을 오래 기다린 시간을 제외하면 7~8시간이면 될 것 같다.

구간이 너덜 지대의 연속으로 발에 물집이 잡히기 쉬운 구간이었다. 다들 경험이 많은 베테랑들이라 미리 발에 패치나 밴드 등을 붙여놓으셨고 발가락 양말 등을 신으셔서 다행히 발에 부상을 입은 분들은 없었다.

이제 완전히 텐트 생활에 적응을 한 것일까? 오랜만에 하는 텐트 생활이라 어색할 만도 한데 세상모르고 잤다. 유난히 아침잠이 많은 나인데 남편이 일어나야 한다며 깨운다. 오늘 포터랑 말이랑 구하고 늦게 출발할 거라고 했는데 굳이 이렇게 일찍 일어나야 하나 싶었다. 그러나 막상 밖으로 나와보니 다른 일행들은 곧 출발이라도 할 것처럼 준비가 다 되어 있다.

아침 먹고 한참을 기다려도 출발이 늦다. 우리끼리 파이팅을 외치며 단체 사진도 찍어보고 빠진 것은 없나 다시 챙겨보지만 진이 빠질 때까지도 출발을 하지 못한다. 그냥 천천히 가보자고 했다. 시작하는 길은 뻔힐 테니까.

파키스탄의 베이스캠프 5개 트레킹을 준비하면서 참 많은 걱정을 했다. 네팔과는 많이 다르고 정말 힘들다는 이야기를 많이 들었는데 막상 길을 나서니 길이 넓고 네팔 어느 곳보다 편하고 아름다웠다. 그리고 트레커들이 많지 않아 한적해서 너무 좋았다. 하지만 이것은 K2가 선물하는 속임수였다.

오늘 갈 길이 멀다고는 하지만 아직까지는 자신감에 넘쳤다. 관광 사무소에 들러 서류를 접수하고 차 한잔 마시고 다시 나와서 길을 걷는

출발 준비

다. 드디어 슬슬 우리 부부가 처지기 시작했다. 아니 아직까지는 천천히 가는 거였다. GPS 덕분에 정확한 거리를 계산할 수 있었고 그래서 시간을 조절하기가 아주 좋았다.

점심을 먹기로 한 코로퐁에 도착을 했는데 먼저 도착한 주방 팀은 속절없이 물만 끓이고 있다. 한참을 기다려도 점심 줄 생각을 안 해서 물어보니 점심 재료를 가진 스태프가 도착하지 않았다고 했다. 그러고 보니 보통 포터와 당나귀들이 우리를 앞질러 갔어야 하는데 우리를 앞질러 간 사람이나 동물은 없었다. 아뿔싸, 무언가 잘못되었다는 생각에 가이드에게 물었으나 가이드도 무슨 상황인지 알 수가 없는 듯했다.

설상가상으로 더울 걸로 예상했던 날씨는 모래바람과 함께 엄청난 한기를 동반했다. 일행 모두 더위만 걱정했지 추울 거라는 생각은 하지 못했기에 몹시 난감한 상황이 연출되었다.

거의 한 시간 반을 기다려도 포터와 당나귀들은 도착을 하지 않았고 우리는 육포와 간식을 나누어 먹고 그냥 출발하기로 했다. 가야 할 길이 너무 많이 남아 있었기 때문이다. 원래 나는 배고프면 화가 많이 난다. 그리고 기다림과 추운 것도 싫어한다. 그런데 춥고 배고픈 상태에서 기다리다 보니 거의 이성을 잃을 것 같았다. 첫날부터 일행들에게도 미안하고 가이드에게 엄청난 불만이 쌓이게 되었다.

이제까지 그냥 무난했던 길은 강가를 따라 걸으면서 모래와 돌들이 많은 걷기 힘든 길로 변했고 GPS의 거리는 줄어들 생각을 안 했다. 아무리 높낮이가 없는 길이라지만 첫날 20킬로미터를 걸어야 하는 것은 쉬운 일이 아니었다. 무거운 등산화는 정말 적응이 안 된다. 산에 오면 평소에 훈련 삼아 모래주머니를 차고 다니겠다고 다짐하면서도 도시로 내려가면 까맣게 잊어버리는 나의 불성실이 문제였다. 다른 분들은 어찌 가셨는지 모르겠지만 역시나 우리 부부는 맨 뒤에서 죽지 못해 걸어가는 신세가 되었다.

점심까지 거르다 보니 배가 등에 붙어서 허리가 꼬부라졌다. 어느덧 줄라가 보인다. 그런데 강 건너다. 다리가 있다면 금방일 텐데 강기슭을 따라 빙 둘러 가야 하니 4~5km를 넘게 더 걸어야 했다. 왜 여기에 다리가 없냐는 투덜거림이 왜 이 동네 사람들은 다리도 만들지 않았냐는 원망으로 변했다.

걷는 건지 다리를 질질 끌고 가는 건지 헷갈릴 때쯤 우리 텐트가 보였다. 식당 텐트에는 점심에 먹었어야 하는 라면이 나와 있고 너무 힘들어서인지 입맛이 없었다. 모두들 서둘러 먹고는 각자의 텐트로 들어갔다. 하지만 어제부터 말썽인 텐트 하나가 아직까지도 문제 해결이 되어 있지 않았다. 일행 중 한 분이 또다시 옆 텐트 신세를 져야 했고 미안한 마음에 고개를 들 수가 없었다.

또 하나의 충격은 물을 보고 할 말을 잃었다. 물 사정이 안 좋다는 이야기는 들었지만 완전 구정물 아니 흙탕물, 도저히 마실 수가 없을 것 같은 물이다. 정수기는 이미 힘들어하고 있었다. 과연 정수기가 얼마나 버텨줄 것인가! 도저히 이해가 안 간다. 아니 이 첩첩산중에서 흐르는 물이 왜 이렇게 더러운지 이해가 안 갔다. 한국의 산에서는 물이 맑고 깨끗한데 말이다.

이유를 들어보니 낮 동안 기온이 오르면 빙하가 녹아 흙과 함께 내려온다고 했다. 하지만 밤새 빙하가 다시 얼기 때문에 아침에는 흙탕물이 아닌 비교적 맑은 물이 내려온다고 했다. 내일 아침에는 그럼 괜찮으냐고 물어봤더니 그렇다고 했다. 하지만 현실은 뭐 딱히 그런 것도 아니었다. 그보다도 주변 말과 당나귀들의 배설물이 더 문제인 듯 보였다.

라면을 너무 늦게 먹어서 저녁이라 생각했는데 또다시 저녁이 차려졌다. 닭튀김과 감자튀김이다. 비주얼은 훌륭하였건만 손이 가지 않는다. 그냥 맛만 보고 가져가라고 했다. 자기 전에 주방 팀이 와서 오늘 일을 사과했고 내일부터는 점심 재료는 쿡 줄피가 직접 가지고 다니겠다고 했다. 낙오된 사람 없고 다친 사람 없이 무사히 첫날을 마친 것이라도 감사하자 싶은 하루였다.

좌측의 산길로 붙어 간다.

🧭 카라코람 히말라야 5좌 4일 차

밤새 번갈아 소리치는 당나귀와 노새 녀석들 덕분에 잠을 잘 수가 없었다. 이유는 잘 모르겠지만 장가보내 달라는 것 같은데, 주인을 찾아가서 소리를 지르든가 하지 왜 우리 텐트 앞에 와서 이러는지 알 수가 없었다. 텐트 밖으로 나가보니 한 마리도 아니고 여러 마리가 와서 소리를 지르고 있었다. 조용히 스틱으로 한 대씩 때리자 모두 캠프 아래로 도망을 갔다.

아침에 일어나니 햇살이 망고 피크부터 깃들어서 마치 누군가 아이스크림콘을 들고 있는 것 같다.

오늘도 우측으로 브랄두 강을 끼고 넓은 길을 5km 정도 오르락내리락

하다가 좁고 낙폭이 심한 뜨거운 강가와 절벽 길을 15km 정도 간다. 절벽 길 옆의 낙석에 조심해서 걸어야 한다.

주행 거리가 긴 날이라 아침 식사를 일찍 하고 트레킹을 시작하기로 했다. 오늘 거리는 보통 20km로 알려져 있는데, 계측 기준이 다른지 팀마다 20~22km로 다양하게 표기되어 있었다.

만약 우리가 날씨가 무더운 7월 팀이라면 새벽 6시 이전에 떠나는 게 맞겠지만 아직은 날씨가 못 견딜 정도로 더운 것은 아니어서 7시 정도로 했다. 어제 덥고 추운 길을 많이 걷고, 사고도 연발해서 다들 컨디션이 좋지 않아 분위기는 조금 무거웠다.

줄라 캠프를 갓 벗어난 길은 약간 내리막과 평지 같은 길이다. 끝까지 강을 우측에 끼고 산 아래 길을 좌측으로 내내 걸었다. 무슨 길을 이렇게 만들었는지 모르겠지만 여기에 다리를 만들었으면 어제 최소 4km는 절약될 거리를 돌아가야 했다. 동네 사람들이 일부러 없앴다는 그 얘기가 사실일까?

낙석 주의!

강가에 작은 초소가 있고 거기에 파키스탄 육군의 헬기 2대가 날아와 앉았다. 이곳에서는 군 시설물 등을 촬영하거나 드론을 날리면 안 되는 지역이다. 그래서 헬기 사진을 못 찍게 했다. 가이드와 군 조종사들이 서로 끌어안고 반갑게 인사하는 걸 물끄러미 바라보다가 다시 길을 나섰다. 나중에 가이드에게 그들을 잘 아느냐고 물어보니 잘 모르는 사람들이란다.

좌측으로 돌아도 망고 피크는 잘 보였다. 잘 잊히지도 않는 이름에 생긴 것도 독특한데 자리도 잘 잡은 산이다. 얕은 오르막과 내리막이 반복되고 오늘도 일정은 길다. 오늘도 더운 게 아니라 간간히 비도 내리고 바람도 부는 날씨 속에서 우리는 내내 강을 따라서 걸었다.

용암석과 퇴적암 층이 굳어 만들어진, 높은 축대 같은 수십 미터의 벽 아래를 지났다. 협곡과도 같은 길에서 혹시라도 굴러오는 작은 돌이라도 맞으면 크게 부상을 입을 수 있으니 조심해야 했다. 강가로 내려가 자주 모래밭과 너덜 지대를 걸었는데, 그러다 보니 햇볕은 피할 곳이 없었다.

12시 30분. 바르두말 캠프에 도착했다.

강가에 위치한 평평한 곳이다. 고도는 3,295m. 이제 꽤 높이 왔다. 고도는 높지만 계속 오르막과 내리막을 반복하며 와서 고소는 없었다. 여기서 점심으로 라면을 먹었다. 하지만 식사하기에 적합한 장소는 아니었다. 땡볕인 데다 모래바람이 불어와서 식사를 급하게 마치고 곧바로 출발해야 했다.

가이드 두 명이 앞과 뒤의 일행을 잘 관리하면서 길을 갔다. 세컨드 가이드이자 포터 사다인 바실이 우리 뒤에 붙어 내내 밀어붙였는데, 이 사람은 곰 같은 덩치에 수염 난 얼굴이 내 친구 마커스를 닮았다(마커스는 유명한 국가대표 레슬링 선수이고 MMA 선수이며 내 주짓수 연습 상대이다). 그냥 보기만 해도 내내 웃음이 났다.

캠프를 떠난 후 내내 강변길을 가는데 쉴 만한 그늘은 전혀 없다. 출발할 때 정면에서 약간 우측으로 보이는 설산이 릴리고 피크(Liligo Peak 6,251m)다. 릴리고 피크를 바라보면서 큰 암벽 길들을 여러 개 넘어 강 좌측 산허리의 높은 곳에서 항상 좌측 산길을 선택하여 꾸준히 가다 보니 조망이

오르막길

열리고 강이 넓어졌다. 길 정면으로 새카맣고 톱날 같은 산들이 하늘 높이 솟아 길을 막은 듯한 모습을 보게 되면 좌측으로 빠유 피크(Paju peak 6,610m)를 만나게 된다. 어렵게 올라 온 길을 다시 한참 내려간 다음 평평한 너덜 지대를 걸어 V자 협곡의 길로 접어들어 빠유 피크 아래에 도달했다.

　좌측으로 산을 끼고 오르막길을 많이 오르게 된다. 많은 사람들이 이 오르막을 앞에 둔 지점에서 소리를 지르거나 자포자기하고 여기에 오기로 결정한 자신을 원망하기도 한다. 이 오르막 앞에서 그대로 포기하고 드러누워 말에 실려 내려가거나, 방향을 잃고 엉뚱한 곳으로 가버리거나, 밤늦게 캠프에 도착해서 죽은 듯이 잠만 자다가 결국 의지가 꺾여 트레킹을 포기하고 캠프에서 며칠 지내다가 그냥 하산해버리게 만드는 사고 다발 지역이다.

　그 오르막을 올라 빠유 피크 허리 길에 붙어도 2~3시간 정도 더 걸어야 한다. 그런데 가이드가 한 명이고 가장 빠른 사람이 일행의 선두에 서서 앞서나가게 되면 속도가 느린 사람들은 대열에서 낙오하게 되고 팀은 망하게 된다. 그러니 팀을 운용할 때에는 항상 팀에서 가장 약하고 느린 사람을 기준으로 운용해야 하고, 힘든 길에서는 특히 그래야 한다.

산허리 길을 가다가 앞으로 칼날 같은 시커먼 산들이 막아서고, 멀리 검은 둑 같은 발토로 빙하가 보이고, 강 한가운데로 넓은 숲이 나오고 좌측 혹은 정면 맨 끝으로 푸른 숲이 조금 보이면 빠유 캠프가 5~6km 정도 남았다는 신호다. 이때 빠유 캠프가 숲에 있다는 생각에, 강 한가운데의 넓은 숲을 빠유 캠프가 있는 곳으로 오인하지 않도록 주의해야 한다. 숲이 우거진 것과 넓고 평탄한 길을 보고 우측 길로 들어서서 다리를 건너면 군부대로 잘못 가게 된다. 빠유 캠프로 가려면 항상 좌측의 산허리 길을 선택해야 함을 잊지 말아야 한다.

또 착오와 피로가 겹치면 K2 혹은 비슷한 환경을 가진 인도의 라다크-잔스카르 산군은 산이 환청을 일으켜 사람의 가장 약한 곳을 건드려 마음을 꺾고 탈진하게 하는 특이성도 가지고 있으니 주의해야 한다.

좌측에 멀리 푸른 숲이 아주 조금 보이는 것을 바라보면서 너덜 지대를 오르락내리락하며 작은 언덕 수십 개를 넘으면 언덕 사이에 깊이 숨어 있는 듯한 빠유 캠프(3,418m)가 나타난다.

캠프 직전의 언덕 사이로 처음 보이는 것은 화장실인데 수십 미터 앞에서도 안 보이고 바로 몇 미터 앞에 가야만 보인다(K2는 목적지가 멀리서 보이는 경우가 거의 없다. 그러니 목적지가 잘 안 보여도 담담하게 가야 한다). 그 화장실 뒤로 100m 정도를 더 가니 움푹한 곳에 캠프가 자리 잡고 있다.

빠유 캠프 – 화장실이 가장 먼저 보인다.

캠프에 도착하고 보니 젖과 꿀이 흐를 것 같은 시원한 개울물이 있고 그

빠유 캠프

늘이 좋은 아름다운 곳이었다. 그야말로 너무 좋아 소리를 지르고 싶은 지경이었다. 한 쪽에 우리 텐트가 우리를 기다리고 있었다. 오후 5시. 생각보다 많이 늦었다.

캠프 맨 위에 창고처럼 생긴 매점이 있는데, 가격은 정찰제가 아니라 그냥 손님을 봐서 정해지는 것 같았다. 그래도 시원한 물에 푹 담가놓은 콜라는 보기만 해도 마치 하늘에서 내려주신 선물 같다.

시원하게 세수를 하고 콜라를 마시면서 쉴 자세를 잡아야 했는데, 석유 냄새가 나던 텐트가 계속 말썽이다. 어제 가이드와 포터들이 잘 세탁하겠다며 안심하라 했는데, 찬물에 빨아서인지 여전히 석유 냄새가 사라지지 않았다. 3일째 같은 문제가 발생하니 언성이 높아졌고 그 텐트를 사용해야 하는 텐트 주인에게 면목이 없었다. 일단 오늘은 우리 부부의 텐트와 바꾸어 쓰고 내일 그 텐트를 빨기로 했다.

오늘 일을 마치고 당나귀 한 마리와 포터들 다섯 명이 내려간다고 한다. 팁 계산은 할 때마다 늘 헷갈리긴 하지만 그들도 팁을 넉넉히 받은 것인지 만족스럽게 웃으면서 하산했다.

오늘 하루도 날씨는 계속 흐려서 덥지는 않았고 네팔의 다울라기리처럼 오후 2시면 꼭 비바람이 쳤다. 강한 바람과 추위 때문에 여러 번 옷을 벗었다 입었다 해야 했다. 스카르두 시장에서 어렵게 산 양산은 꺼낼 일이 없었다. 길이 험하고 갈 길이 20km이니 느리게 걷는 걸음 기준으로 8~9시간 정도 걷는다고 생각하면 된다.

빠유 캠프는 나무숲 사이로 층층이 텐트를 5~6동씩 칠 수 있게 되어 있다. 잘 자리는 괜찮은데 화장실이 굉장히 멀어서 손전등과 스틱을 들고 다녀야 했다.

날이 저물자 우리가 아스콜리에서 데려온 닭을 다 풀어놨는데 닭들은 고소 적응에 실패했는지 움직이지도 못하고 몸을 움츠리고 가만히 한군데 모여 눈을 감고 숨을 헐떡이고 있었다.

포터들이 비닐을 치고 앉아 있는데 영 컨디션이 안 좋은 것 같은 사람도 있었다. 몸이

고소 적응에 실패한 닭

괜찮은지 물어보니 깜짝 놀라면서 극구 자기는 괜찮다고 했다. 다른 철에 집을 떠나 라호르에서 돈을 벌다가 등산 시즌이 되어 목돈을 좀 벌어보려고 산에 들어왔다고 한다. 그는 등산 팀에 뽑히는 게 그렇게 쉬운 일이 아닌데 뽑혀서 매우 기쁘고, 우리와 같이 산을 타고 스카르두 마을에 가면 3~4일 집에서 쉬다가 다시 도시로 가서 일해야 한다는 다소 엉뚱한 대답을 했다. 그냥 견딜 만하고 괜찮다는 말로 알아들었다. 산에서 태어난 사람도 산에서 내려가 몇 달 지내다가 고향에 돌아오면 저지대에 사는 우리

처럼 고산에 적응하는 데 충분한 시간이 필요하다.

이들은 하루에 1인당 25kg의 짐을 진다. 이제는 네팔 포터의 임금이 히말라야 전 지역을 통틀어 가장 비싸니 당연히 그들보다 더 못한 임금을 받는다. 그래도 큰 도시에서 받는 노동자 임금보다는 많고, 콩코르디아 이후에도 짐을 지면 손님에게 며칠 치의 임금을 팁으로 더 받게 되어 끝까지 남을 만한 짐, 특히 텐트나 카고 백을 지기 위해서 치열한 로비전이 펼쳐지곤 한다며 웃었다. 같이 웃으면서 마음속으로 끝까지 남는다면 좀 더 챙겨주기로 했다.

아직은 고도가 그리 높지 않아시일까? 보통은 일찍 삼이 들면 새벽에 깨는데 그냥 아침까지 깨지도 않고 푹 잤다. 너무 고단해서인지, 많이 잤는데도 아침에 일어나는 것이 힘들다. 따뜻하게 데워진 침낭은 나를 일어나지 못하게 만드는 가장 큰 원인이다. 침낭에서 나와 텐트 밖으로 나오는 일이 하루 일과 중 가장 큰 의지가 필요한 일이다.

오늘도 20km를 걸어야 한다. 어제보다 더 힘들 거라고 예상했다. 해가 지기 전에만 도착하면 되겠지! 걷다가 주변을 둘러보면 돌, 모래, 자갈, 듬성듬성한 풀, 그리고 산, 산, 산이다. 가이드가 산 이름들을 말해주지만 그 이름들이 귀로 들어와 머릿속에서 오래 머물지는 않는다. 나에겐 그저 삐죽삐죽한, 때론 높고 때론 비교적 낮은 산일 뿐이다.

날씨가 딱히 맑은 것이 아니라서 추위를 많이 타는 나는 한낮에도 잠깐만 멈추면 한기가 들었다. 내가 왜 여기서 이 고생을 하고 있을까? 또다시 이런 생각이 든다.

삐쭉삐쭉한 산

　일행들이 있다 보니 화장실 가기가 만만치가 않다. 세컨드 가이드 바실은 우리 뒤에 딱 붙어서 떨어질 생각을 안 한다. 화장실 간다고 하면 정말 조금 앞에 가서 올 때까지 기다린다. 그래서 하는 수 없이 나 나름대로 열심히 부지런히 가야 했다. 우리가 트레킹하는 스타일은 이게 아닌데 말이다. 우리의 느린 걸음 덕에 우리는 일행들과 뚝 떨어져 다니게 되었고 우리 팀은 쉬다가 우리가 보이면 떠났다.

　문제는 점심이었다. 아무래도 앞에 먼저 가신 분들이 우리를 한참이나 기다리셔야 했던 것이다. 너무 미안했지만 아무도 기다린 것에 대한 불만을 이야기하시는 분은 없었다. 너무 감사하고 고마웠다. 트레킹 내내 죄송해서 먼저 도착하면 먼저 드시라고 해도 괜찮다면서 꼭 기다렸다가 같이 드셨다.

　길의 상태는 예상보다 괜찮았지만 역시나 멀었다. 20km는 산에서 하루에 갈 수 있는 거리가 아니라는 결론을 내렸다. 아무리 경사도가 별로 없는 평탄한 길이라고 해도 체력적으로 부담스러웠다. 그래도 위안이 되는 것은 내일이 쉬는 날이라는 것이다.

보이는 산들은 하나같이 날이 서 있다. 네팔의 산들이 여성적이라면 이곳 산들은 정말 남성적인 느낌을 물씬 풍겼다. 산에도 각각의 카리스마가 있는데 이곳 산에서는 아주 강한 카리스마가 느껴졌다.

도대체 얼마나 걸었을까? 빠유에는 나무 그늘이 있고 맑은 물이 흐른다고 했다. 저 멀리 허허벌판에 숲처럼 보이는 곳이 빠유라고 했다. 산에 다닌 세월이 얼마인데 안 속는다. 눈에 빤히 보이지만 무지무지 멀다. 게다가 GPS 역시 거리가 줄어들 줄을 모른다. 그래도 점심을 먹은 오늘은 어제보다 힘이 있다.

저 멀리 보이는 화장실 건물이 그렇게 반가울 수가 없다. 캠핑장에 화장실이 있으면 좋기는 한데 텐트와 멀리 떨어져 있는 경우 오고 가는 것이 불편하다. 그렇다고 화장실이 있는데 아무 곳에서나 해결할 수도 없고……. 딱히 어떤 것이 좋다고 하기가 어려운 상황이다. 좋은 일인지 나쁜 일인지 어제도 오늘도 캠핑장에 화장실이 있다. 생각보다는 사용할 만했지만 역시나 문제는 텐트 치는 곳에서 너무 멀다는 거다. 남자들이야 소변은 대충 근처에서 해결하지만 나는 화장실까지 가야 했다. 결국은 물을 마시지 않는 선택을 할 수밖에 없다. 한 번도 남자가 부러운 적이 없는데 트레킹을 하면서 화장실이 문제가 될 때마다 남자들이 한없이 부럽다. 누군가 여자들이 캠핑할 때 사용하기 쉬운 무언가를 만들어낸다면 정말 대박이 나지 않을까?

내일은 쉬어도 된다는 생각에 마음이 편해서일까? 피곤함에도 다들 식당 텐트에서 한참을 머물다가 각자의 텐트로 돌아갔다. 처음 만난 사람들끼리 하루 세 끼를 함께 먹다 보니 어느새 누가 무슨 음식을 잘 먹는지 또 어떤 방식으로 식사를 하는지 알게 되고 배려하게 되었

다. '식구'란 한 집에서 함께 식사를 하는 사람들이라고 했다. 나 혼자
만의 생각일 수도 있겠지만 어느새 식구가 되어간다는 생각이 들었다.
좋은 사람들과 도란도란 이야기하는 것 역시 이번 트레킹이 주는 새로
운 선물이라는 생각이 들었다.

빠유 캠프로 가는 길

🧭 카라코람 히말라야 5좌 5일 차

빠유 휴식
(Paju 3,418m)

오늘은 파키스탄 정부에서 트레커들에게 반드시 지키도록 강제하는 고소 적응일이다. 등산을 하는 트레커도 고소 적응을 위해 쉬고, 짐을 지는 포터들도 쉬게 해주고 소나 양 혹은 염소를 잡아서 영양 보충을 해주도록 하고 있다.

소나 양 같은 큼직한 녀석들은 잡아서 보관하기도 애매하고, 우리 입맛에 맞게 조리할 수 있을지 미지수여서 닭으로 했다. 가이드에게 포터들 상태를 물어보고 뭔가 영양 보충을 해주라고 했더니 모두 잘해주고 있다고 괜찮다고 했다.

아침 식사를 하면서 오늘 사이드 트레킹을 할까 논의를 했는데, 내일 트레킹 중 빙하 길로 접어들면서 가는 길에 트랑고 그룹을 모두 다 보게 될 테니 특별히 빠유 베이스캠프 등에 갈 필요가 없다는 쪽으로 의견이 모아져 자유롭게 쉬기로 했다. 가이드에게 오늘 사이드 트레킹을 안 한다고 하니 굉장히 좋아했다.

아침 식사 후 우리 부부가 직접 텐트를 빨려고 하는데 일행 중의 만능맨 조 가이버 선생이 팔을 걷고 나섰다. 주방 팀에게 뜨거운 물을 끓이게 하고 세제와 퐁퐁, 빨랫비누까지 동원하여 1시간 정도 푹 담갔다가 텐트를 사정없이 비벼 빨았다. 텐트가 마르면 냄새 여부와 상관없이 앞으로는 이 일로 너무나 면목 없는 우리 부부가 쓰기로 했다.

햇볕이 좋아 옷을 몇 개 세탁해서 널고 태양열 충전도 했다. K2에서는 전원을 구할 수 없으므로 전화기, 카메라 등의 충전을 태양열로 해야 하고 파워뱅크 등도 충분히 갖춰야 한다. K2는 햇볕이 굉장히 강해서 1시간이면 5,000암페어급 파워뱅크나 전화기 정도는 금방 100% 충전이 완료되어 만족스러웠다.

하루 종일 편안하게 누워 내일 갈 길을 생각했다. 내일은 캠프를 벗어나자마자 작은 언덕을 넘어 수억만 년 동안 켜켜이 언 발토로 빙하의 만년설 지역으로 들어간다. 빙하가 녹아 작은 구멍으로 분출해 브랄두 강의 발원지가 된다. 브랄두 강은 하류로 흘러 인더스 강과 합류해 바다처럼 크고 넓어져 대지를 적시면서 아라비아 해로 흘러나간다.

빙하 위로 길을 잡아 돌밭, 얼음밭 사이로 여러 날을 통과하면 콩코르디아가 나오고 우리는 그토록 만나고 싶어 하는 K2, 브로드 피크, 가셔브룸 1·2의 큰 산들과 만나게 되는 것이다.

주방 팀에 가서 부침개 부치는 것도 가르쳐서 부쳐 먹고, 김치찌개도 끓였다. 고산병에 특효가 있는 팝콘도 자주 튀기고 여러 가지 스낵류를 해달라고 해서 잘 먹으며 지냈다. 캠프 근처의 강에 물고기는 와글거린다고 해서 티셔츠 2장 들고 가서 잡을까 하다가 포기했다. 그 녀석들을 잡는 것도 만만치 않고 잡아도 매운탕을 끓일 재료가 애매했기 때문이다.

저녁이 되어 하루해가 참 짧다는 생각이 들었다. 저녁을 먹으니 찬 바람이 불었다. 저 아래 포터들은 추운데 어찌 지내나 걱정했다. 그러나 그 걱정은 기우에 지나지 않았다. 저녁이 되니 불을 크게 피워놓고 크고 작은 생수병과 플라스틱병에 가죽과 비닐을 씌우더니 통을 둥둥둥~ 두드리면서 춤추고 노래 부르면서 술이 아닌 물만 마시고도 저녁 시간을 잘 보내고 있었다.

우리 팀원들도 모닥불로 달려가서 같이 춤추고 노래 부르는데 그 모습을 본 동네 사람들이 더 재미있어했다. 역시 한민족은 노는 걸로는 전 세계에서 빠지지 않는다. 같이 그러고 싶었으나 아직 그렇게 긴장을 풀고 편하게 해주기에는 갈 길이 많이 남았다. 재미나게 노는 걸 구경하면서 같이 생수병만 두드리고 있었다.

맞은편으로 하얗게 보이는 설산과 텐트들 사이로 켜진 캠핑장의 불빛들이 정겹게 보였다. 그리고 캠프 뒤로 무허가 트레커가 있는 듯한데 아무도 신경 쓰지 않았다. 기본적으로 이 산은 파키스탄 정부에서 여러 가지 허가를 받아야 하는 산이다. 가이드 면허가 있는 가이드도 필수다. 혼자 하는 산행은 위험할 수 있고 불법적인 행위는 비난을 감수해야 한다. 하지만 그가 나이 든 사람이 아니고 젊은 사람이라면, 젊어서 할 수 있는 가난한 날의 이런 도전은 얼마나 아름다운가?

나도 20대의 어느 날 텐트도 없이 올드 델리 붉은 성 아래 시장에서 구입한 청동 석유 스토브와 비닐 한 장과 숙소에서 그냥 가져간 담요 한 장, 물물 교환한 여름 침낭 하나, 우비 하나를 가지고 석유와 쌀을 지고 몇 달이고 혼자 설산을 넘어 다녔다. 어떤 날에는 주변에 아무도 없는 곳에서 긴 밤을 홀로 지내기도 했다. 물소리와 바람 소리만 나고 혹시 짐승이 나타날 지도 몰라 큼직한 도끼 칼인 쿠크리 한 자루를 머리맡에 두고 자던 쓸쓸했던 시절이 생각났다. 그 쿠크리는 인도 다질링에서 산 것이었다. 그러고 보니 나는 시크교도가 아닌데, 시크교도들이 종교 의식을 위해 차는 가짜 칼도 아닌 그 큰 쿠크리를 차고 칸첸중가를 혼자 마쳤고 그걸 그대로 찬 채 늠름하게 인도-파키스탄 국경을 육로로 넘었었다. 어떻게 그럴 수 있었는지는 나도 잘 모르겠다. 모르는 것도 힘이다.

아내의 생각

달콤한 휴식이다. 오늘 하루가 얼마나 아까운지 눈을 뜨자마자 시간 가는 것이 안타깝기만 하다. 평소에 내 삶도 이러했으면 좋겠다. 하루하루가 매 순간이 아깝고 소중하다면 뭔가 큰일을 할 수 있을 것 같은데……

날씨는 어깨를 움츠리게 만들 정도로 제법 쌀쌀하고 안개가 끼었다. 이곳은 맑은 물이 흐르는 빨래터가 있어서 빨래가 가능하다고 했다. 아침 먹고 남편과 빨래하러 나섰다. 빨래터에는 놀랍게도 수도꼭지가 달려서 물을 틀고 잠그는 것이 가능했다. 빨랫감과 빨랫비누를 가지고 야심 차게 갔건만 물이 너무 차가워서 손을 대자마자 가벼운 비명 소리와 함께 손을 뗴었다. 아, 빙하물이구나! 빨래는 고사하고 세수도 포기했다. 찬물에 손을 담그면 날카로운 칼에 베이는 것처럼 눈물이 날 정도로 손가락 마디마디가 아파왔다.

그래서 얼굴에 철갑을 두르고 아주 뻔뻔하고 당당하게 "빨래는 당신이 해줘."라며 남편에게 빨래를 부탁했다. 말이 부탁이지 떠넘겼다.

그러면서도 못 미더워 자리를 뜨지 못하고 잔소리를 했다. 사실 빨래라기보다는 그냥 옷에 비누 묻히고 물에 대충 헹구는 수준이었지만 안 한 것보다는 상쾌했다.

조 선생님의 수고로 가장 문제였던 텐트에서는 독한 석유 냄새 대신 온갖 종류의 향기로운 세제 냄새가 났다. 고맙고 민망했다. 연신 텐트에 코를 박고 냄새를 맡아봤다. 그 정도면 텐트 생활하는 데 별 지장은 없을 듯했다. 그래도 혹시 몰라 가이드에게 그 텐트는 특별히 표시를 해서 우리가 쓰겠다고 했다.

한가로운 오후, 날씨만 좋았다면 더할 나위 없었을 텐데, 날씨는 그다지 호의적이지가 않았다. 그래도 한낮의 따사로운 햇볕은 보조 배터리에 태양열 충전을 하기에 충분했고 책을 보며 적당히 졸기에도 부족함이 없었다. 졸다가 살며시 눈을 뜨니 눈앞에 흐르는 강물과 산 그리고 바람을 느낄 수 있었다. 이 순간 내가 이곳에 있는 것이 꿈이 아닐까 생각했다.

호불체 캠프 정면 발토로 빙하 건너로 보는 트랑고 산군 – 트랑고 캐슬

🧭 카라코람 히말라야 5좌 6일 차

16km
빠유
(Paju 3,418m)

릴리고 BC
(Liligo BC 3,698m)

호불체
(Khoburtse 3,816m)

　　새벽 3시 30분. 빗소리에 일어났다. 도대체 올해에는 무슨 일로 이 산의 날씨가 이런지 모르겠다. 출발 전부터 지난겨울에 스카르두에 눈이 많이 와서 오랫동안 눈이 있었다고 에이전시 사장이 걱정했는데, 아스콜리 가는 길에 보니 시가르의 한 마을이 산사태로 쓸려갔다.

　　어제 늦게 위에서 내려온 사람들에게 물으니 눈이 많아 힘들었다고 하고, K2 베이스캠프는커녕 콩코르디아도 못 가고 내려온다는 사람들도 있었다. 걱정이다. 새벽에 텐트 밖으로 나와보니 원정대원들이 짐이 젖지 않게 보관하느라 애를 쓰고 있었다.

가래가 끓고 콧물이 났다. 고도가 오르니 자연스러운 현상이다. 현재 고도(3,418m)가 딱 에베레스트의 남체와 비슷한 정도이다. 준비되지 않은 자들에게 K2는 잔혹한 산이다. 이번에 산에 오기 전에 충분한 훈련을 했어야 했는데 그러지 못했고, 그래서 산은 그 대가를 정확히 요구하고 있다.

화장실에 잘 가지 못해 가스가 차서 배가 너무 많이 나오고 움직임도 둔해졌다. 텐트 안에 들어와서 조용히 위장 한복판에 긴 침을 10cm 정도 깊이 찔렀다. 그리고 오늘 하루 길을 생각하면서 잠깐 동안 편히 잤다. 다시 일어나 침을 뽑고 기다리니 가스가 빠지면서 위장도 더 잘 움직이고 화장실에 다녀오면서 몸이 편안해졌다. 고산에서는 잘 먹고 화장실에 잘 가는 게 굉장히 중요한 일이어서 항상 화장실도 큰 이슈가 된다.

바깥에 나와 있던 가이드가 어제 저녁에 여자만 3명인 한국 팀이 도착했다고 얘기해주었다. K2부터 시작한 다음 낭가파르바트를 트레킹하는 우리 팀과는 달리, 그 팀은 낭가파르바트부터 시작했고 스카르두로 오는 길이 안 좋아 K2로 오는 시간이 많이 걸렸다고 한다. 처음에 접촉했던 다른 에이전시의 사장이 그분들 사진을 보내주며 그분들도 우리와 같은 시기에 여기에 온다고 했었다. 길에서 안 만나지길래 이상하게 생각했는데 그런 이유가 있었던 것이다.

빠유 이후로는 대개 비슷한 일정의 반복이었다. 빙하 한복판 혹은 옆에서 캠핑하면서 7시에 아침 식사를 하고 7시 30분에 떠나는 그런 일상이 이어졌다. 새벽에 깨어 내내 눈만 감고 있으면서 길고 긴 시간을 기다리는 게 설산에서의 일반적인 패턴인데, K2에서는 하루 길이 너무 고단해서인지 침낭에 들어갔다가 눈을 뜨면 바로 아침이었다. 당연히 잠을 설치는 일도 별로 없었다.

빠유(3,418m) — 릴리고 BC(3,698m)

7시에 아침 식사를 마치고 비가 그쳐서 정상적인 출발을 할 수 있었다. 오늘의 코스는 16km 정도이지만 한 시간에 2km 걷기가 쉽지 않은 구간이다. 팀원들의 의견에 따라 걸음이 빠르지 않은 우리 부부가 앞에 섰다. 속도 순으로 우리 부부, 조 선생, 배 선생님, 최 선생님, 이 선생님 순서로 서고, 산행이 끝날 때까지 그대로 유지되었다.

우리 부부는 우리 나름대로 죽어라 빨리 가도 다른 분들에 비해서 현격히 늦었는데, 발토로 빙하에 접어들어서는 속도에 상관없이 모두가 빨리 갈 수 없었다. 길은 대개 너덜 지대이고, 크레바스가 연속으로 조금씩 나왔기 때문이다.

빠유 캠프를 떠나 언덕을 오르니 바위 위에 트랑고 산군 중 그레이트 트랑고 타워(Great Trango Towers 6,286m)로 가는 길을 알리는 표지가 있었다. 하지만 비가 온 탓으로 안개가 끼어 보이지 않았다. 이 산은 암벽을 하는 사람들의 로망이다.

한참 돌너덜길(돌이 많이 깔린 비탈길)을 오르다가 문득 뒤를 돌아보니 조금 있는 녹색 숲에 자리 잡은 빠유 캠프가 마지막 모습을 보여주었다. 이제 녹색 숲은 여기로 끝이고, 뜨거운 더위와 험한 길이 우리를 기다리고 있다.

여기서부터 발토로 빙하(63km)가 시작된다. 스위스 등산연구재단(Swiss Foundation for Alpine Research)의 카라코람 지도를 참조하면 이 빙하는 남극과 북극을 제외하고 세계에서 가장 긴 빙하 중 하나다. 타지키스탄의 파미르 산군의 페드첸코 빙하(77km), 파키스탄 발토로 남동쪽의 시아첸 빙하(70km), 발토로 북서쪽의 비아포 빙하(67km) 등이 역시 길게 이어진다. 매년 빙하가 녹으며 그 길이도 길어지고 있다.

발토로 빙하의 맨 아랫부분. 브랄두 강의 기원

이 빙하 위에서 지그재그로 난 길을 걸으면서 조심스럽게 주행해야 콩코르디아(Concordia 4,691m)에 도착할 수 있다.

9월부터 5월까지 8개월 이상 쌓인 눈이 녹으면서 매년 빙하 사이로 통과하는 길은 바뀔 수밖에 없다. 매년 길이 바뀌므로 특히 5월 말~6월 초 처음 들어가는 팀의 가이드와 포터들이 길을 새로 열어야 한다. 숨어 있는 크레바스를 찾아서 그것을 피해 사람과 말이 갈 만한 길을 찾고 길 표시를 남겨야 한다. 아차 하면 크레바스 사이로 빨려 들어가 시체도 찾을 수 없으니 생명을 걸어야 하는 일이다. 그 고생은 이루 말할 수 없다고 한다.

그런데 올해 때마침 눈이 많이 와서 우리 팀이 그 역할을 해야 할 수도 있으니 가이드는 걱정이 많았다. 하지만 다행히도 먼저 간 원정대와 트레킹 팀들이 여럿 있어 길이 열려 있었다.

언덕을 더 오르자 검은 흙과 돌로 덮인 거대한 빙하의 맨 아랫부분이 보였다. 그곳에서 발토로 빙하가 녹은 물이 울컥울컥 솟아 나왔다. 그 물이 흘러 여러 줄기의 물들과 만나 대지를 적시면서 브랄두 강이 되었다가 시가르 강이 되고 인더스 강이 된다. 그 인더스 강이 하류로 가면 바다처럼 넓어져서 불교 경전에는 '바다'로 적혀 있기도 하다. 인더스 강은 파키스탄의 국토를 적시며 아라비아 해로 나가게 된다.

릴리고 BC로 가는 거친 빙하 길

빙하로 들어서니 아파트 한 채만 한 엄청난 크기의 돌들과 사람만 한 돌들이 여기저기 굴러다니고 있다. 그 사이로 지나가야 하는데 남자들도 다리를 최대한 늘려야 겨우 건널 수 있었다. 간혹 폭이 좁은 길에서는 거친 돌들 사이로 몸을 이리 저리 돌려 빼며 어렵게 헤쳐 나가야 했다. 아내는 그런 길을 더 힘들어했다.

그런 길 속에도 간간이 고산에서 자라는 야생화가 조금씩 보인다. 너무나 삭막한 장소여서 그런지 꽃이 몹시 아름답게 보인다.

조금 더 위로 올라가니 절벽 아래 여기저기에 크고 작은 빙하호들이 있다. 호수들은 매년 있다가 없어지기도 한다. 호수에 햇살이 비쳐 에메랄드 빛으로 아름다운데, 석회 성분이 강해서 그렇게 보이는 것이다. 이 물을 그냥 마시면 배탈로 고생하므로 마시지 말아야 한다. 이 지역에서 식수는 빙하 중 가장 깨끗한 지역의 얼음을 켜서 녹이거나 얼음물을 받아 정수기로 정수해서 사용한다.

간혹 더위에 지친 용감한 사람들이 얕은 빙하호에 옷을 다 벗고 들어간다고도 하는데 들어가서 1분을 견디기가 어렵다. 빙하가 녹은 물의 온도는 경험해보지 않은 사람은 상상하기 어렵다. 온몸이 전율하며 칼로 몸을 저미는 듯한 고통을 겪게 된다.

날이 맑으면 맨 좌측으로 빠유 피크가 보이고, 트랑고 산군의 산들이

트랑고 산군

장엄한 모습을 보였을 텐데 뿌연 안개 속으로 트랑고 산군의 바닥면과 빙하 언덕들만 보였다.

트랑고 산군의 최고봉은 그레이트 트랑고 타워(6,286m)다. 그 동쪽면이 전 세계에서 가장 높은 수직 절벽으로 그 암벽 자체의 높이와 접근성, 난이도, 코스의 다양성 등에서 가장 오르기 힘든 암벽 등반지로 유명하다. 당연히 전 세계의 암벽 등반가들이 일생에 단 한 번이라도 올라보기를 소원하는 곳이다. 1977년에 초등되었다.

'네임리스 타워(Nameless Tower)'라는 이름으로 자주 불리는 트랑고 네임리스 타워(Trango Nameless Tower 6,239m)가 홀로 능선으로부터 약 1,000m가량 솟아 있다. 아주 크고 뾰족한 연필을 깎아 세워 놓은 것 같은 산이다. 1976년에 초등되었다.

맨 앞의 마치 서양의 높고 큰 성 같은 모양의 산이 트랑고 캐슬(Trango Castle 5,753m)이다.

마치 한 덩어리처럼 보이지만 발토로 빙하에서 표고 2,000m 이상을 솟구쳐 각자의 개성을 자랑하고 있다. 그 아래로 울리비아호(Uli Biaho 6,417m)가 트랑고 산군의 하나로 오해받기도 하지만 따로 떨어져 있다. 울리비아호는 릴리고 베이스캠프 건너편에 있고, 트랑고 캐슬 등 트랑고 산군과 베이스캠프는 호불체 캠프 건너편에 위치해 있다.

그레이트 트랑고 타워와 트랑고 캐슬은 산행하는 동안 여러 날 만나게 되지만, 트랑고 네임리스 타워는 얇기도 하고 뒤로 치우쳐 있어서 릴리고 베이스캠프를 지나가면 완전히 보이지 않게 되어 섭섭했는데 다행히도 하산 길에 트랑고 네임리스 타워를 반갑게 만날 수 있었다.

크고 작은 언덕을 한 50개는 넘은 듯했다. 가는 길에 혹시나 호수에 비치는 트랑고 산군을 좀 볼 수 있으려나 하고 바라봤지만 오전 내내 안개가 걷히지 않아 보이지 않았다.

우측 절벽 길에 달라붙어 올라가니 돌벽을 쌓아놓은 약간 평평한 곳이 나왔다. 이곳이 릴리고 피크(6,251m) 아래 릴리고 베이스캠프(3,698m)다. 점심시간이 다 되어 이곳에서 점심을 먹었다.

길이 험해서 7.7km를 부지런히 걸었는데도 4시간 40분이나 걸렸다. 여기까지도 오는 것이 힘든 것은 서양인들도 마찬가지였는지 가이드의 설명으로는 산 이름이 릴리고가 된 이유가 전설의 고향급이었다.

이 산을 찾은 트레커 중에 릴리(Lily)라는 사람이 있었다고 한다. 릴리가 여기서 쓰러져 기력을 잃자 스태프와 동료들이 "릴리 고! 릴리 고!(Lily Go! Lily Go!)"라고 외치며 살리기 위해 최선을 다했으나 릴리가 사망했다고 한다. 그래서 이 산 이름이 '릴리고 피크(Liligo Peak)'가 되었다고 한다. 믿거나 말거나다.

릴리고 BC (3,698m) ─ 호불체 (3,816m)

점심 먹는 장소가 평평해서 좋긴 했는데 햇볕이 정면으로 들어와 쉴 만한 그늘이 없고 산에서 돌 굴러오기 아주 적당한 위치였다. 그래서 점심을 먹고는 곧바로 출발했다. 릴리고 베이스캠프 앞으로 울리비아호와 트랑고 산군들이 늘어서 있으나 오후가 되어도 여전히 구름이 끼어서 잘 보이지 않았다. 좀 더 지나니 비 오고 바람 불고 추웠다.

오전보다는 길이 좀 나아졌지만 여전히 너덜거리고 가끔씩 돌이 굴러와서 정신이 없었다. 발을 헛디뎌 죽은 말들의 바싹하게 말라버린 주검을 여러 곳에서 볼 수 있었다. K2로 가는 이 길은 사람에게도 어렵고, 영리하고 힘도 좋은 말에게도 그렇게 쉬운 길이 아니다. 길이 험해서 그런지 낭가파르바트 지역처럼 작은 당나귀나 노새는 이 지역에서 잘 쓰지 않는다.

마음 속 깊은 곳에서 도전 의식을 끌어올렸다. 전 세계의 수많은 산들을 섭렵한 트레커들의 마지막 관문으로 불리는 용감한 무사(武士)들의 산, 산 중의 절대 군주 K2에 알현을 청하는 데는 더 많은 준비와 땀을 대가로 지불하는 것이 당연하다.

릴리고에서 가파른 언덕을 넘으며 좌측 건너편을 바라보면 트랑고 산군들이 보인다고 하고 정면으로 보면 가셔브룸 4봉과 브로드 피크의 머리 부분이 일부 보이게 된다는데 여전히 조망은 터지지 않고 있었다.

빙하 개울 건너기

오늘의 목표지인 호불체에 도달하기 전 2km 지점에는 부드러운 모래에 발이 깊이 묻히는 긴 구간이 있었다. 여기서 빙하호를 끼고 돌아서 빙하가 녹은 물이 세차게 흐르는 개울을 건너가야 호불체 캠프였다.

모래밭을 통과해서 개울까

호불체 캠프

지 가보니 상류 쪽이나 하류 쪽을 살펴봐도 발을 적시지 않고 개울을 건널 만한 구간이 없다. 발을 적실 각오를 하고 있는데 우리 덩치 좋은 세컨드 가이드가 갑자기 물속으로 첨벙 들어가더니 자리를 딱 잡고 사람들 손을 잡아 하나씩 건네주는 수고를 아끼지 않았다.

이 일로 세컨드 가이드에 대한 일행들의 호감도가 급상승을 했다. 앞에서 말했듯이 이 사람은 곰 같은 덩치에 수염 난 얼굴이 내 친구 마커스를 닮았다. 그래서 그를 '마커스'와 '곰돌이'를 붙여 '마커스 곰돌이'라고 부르다가 이후로는 그냥 '곰돌이'라는 애칭으로 부르게 되었다.

개울을 건너 모래 언덕을 2개 넘자 곧 캠프가 가까이 보였다.

오후 4시 15분. 호불체 캠프에 도착했다.

호불체 캠프는 돌벽으로 둘러싸인 작고 아늑한 곳이었다. 나무는 없지만 캠프 옆으로 흐르는 개울의 물이 맑고 좋았다. 호불체 피크에서 흘러내려오는 물이다.

먼저 온 말과 노새들이 산 높은 곳까지 올라가서 풀을 뜯으며 쉬고 있었고 하늘에는 100여 마리는 되어 보이는 까마귀들이 높이 날고 있었다.

오늘 길은 16km로 길지 않았지만 일정을 소화하는 데 8시간이 걸렸다. 막바지에는 1km를 한 시간에 통과하기 힘들 정도로 험난했다. 팀원들 모두 발이 부르터 오리발이 되도록 지쳤다. 맑고 시원한 개울물에 발을 푹 담그고 시원하게 씻으며 쉬었다. 올라가는 길에서 맑은 물은 이곳이 마지막이다.

캠프 바로 앞으로 우뚝 선 트랑고 산군의 거의 전체가 가려져 보이지 않았고, 바로 앞의 트랑고 캐슬만 우리 앞에 우뚝 서서 모두를 대표했다.

여기에도 작은 가게가 있고 군부대의 기름을 전문적으로 공급하는지 주위에 수천 개의 기름통이 쌓여 있었다. 가게에서 은밀히 주인이 찾아와 콜라가 있다고 하길래 몇 병을 사서 팀원들과 나눠 마셨다.

저녁을 먹은 뒤 가이드가 내일 고로 1까지 가는 것은 어려울 듯하니 우르두카스까지만 가는 게 좋을 것 같다고 했다. 현재 위에서 내려오는 팀마다 콩코르디아에 묶여 있다가 내려온다고 하니 서두를 필요가 없었다. 그러기로 하고 주방 팀과 포터 팀에 통보하라고 했다.

밤에 희미하게 보이는 트랑고 캐슬은 눈이 많이 쌓인 산도 아닌 그냥 암릉인데 참 묘했다. 우리 부부는 지난 4년간 필리핀의 81주 대부분을 여행했다. 그러면서 필리핀 유네스코 세계문화유산 6곳을 다 돌아봤는데, 모두 성당이었다. 그중 장쾌한 바다와 긴 모래사장이 일품인 일로코스 북부 지역의 빠오아이(영화 「매드 맥스2」를 찍은 곳이기도 하다)에 위치한 빠오아이(Paoay) 대성당 혹은 산 아구스틴(San Agustin) 대성당을 좋아했는데 딱 그 모습이었다.

새벽에 비가 왔다. 걱정이 앞섰다. 그쳐야 할 텐데……. 텐트에서 눈 오는 소리도 비 오는 소리도 다 들어봤지만 참 상황에 따라 각각 다르게 들린다. 여유가 있고 하산 길이라면 비나 눈이 오는 소리가 운치 있게 들리지만 지금처럼 산을 올라야 하는데 비가 오면 걱정스러운 마음에 빗소리가 스산하게 들린다. 삶도 그러하겠지. 똑같은 상황이라도 내가 처한 상황과 입장에 따라 다르게 받아들여지겠지. 하지만 어쩌겠는가? 지금 내가 할 수 있는 일은 조금이라도 더 자두는 일이다.

다행히 아침이 되니 비가 그쳤다. 모두들 빗소리에 걱정했다고 하셨다. 아침에 출발하려고 하니 가이드가 어제 한국 여성 3분이 이곳에 도착하셨다고 했다. 나서는 길에 눈인사를 했다.

사실 오늘부터가 본격적인 트레킹 될 것으로 예상되어 살짝 긴장 상태다. 어제까지는 하루에 걸어야 하는 길이 길어서 그렇지 길 상태는 최악은 아니었다. 하지만 오늘부터는 만만치 않을 거란 예감이 강하게 들었다.

시작부터 길이 험해지는 것 같더니 빙하 지대의 시작이었다. 성난 사자가 포효하듯 신경질적으로 까만 물을 토해내고 있는 발토로 빙하는 경이롭기도 하고 무섭기도 했다. 무언가의 시작점을 본다는 것이 신비로웠다. 극지방을 제외한 가장 긴 빙하 중 하나, 브랄두 강의 발원지인 그곳에 나는 서 있다.

날씨 때문이었을까? 마치 카라코람 산맥이 선전 포고를 하는 것처럼 느껴졌다. 지금부터 도전할 테면 해봐. 쉽게 나를 보지는 못할 거야.

지금까지는 그냥 각자 알아서 다녔지만 이곳은 위험하기도 하고 때

릴리고 BC 가는 길

론 가이드조차 길을 못 찾는다고 해서 모두 함께 일렬로 다니기로 했다. 당연히 가장 느린 내가 앞장을 섰고 그 뒤로 남편이 뒤따랐다.

우리는 남부럽지 않은 느린 속도를 자랑하기에 민폐가 되지 않으려고 정말 부지런히 갔는데 다른 일행분들이 "천천히 가니 좋았다."라고 말씀해주셨다. 도대체 우리는 얼마나 느린 것일까! 아마도 우리 때문에 속이 터지고 답답하셨을 텐데도 싫은 내색 한 번 하지 않고 그냥 천천히 가라고 다들 말씀해주시니 고맙고 미안한 마음에 자꾸 뒤를 돌아보고 빨리 가야겠다는 생각으로 전진 또 전진이다.

하지만 마음과는 다르게 발걸음은 자꾸만 느려진다. 쉴 때마다 다른 분들은 사진도 찍으며 여유를 부리지만 우리 부부는 가쁜 숨을 몰아쉬며 손 하나 까닥하기 싫어서 앉을 만한 바위가 나오면 바위와 일체형이 되어 움직이지 않았다.

릴리고 베이스캠프에서 점심으로 라면을 먹었는데 그저 쉬는 것에 감사할 뿐이었다. 점심을 먹고 한참을 가다 보니 커다란 빙하호가 나왔다. 그 빙하호 너머에 호불체가 바로 건너다보이건만 빙하를 따라 한참을 빙 돌아가야 했다. 가이드 말로는 2년에 한 번씩은 가로질러 갈 수 있는 짧은 길이 나오는데 올해는 아니란다. 그런데 설상가상이다. 빙하가 녹아 흐르는 개울이 앞을 가로막았다. 이런 날씨에 신발을 벗고 빙하 물에 발을 담그는 것은 정말 상상도 하고 싶지 않았다.

오르락내리락하며 건널 곳을 찾아보지만 마땅치가 않다. 경험이 많으신 이 선생님께서 먼저 건너고 모두를 부르신다. 물살이 세서 만약에 빠지면 큰 사고가 날 것 같았다.

다리가 긴 분들은 별로 문제가 없어 보였는데 내가 문제다. 일단 겁을 먹었고 건너기에는 나의 다리가 짧을 것 같았다. 일단 중간 착륙 지점까지 뛰어넘어야 하는데 모자라도 빙하물로 빠지고 너무 길어도 빙하물로 빠진다. 무사히 중간 착륙 지점에 도달한다고 해도 안전하게 착지할 바닥이 너무 좁아 보였다.

머릿속에서는 '못 해! 안 돼! 불가능!!' 이런 단어가 마구 소리를 치고 있었다. 그렇지만 다른 방법이 없었다. 생각하고 망설일수록 다리의 힘은 더 빠졌다. 호흡을 가다듬고 도움닫기를 여러 번 했지만 다리가 떨어지질 않았다. 모두들 걱정스럽게 바라보고 있다. 더 미룰 수 없을 때 도움닫기를 하고 훅 뛰었다. 도움닫기 후 중간 착륙을 무사히 마치니 세컨드 가이드가 확 낚아채서 건너편으로 확 던지듯이 넘겨주었다. 그제야 세컨드 가이드가 왜 덩치가 좋은지 알 것 같았다. 산에서는 분명 힘을 써야 하는 일이 생기는 것이다.

모두들 사고 없이 다 건너고 나니 왜 주책없이 눈물이 나는 것인지. 들키지 않으려 발걸음을 재촉했다. 지루하고 지겨운, 그리고 줄어들지 않는 길을 또 한참을 갔지만 불만이나 불평하는 마음은 들지 않았다. 방금 건너온 빙하 개울을 생각하니 그저 감사한 마음과 산에 대한 두려움이 느껴질 뿐이었다.

　트레킹을 하면서 늘 느끼는 것이지만 나라는 존재가 얼마나 작은지, 내 의지로 할 수 있는 것이 얼마나 적은지를 새삼 느꼈다. 나는 그저 걷는 것이 전부이다. 마치 하루를 살아내고 버텨내는 것이 전부이듯이. 날씨도, 길도, 그때그때 상황도 내가 의도하거나 계획한 대로 되는 것이 없다. 그저 그 상황에서 최선을 다하고 기도할 뿐이다.

　어느덧 호불체에 도착했고 캠핑장은 다행히 잘 정돈되어 있었다. 캠핑장 옆에 개울이 흐르고 있었지만 씻는 것은 꿈도 꾸지 않았다. 하지만 다른 일행들은 더러 씻는 분들도 계셨다. 내심 걱정이 되면서도 워낙 베테랑들이니 굳이 걱정을 사서 하지는 않아도 된다고 생각했다.

　날씨가 제법 추웠지만 식당 텐트에서 일행들과 이야기를 나누다 보니 이느덧 시간이 흘러 추운 밤 텐트 안에서 지루하게 시간을 보내는 고통은 없었다. 오히려 텐트에 들어가면 바로 기절 모드로 돌입해서 남편도 나도 가져간 책도 한 줄 보기 힘들었다. 고소로 힘들 만도 한데 아직까지는 새벽에 깨는 일도 없이 컨디션이 아주 좋다.

아침의 트랑고 산군

🧭 카라코람 히말라야 5좌 7일 차

7km

호불체
(Khoburtse 3,816m)

우르두카스
(Urdukas 4,168m)

　어젯밤, 눈이 녹지 않아 한 팀도 콩코르디아에서 전진하지 못하고 있다는 소식을 다시 들었다. 그리고 고로 1 캠프는 응달이 심하게 지는 몹시 추운 곳이어서 불필요하게 서둘러 가서 눈 속에서 체력 낭비를 할 필요가 전혀 없었다. 가이드와 협의하여 원래 고로 1까지 가려던 계획을 수정해서 우르두카스까지만 가기로 했다. 그래서 오늘은 4시간 정도만 길을 가면 된다.

　처음 일정을 짤 때 호불체 이후 콩코르디아까지의 일정을 빡빡하게 짰었다. 콩코르디아 이후 K2 등 베이스캠프에 진출하면서 현지 날씨 상황에 대비하고 곤도고로 라로 접근하는 중 기상 악화에 대비한 예비일을 충분히 확보해놓기 위해서였다. 그러나 눈이 많이 오는 지금과 같은 상황이라면 휴식일과 예비일을 모두 없애고 하루에 가기로 한 길을 이틀에 나누어 가는 식으로 천천히 일정을 진행하는 게 맞다. 계속 정보를 수집하고 가이드를 다른 팀으로 보내 교류하면서 상황을 체크하도록 했다.

아침에 날씨가 좋아서 빙하 건너편을 보니 트랑고 산군이 선명하게 보였다. 그러나 트랑고 네임리스 타워는 여기서 보이지 않았다.

오늘은 점심을 우르두카스에서 먹고 일찍 쉬게 되므로 포터들은 좀 천천히 움직여도 큰 문제가 없다. 점심을 준비하고 식당 텐트를 쳐야 하는 주방 팀이 가장 바쁘다.

7시 15분. 호불체 캠프를 나서자마자 오르막이다. 발토로 빙하를 우측에 끼고 길을 걷게 되지만 길은 여전히 좋지 않았다. 다만 등판을 다리미질하는 것 같던 더위가 4,000m를 넘기기 시작하면서 견딜 만해졌다. 일반적으로 4,000m를 넘기면 기후가 건조해지고 지표면의 온도도 떨어지면서 트레킹을 하기에 가장 수월하고 편해지는데, 여기서는 수억만 년 쌓인 빙하가 녹아 여기저기 작은 호수를 이뤄서 지표면의 온도가 더 떨어진 듯하다.

위로 조금 올라와서 트랑고 캐슬을 바라보니 유럽의 당당한 대성당 혹은 큰 성 같았던 모습이 폭이 좁고 위로 올라온 듯한 모습으로 달라져 큰 삼각형의 산으로만 보인다.

여기서부터는 돌 위의 눈은 녹고 돌 밑의 눈은 기둥 모양으로 남아 있다. 눈 기둥 위에 돌이 얹혀 있는 모습이 마치 버섯 같다. 그런 돌들이 모여 있으니 마치 황량한 버섯 농장 같다.

많이 쉬면서 여전히 한 사람이나 겨우 지나갈 수 있는, 너덜거리는 좁은 절벽 길을 계속 오른다. 이 좁은 길에서 지나가는 말을 만날 경우에는 항상 벽 쪽에 붙어 서야 한다. 낭떠러지 쪽에 있다가 말의 배나 짐에 부딪히면 떨어질 위험이 있기 때문이다.

　뾰족하고 큰 이름 모를 설산들이 그 위용을 보이기 시작하는데 이미 넘은 언덕이 큰 걸로 20개 정도 된다. 길 중간중간 자리 잡은 얼음들 사이를 걸을 때는 크레바스를 조심해야 한다. 보기엔 작아 보여도 미끄러져 들어가면 그 속을 알 수 없기 때문이다.

　만년 빙하가 녹은 맑은 물이 햇빛을 받아 반짝이며 트랑고 캐슬을 아름답게 비추는 큰 호수를 만나면 곧 우르두카스 피크 중턱에 위치한 우르두카스 캠프다. 캠프는 깎아지른 듯한 절벽 중간에 위치해서 앞사람이 뒷사람의 어깨를 밟으면서 가는 듯한 모습으로 가파르게 오르게 된다. 일단 오르면 계단식으로 깎아서 만든 텐트장이 있다.

우르두카스 캠프(4,168m)

　11시 15분. 우르두카스 피크 1봉(6,320m)과 2·3봉 아래에 위치한 우르두카스 캠프에 4시간 정도 걸려서 도착했다.

　캠프 뒤로는 마셔브룸(Masherbrum 7,821m)이 있고, 캠프에서 빙하를 사이

우르두카스 캠프

에 두고 바로 앞 좌측 대각면으로는 빠유 피크(6,610m), 울리비아호 피크(6,417m)와 울리비아호 타워(6,109m)가 있으며 우측 대각면으로는 롭상 스파이어(Lobsang Spire 5,707m) 등이 있고, 정면 좌측으로는 트랑고 산군이 버티고 있으며 정면 우측으로는 커시드럴 즉 '대성당'(Thunmo-Cathedral 5,860m)이 있다.

　캠프 바로 아래로 파키스탄 군 캠프도 있어서 국경과 트레커들을 지켜주고 있다. 상당히 든든하다.

　눈이 많이 녹는 7월이면 캠프 밖으로 절벽 능선을 타고 작은 폭포들이 생겨서 목욕도 할 수 있다. 그러나 아직 철이 일러서 식수 정도를 하기 적당할 뿐 거기서 몸을 씻을 수는 없었다.

　여기도 화장실이 상당히 먼 곳에 설치되어 있어서 위로 오르는 등산로를 따라 작은 언덕을 넘어야 한다. 화장실로 가는 길에 철조망이 쳐진 벽이 있다. 이 벽 한쪽에 이 산에서 유명을 달리한 이들을 기념하는 여러 나라 언어로 된 추모 동판들이 붙어 있고, 한국 원정대의 동판들도 있다. 산

우르두카스 추모 동판

에서 유명을 달리한 이들을 추모하기 위해 동판을 설치한 가족들이나 친구들은 여기까지 오는 게 최선이었을 것이다. 동판을 설치한 이들의 동료들도 이후 설산에서 깊이 잠들게 되는 경우가 많았다. 생각해보면 궁극의 아름다움을 위해 온몸을 불태우는 등반가에게 요구되는 대가는 너무나도 크고 극적인 것이다.

이 근처에 독수리 머리 모양의 바위가 있는데 이 바위의 쪼개진 모양을 보고 산 이름을 우르두카스(Urdukas), 즉 '쪼개진 바위'라고 지은 것인가 하는 추측도 했다.

마침 앞 팀이 떠나게 되어 트랑고 캐슬이 아주 잘 보이는 큰 돌 위에 텐트 자리가 1개 남았다. 조 선생이 그리로 텐트를 옮겼다. 드나드는 것이 조금 불편하고 바람이 많이 불지만 조망은 압도적인 곳이었다.

오늘은 날씨가 좋아 황금처럼 불타오르는 일몰을 기대했건만, 다시 우박과 진눈깨비가 세차게 내리고 바람도 거세게 불었다. 캠프가 금세 바삭하게 얼었고, 조 선생의 텐트는 바람에 노출되는 부분이 많아 더욱 펄럭거려서 몹시 추울 것 같았다. 텐트를 안쪽으로 옮기자고 하니 정작 텐트 주인은 바람이 불어 더 좋다고 했다. 그럴 수도 있다고 생각했다.

오늘의 일정을 줄인 것은 좋은 선택이었다. 원래 계획대로 했으면 고로 1로 가는 도중에 이 날씨를 만나 무척이나 힘들었을 것이다. 참으로 다행한 일이다. 우박이 텐트를 때리는 소리를 들으며 점심을 먹고 주방 팀에 다시 팝콘을 튀겨달라고 해서 먹었다. 팝콘은 의외로 고산병에 특효가 있는 음식이다. 근처의 작은 움막에서 콜라 파는 곳을 발견하여 2병을 사서 마셨다. 이제 콜라는 정말로 끝이다.

오늘부터는 고도가 4,000m를 돌파했다. 걷기에 가장 좋은 고도이긴 하지만, 고소와 컨디션 조절에 주의해야 하는 구간이기도 하다. K2 트레킹을 할 때 초반에 트레킹을 포기하는 사람 중에 3번째로 많은 이들이 우르두카스에 도달한 직후 혹은 그 직전에 포기하게 된다.

K2는 트레킹을 중간에 포기하면 가고 싶은 곳을 가지 못하는 마음 아픈 일 외에도 페널티가 상당하다. 각 에이전시마다 조금씩 다르긴 하지만 네팔과는 달리 계약상 위약에 대한 추가 비용 조항이 작동하여 이후의 하산 일정에 대해 개인적으로 지불해야 하는 비용이 상당히 많다. 예를 들어

팀원 간에 분쟁이 생겨 캠핑장을 달리 쓰거나, 분리하여 따로 산행을 진행하거나, 환자가 발생하여 일부 하산하는 경우, 본래 가지고 있던 인적 자원이나 텐트 및 식량 등으로 진행했음에도 팀 비용 정산 시 많은 비용이 추가 청구되고 각종 위약 사항이 깨알처럼 준비되어 있다. 그러므로 개인적으로 쉽게 트레킹을 포기하거나, 분쟁으로 인해 팀을 분할해서는 안 된다. 에이전시에서 처음 계약 시 자세하게 말을 하지는 않지만 통상적으로 계약서상 반드시 들어가는 조건들이 있다. 그것에 대해 협상하지 않고 쉽게 계약서에 사인해서는 안 된다.

K2에서는 산이 요구하는 조건을 정확하게 이행하지 못한 이들에 대해 자연과 사람이 모두 가혹하다. 자연은 하산 길조차 쉽게 열어주지 않고, 사람은 상당히 많은 추가 비용을 청구하기도 하니 말이다.

산행에 실패한 사람들의 실패담은 잘 알려져 있지 않다. 실패담은 말하고 싶어 하지 않거나 좋은 것만 기억하고 싶어 하기 때문이다. 그러나 이런 부당한 조건들을 모르고 있다가 나중에 팀으로 정산할 때 추가 지불 문제로 분쟁이 많이 있었다. 실패담은 뒤에 가는 사람들이 같은 실수를 반복하지 않게 하는 효과가 있다. 어떤 면에서는 성공담보다 더 도움이 된다.

우리 팀은 인터넷 등을 이용하여 에이전시들에 대한 평을 살펴보고 실제 해당 에이전시들을 통해 트레킹을 다녀온 분들의 이야기를 들어보는 등 숙고하여 에이전시를 선정했다. 이곳의 관례 중 존중할 만한 것은 존중했지만, 계약서상의 부가적인 옵션들 중에 많은 부분에 이의를 제기하여 위험한 부분들은 제거하고 안전장치를 많이 뒀다.

하지만 예외적인 상황에 대해서는 양자 간 해석의 차이가 있을 수 있으므로 그런 일이 발생하지 않는 것이 가장 좋을 것이다. 다행히도 우리 팀원들은 모두 산행의 고수들이라 각자 컨디션 조절을 잘하고 있었고 우리 부부도 별 문제가 없었으며 서로 존중하는 팀이라서 문제 발생의 소지는 아직 없었다.

오후 5시. 우박이 내렸다 멈췄다 하기를 열 번은 반복했다. 뜨거운 날씨로 고생해야 할 시즌에 우박과 눈과 비로 고생하다니 참 묘한 일이다. 드디어 해가 지면서 안개가 걷혔다. 식당 텐트에서 뜨거운 커피를 한 잔 가져다 마시며, 멀리 있으나 가깝게 보이는 트랑고 캐슬과 울리비아호와 빠유 피크 등을 바라봤다.

장엄하게 지는 하루를 지켜보며 많은 사람들이 사진을 찍느라 높은 곳에 몰려 있었다. 그렇게 좋은 날씨가 유지되었으면 좋았으려만 곧 세찬 바람이 불어오고 다시 날씨가 안 좋아졌다.

저녁 식사를 하고 별 구경을 하려고 몇 번 더 밖으로 나왔지만 날이 흐려서 별 구경은 하지 못했다. 잠이 잘 안 오고 혹시나 별 구경을 할 수 있을까 해서 텐트 밖으로 머리만 내놓고 있었지만 곧 진눈깨비가 얼굴을 때렸다.

내일은 고로 1을 지나 고로 2까지 진출하게 된다. 고로 2에서는 앞으로의 트레킹을 어떻게 진행할지 힘든 결정을 해야 하는 순간이 올 수도 있다. 마음이 무겁지만 걱정을 미리 앞당겨서 할 필요는 없다고 생각하며 마음을 달랬다.

오늘도 태양열 충전이 아주 잘되어 전원은 충분했다. 1시간 정도면 전화기는 100% 충전이 될 정도였고, 카메라도 2시간 정도면 100% 충전이 가능했다. 그러고도 남는 시간에 휴대용 배터리인 파워뱅크를 충전해두는 게 가능할 정도였다.

이번에 아내와 나는 2만 암페어급 파워뱅크를 각각 2개씩 4개, 1만 암페어급을 1개씩 2개, 그리고 카메라 보조 배터리도 2개씩 4개를 준비했다. 중국 공항과 기타 다른 국가의 공항에서 특이한 담당자를 만나 혹시 압수당하지 않을지 신경을 곤두세웠다. 다행히 파워뱅크를 압수당하는 대참사는 일어나지 않았다.

항상 전기의 충전과 사용에 주의하기도 했지만 파워뱅크 덕분에 전기는 늘 충분했다. 2만 암페어 하나면 전화기는 5~6회 정도 100% 충전이 가능했다. 오늘은 음악도 듣고 넣어 온 영상이나 책도 조금 볼 수 있었다. 그러나 추위에 전원이 순간적으로 방전되는 경우가 생기므로 항상 보온에 신경을 썼다.

원래 일정대로라면 고로 1까지 가야 하겠지만 가이드가 우르두카스까지만 가는 것이 좋을 것 같다고 했다. 길도 험하고 쉽지 않다고 해서 알겠다고는 했지만 내심 우리 부부가 너무 느려서 그런 건 아닌지 자책이 되었다.

어찌 되었든 오늘은 일단 조금만 가도 된다는 생각에 마음이 가볍다. 어제 엄청 힘들었는데 오늘도 어제와 같으리라 생각한다. 정말 네팔 다울라기리에서는 단지 며칠 동안만 너덜 지대를 걸었는데도 발목이고 무릎이고 다 망가지는 줄 알았는데, 이곳은 아마도 며칠이 아니라 트레킹 거의 내내 너덜 지대일 것 같다.

오른쪽 무릎이 걱정되기도 했지만 아직 시작이니 잘 버텨줄 거라고 생각하며 출발하려고 텐트를 나왔는데 스태프들이 분주하다.

첫날부터 스태프들은 이렇게 준비를 하고 우리를 위해 텐트를 걷고 짐을 싣고 했을 텐데, 왜 오늘에서야 그들이 보이는 걸까? 아마도 긴장감과 이기심에 눈이 가려져 보고 싶은 것과 보고 싶지 않은 것을 구분하였던 것은 아닐까? 저렇게 많은 사람들이 다 우리 스태프였던가? 도대체 그들은 어디서 자고 어디에 있었던 걸까? 난 이 작은 세상에서

도 이렇게 시야가 좁을 수밖에 없는 건가? 내게는 가이드와 주방 팀 그리고 우리 일행밖에 보이지 않았는데 내가 보지 못한 스태프들이 저렇게 많을 줄이야!

이런저런 생각으로 머릿속이 복잡했건만 내 눈앞에 펼쳐진 오르막을 보니 또다시 머릿속이 하얗게 비워진다. 아무리 둘러보아도 삭막하기만 하다. 온 세상이 하늘과 산으로만 이루어진 듯한 이곳에서 가끔 보이는 빙하호는 그저 이유 없이 반갑다. 이곳의 메마른 바람과 척박하기만 한 모든 것은 인간의 접근을 허락하지 않는 것 같은데 드물게 보이는 빙하호들만은 인간의 접근을 한시적이나마 허락하는 듯 느껴진다. 빙하호들은 사람이 살 수 있는 물을 품고 있기 때문인 듯하다. 가이드 말로는 더울 때는 트레커들이 수영도 한다는데 나는 상상이 가지 않는다.

우르두카스까지는 길이 길지는 않았지만 너덜 지대에 이어 낙석 지

살벌한 오르막

대까지 정말 우리 배대링 이 신생님 말씀처럼 트레킹의 '막장'이었다. 우르두카스까지 오르는 마지막 구간은 정말 밧줄이라도 있었으면 좋겠다는 생각이 들 정도로 가팔라서 두 손 두 발 다 써야 오를 수 있었다.

점심 전에 도착했지만 가이드가 왜 우르두카스까지만 가자고 했는지 충분히 이해가 갔다. 아직 하루 일정을 마치기에는 이른 시간이었지만 몸은 물먹은 솜처럼 무겁기만 했다. 설상가상 여자라면 한 달에 한 번 피해 갈 수 없는 날이랑 겹쳤다. 이런 상황이 제일 난감하다.

점심 먹은 후에는 바람이 세게 불고 눈이 날려서 길이 미끄러워졌다. 더는 안 가고 쉬게 되어서 정말 다행이라고 생각했다. 가이드가 경험이 많기는 많은가 보다, 하는 생각도 들었다.

눈이 그치고 저녁이 되자 밖은 훌륭한 갤러리가 되었다. 희끗희끗하게 변한 주변과 저녁노을, 웅장하게 360도로 펼쳐져 있는 산군들, 그리고 우리 일행들이 언덕에 나란히 서 있는 모습을 보니 나도 모르게 셔터를 열심히 눌러댔다. 하지만, 조금이라도 멋진 풍경과 추억을 담고 싶은 욕심이 과해서인지 아니면 나의 사진 찍는 실력이 엉망이기 때문인지 만족할 만한 사진을 얻지는 못했다.

해가 떨어지자 어제와는 확연히 다른 온도 차이 때문인지 몸이 움츠러들었다. 이 추위에 우리 스태프들은 비닐로 임시 거처를 만들고 그 안에 모여서 추위를 이겨내는 듯했다(다른 팀들도 마찬가지였다). 사람 사는 모습도 가지가지이고 직업도 천차만별이라지만 참 고맙고 미안한 일이었다.

이곳 사람들은 네팔 사람들보다도 더 순수하고 소박했다. 사정은 더 열악했지만 그럼에도 그들은 항상 웃었고 우리의 그림자처럼 있는 듯 없는 듯 움직였으며 미처 챙기지 못하고 텐트 안에 두고 온 물건을 말없이 찾아주곤 했다. 사실 보조 배터리 같은 것은 그들의 하루 일당보다도 훨씬 비쌌을 텐데도 말이다. 그들의 정직함과 순수함이 지켜졌으면 하는, 어쩌면 이기적일 수도 있는 생각을 했다.

고로 2 - 가셔브롬 4

🧭 카라코람 히말라야 5좌 8일 차

고로 1
(Goro 1 4,250m)

13km

우르두카스
(Urdukas 4,168m)

고로 2
(Goro 2 4,319m)

오늘은 우르두카스에서 고로 1을 지나 콩코르디아 직전의 고로 2로 가는 날이다. 콩코르디아의 상황은 아직도 오리무중이다. 혹시 몰라서 아이젠을 각자 지참하도록 했다. 아침을 먹고 7시 10분에 출발했다.

길은 군부대 옆을 지나 조금 내려갔다가 다시 올라가기를 반복한다. 캠프 근처의 양지바른 언덕에 10여 개 정도의 작은 돌무덤들이 있다. 20년 전에 이 길을 걷던 포터와 말들이 산사태로 사망하는 사고가 있었는데 그들을 이곳에 안장했다고 한다. 우리 포터들이 그 앞에 잠시 멈추어 무덤에 손을 얹었다. 그들의 명복을 빌고 자신들의 안전을 지켜달라고 기도하

고로 1으로 가는 빙하 길

는 것 같았다.

이제 길이 발토로 빙하의 우측부에서 한가운데로 진입했다. 본래 발토로 빙하는 전 세계 1위 길이의 빙하였으나 발토로, 어퍼 발토로, 콩코르디아 3곳으로 세부적으로 구분하면서 그 길이가 조금 짧아졌다.

미로처럼 복잡해서 길을 잃기 쉬운 빙하들 사이로 언덕길을 오르내리길 반복했는데, 빙하 녹은 물이 얼어 바닥이 스케이트장처럼 미끄러운 곳도 생겼다. 잠시 아이젠의 사용도 고려했지만 그런 곳은 곧 사라지고 다시 나타나지 않았다.

언덕을 오를 때면 까마득히 높은 언덕을 오르는 듯한 기분이 들었지만 실제로는 다행히 오르내리는 폭이 심하지 않아져서 부담이 조금 덜 했다.

사람의 걸음은 무섭다. 그 작고 좁은 걸음으로 한 걸음 한 걸음 걷다 보면 어느새 멀리 이동해 주변 풍광이 바뀌기도 하고, 뒤를 돌아보면 지나온 곳이 보이지 않기도 한다.

한때 카라코람 1번 봉(K1)으로도 불렸던 마셔브룸(Masherbrum 7,821m)이 정면에서 약간 우측으로 제대로 나타났다. 정상 부분이 피라미드처럼, 삼각 텐트를 친 것처럼 생겼다. 알아보기는 쉬운 편이다. 그러나 8,000m급

고로 1 가는 길의 빙하호

자이언트 봉들이 운집한 이곳에서 크게 관심을 가져주는 사람은 없고, 오르는 사람도 많지 않다.

　옛날 사람들 중에 이 산에 다녀온 사람이 있는 걸까? 마셔브룸은 지역 언어인 발티어로 '어려운 산'이라는 뜻이다. 산스크리트어로는 무섭게도 '최후의 심판 날의 산', '검은 산'이라고 한다. 혹은 '마셔'가 '숙녀'라는 뜻으로 마셔브룸은 '산들의 여왕(Queen of Peaks)'이라고도 한다. 다른 이들은 마셔의 뜻이 '햇볕이 들지 않는(no sunlight)'이라고도 하는데 1년 내내 눈을 산 위에 얹고 있어서 그렇다고 한다.

　간혹 K2를 가볍게 느껴보고 싶은 이들은 특별 제한 구역 트레킹 허가를 받아 스카르두에서 떠나 후셰(Hushe 3,050m)에서 시작해서 곤도고로 계곡을 통해 마셔브룸 산 앞의 마셔브룸 빙하로 진입하는 1주일짜리 짧은 트레킹을 한다. 이 코스는 마셔브룸 베이스캠프(4,280m)에서 잠시 빙하를 만나는 정도인 평이한 코스다. 트레킹을 종료하고 후셰로 바로 돌아오거나, 길을 더 걸어 사이초(Saicho 3,500m)로 길을 잡아서 곤도고로 빙하를 구경하고 오기도 한다.

고로 1으로 가는 길

　고로 1으로 진입하면서 가이드에게 산 이름을 물어도 잘 모르거나 대충 가르쳐주는 경우가 많을 정도로 많은 산들이 서 있다. 칼날 같고 바늘 같은 날카로운 산들도 있고, 펑퍼짐해서 어쩐지 간단하게 올라갈 수 있을 것 같은 산들도 있다. 계속 걸으면서 마셔브룸 옆을 지나치게 되는데 가까이 붙어서 보면 정상이 피라미드처럼 생겼다. 그 길 아래로 거대한 크레바스들이 입을 벌리고 있는 빙하호들이 자리 잡고 있다.

　마침내 마셔브룸이 뒤쪽으로 서서히 사라지면 이제는 이 지역에서 트레커들에게 가장 먼저 경탄을 자아내게 하는 가셔브룸 4(Gasherbrum 4 7,929m)가 드디어 그 빛나는 얼굴을 더 크게 내놓으며 중앙부에 나타난다.

　가셔브룸은 발티어로 '빛나는 산' 혹은 '아름다운 산'을 의미하고, 티베트어로는 '빛나는 벽'이란 뜻도 가지고 있다.

　가셔브룸 산군은 전 세계에서 가장 높은 산군들 중 하나로 1봉부터 6봉까지 U자 모양으로 자리 잡고 있는데 동쪽의 가셔브룸 1봉과 2봉이 8,000m가 넘는 14좌 중 2곳에 해당하고 흔히 G1, G2로 표기한다. 가셔브룸 1봉이 동쪽으로 매우 깊은 곳에 숨어 있고, 북쪽에는 2봉과 3봉이,

서쪽에는 4·5·6봉이 자리 잡고 있는데 그중 4봉을 가장 먼저 그리고 가장 자주 보게 된다. 가셔브룸 2봉은 4봉 뒤로 아주 얇은 선으로만 보이는데 자세히 봐도 4봉 옆으로 나온 봉우리처럼 보인다. 봐도 보이지 않는다는 말과 매우 잘 어울리게 뒤로 숨어 있다.

특히 가셔브룸 4봉은 '빛나는 벽'이라는 별칭과 잘 어울리는 모습을 보여주는데, 높이는 세계 17위이지만 등정 난이도는 세계 1위를 다툴 정도로 힘든 산이다. 특히 해 질 무렵의 빛나는 서벽(Shining Wall)은 트레커들의 감탄사를 자아내지만 원정대에게는 죽음의 유혹과 같은 벽이기도 하다.

1997년 조성대 원정대장과 유학재 등반대장이 이끄는 한국 팀이 세계 최초로 이 코스를 올라 세계적으로는 한국 산악계의 가장 위대한 업적 중 하나로 평가받고 있다. 그러나 독특하게도 한국 내에서는 그리 널리 알려져 있지 않다.

가셔브룸 산군은 파키스탄의 8,000m급 거봉들 중 유일하게 북쪽으로 중국의 신장 위구르 자치구와 맞닿아 있다. 이 지역은 인도와 파키스탄 및 중국의 국경이 확정되지 않은 지역으로 한동안은 인도와 파키스탄의 국경 분쟁이 있다가 요새는 가셔브룸 1봉과 2봉에 대해 파키스탄과 중국의 영토 분쟁이 일어나고 있는 곳이다.

특히 시아첸 빙하는 영토 분쟁으로 트레킹을 할 수 없는 지역이 되었다가 최근 1~2년 사이에 개방은 되었으나 아직 가는 사람은 보지 못했다.

특이하게도 대규모의 군사 분쟁을 막기 위해 쌍방이 대규모 무기의 사용을 하지 않기로 합의하더니 소총도 사용이 제한되었다. 결국 그 차선책으로 고전적인 방법인 육박전이 채택되었다. 종종 육박전을 위해 차출된 중국 군인들과 파키스탄 군인들의 대규모 육박전이 이 숨 쉬기도 힘든 고산에서 펼쳐지며 사망자도 발생한다.

두 나라 군인들 간의 맨손 격투의 원인인 시아첸 빙하는 세계 2위의 길

고로 1 - 점심 식사

이를 자랑하며 지하자원이 풍부한 곳으로 알려져 있다. 풍경도 몹시 아름답다고 하는데, 높은 고도와 맹렬한 추위 때문에 쉽게 시도하기는 어려운 곳이다.

힘은 들지만 아름다운 가셔브룸 4가 정면으로 정확하게 보이면 바로 고로 1이다. 가셔브룸을 보는 기쁨으로 힘차게 걸어 11시 50분쯤 고로 1에 도착했다. 고로 1은 큰 산들 아래에 있어 응달이 지는 너덜 지역이다. 먼저 도착한 주방 팀이 끓여놓은 라면을 점심으로 먹었다.

12시 30분 고로 2로 출발. 이제부터는 길이 덜 험해지기도 하고 볼거리가 많아진다. 녹다 만 눈들이 집채만 하게 상당히 다양한 모양으로 여기저기 자리 잡고 있었다. 고래 등이나 상어 꼬리, 공룡 등 같은 그런 모양이 많았는데, 언덕을 하나 넘으면 여러 덩이가 있고 언덕을 다시 넘으면 또 여러 덩이가 있어서 장관을 이루고 있었다.

고로 2까지 거리가 그리 먼 것이 아니고 시간도 충분했다. 길 가다 말고 작은 언덕 위로 올라가서 거대한 눈덩이들의 사진을 찍고 만져보고 하느라 진도가 안 나갔지만, 크게 개의치 않았다. 다만 눈이 많이 녹고 있으니 바

고로 2로 가는 길 - 거대한 눈덩이

닥에는 눈 녹은 물들이 걸쭉하게 흐르고 있었고, 얇게 얼음도 언 채로 흐르고 있어서 조심은 해야 했다.

이 물들이 7월이 되면 아주 넓은 폭의 개울이 되어 개울을 건너려면 발을 적셔야 하니 트레킹의 시기를 맞추는 것이 참 만만치 않은 일이다. 일행들이 구경하고 사진 찍고 하는 사이로 주방 팀과 포터와 말들이 먼저 지나갔다.

이제 정면으로 가셔브룸 4를 위시한 가셔브룸 산군의 산들과 이름조차 얻지 못한 많은 산들이 밝게 빛나며 칼날처럼 높게 앞을 막고 서 있었다. 이름조차 얻지 못한 산 중에 5,000m짜리 한 개만이라도 우리나라에 있었으면 좋겠다는 생각을 했다.

고로 2 (Goro 2 4,319m)

오후 3시. 오늘의 목적지인 고로 2에 도착했다. 부지런히 걸었으면 1시간에서 1시간 반 정도면 도착했을 텐데 중간에 시간을 많이 보내다 보니

눈덩이 감상

2시간 반이 걸렸다.

고로 2는 사방이 언덕으로 둘러싸인, 움푹하고 평평한 분지의 자갈밭에 자리 잡고 있었다. 돌이 안 굴러오고 물을 구하기 쉬운 곳이다. 여기서는 가셔브룸 4가 가깝다. 아주 조금만 언덕으로 올라가면 산이 크게 우리를 굽어보고 있다.

오늘도 하루 종일 안개가 끼었다가 걷혔다가를 반복했다. 고로 2 캠프 주변은 황량 그 자체로 햇볕이 들지 않아 매우 추웠다. 내일은 드디어 콩코르디아에 가는 날이다. 낮에 햇볕에 눈이 녹으면 몸이 빠져 전진이 어려울 것이므로 눈이 녹기 전에 아침 일찍 떠나기로 했다.

짐을 지고 온 말들은 짐을 부려놓고 히힝거리고 놀고 포터들도 돌벽 사이에 자리를 잡았다. 저 옷으로 저 돌벽 위에 비닐 한 장 치고 어떻게 지내나 싶다. 가이드에게 먹을 것을 좀 더 주고 잘 돌봐주라고 했는데 잘들 하고 있다고 걱정하지 않아도 된다는 말만 반복한다.

그러나 몸이 약한 포터들은 고로 캠프부터 아프거나 죽는 경우가 많다

고로 2 캠프

고 한다. 죽기 직전까지는 아프다는 말을 하지 않는 사람들이라 때를 놓치기 쉽다. 에이전시에서 알아서 할 일이지만 그런 모습을 보고 싶지는 않았다.

내일이 되면 짐을 다 나르고 내려가는 말과 마부와 포터들이 많아진다. 콩코르디아 이후로는 말이 더는 걸을 수 없기 때문에 말 대신 정말로 일 잘하는 포터들만 남게 된다.

콩코르디아에서 가셔브룸 1·2 베이스캠프까지 마치면 불필요한 짐은 모두 1kg당 추가 비용을 내고 스카르두로 보내거나 콩코르디아에서 모두 소모하고 개인당 10kg 정도로 정리하게 된다. 개인당 10kg을 넘을 경우 이 역시 1kg당 추가 비용을 내야 하는 문제점도 있지만 짐을 최대한 경량화해야 곤도고로 라를 넘는 것이 수월해진다.

남는 포터들이 이제는 정예 멤버가 되어 하산할 때까지 각자의 카고 백과 텐트를 책임져주니 얼굴을 더 잘 익혀둬야 한다. 가만히 보니 언젠가부터 우리 텐트는 매일 같은 포터가 나르는 것 같은데, 우리 부부의 짐을 맡게 되어 기쁘다고 했다. 이유는 잘 몰랐는데, 우리 짐은 개인 짐은 별로 없고 일행들이 먹을 것과 정수기 등 팀을 위한 물건이 많았다. 그것도 처음에 아스콜리에 오자마자 주방 팀에 거의 다 넘겨주고 매일 우리가 먹을 것도 다 털어서 팀을 위해 내놓았고, 네팔과 달리 이번에는 책도 몇 권 안 가지고 왔으니 짐이 나날이 줄어 가벼워지고 있었다.

가이드가 종종 다른 분들은 짐이 나날이 무거워지는 경우도 있다면서 제발 무게를 늘리지 말아달라고 말했다. 이번 트레킹의 경우 에이전시와 협의해서 콩코르디아 이전과 이후 개인 짐 규정을 더 늘렸지만 그래도 규정보다 초과되면 각 개인이 1kg당 상당한 추가 요금을 물게 되어 있었다. 현재 개인당 계약 무게가 넘지 않는 상황이라면 내가 이래라저래라 할 수 있는 사항이 아니었다. 가이드에게 각 개인의 무게를 더 정확하게 측정해서 계약 무게를 넘으면 추가 요금을 청구하라고 할 수밖에 없었다.

저녁 식사를 하는데 후식으로 망고가 여전히 나왔다. 이 고도에서 망고라니!! 너무나 놀랍고 고마웠다.

오늘도 산에서 내려오는 이들이 있었다. 콩코르디아에서 내내 대기하다가 산행 일정을 모두 쓰고 더는 전진을 하지 못하고 눈에 지쳐 말을 타고 우산을 쓰고 내려오는 사람들이었다. 하산하는데 아쉬움이 있느냐고 물으니 자기들은 콩코르디아만으로도 너무나 감동적이었고 인생의 꿈을 이뤄 좋다고 했다.

그것도 좋지만 우리 부부는 반드시 K2 BC와 브로드 피크 BC를 마치고 가셔브룸 1·2 BC에 가고 싶었다. 눈이 그만 오기를 간절히 바랐다.

오늘 길이 멀고 험하다고 했다. 그리고 어제 내린 눈으로 길도 미끄러울 것 같았다. 날씨는 완전히 겨울로 접어들었다. 아침 일찍 서둘러 출발했다. 길도 미끄러운데 출발하자마자 급경사 내리막이다. 아무래도 여러 번 미끄러질 것만 같았다. 다리에 힘주고 스틱에 의지해서 아주 조심스럽게 걸었다. 다행히 넘어지는 사고는 없었다.

그렇게 한참을 내려가니 또다시 빙하 지대다. 너덜 지대다. 정말이지 내 영혼까지 너덜너덜해질 것 같다. 딱히 대상도 없이 육두문자를 혼자 중얼거렸다. 징글징글하다. 수많은 언덕들이 우리 앞에 기다리고 있다. 그래도 다행히 지금까지 넘어온 언덕들에 비해 높지는 않았지만 정말 끝도 없이 나왔다. 그리고 지칫 흰눈을 딸면 집어삼킬 듯한 괴물의 입처럼 생긴 크레바스들이 곳곳에 있다.

날씨는 잔뜩 찌푸려서 곧 눈이 내릴 것 같았는데 정말 정신이 어떻게 된 건지 크리스마스 생각이 났다. 내친김에 징글 벨 징글 벨 하며 캐럴을 흥얼거려본다.

고로 1에서 점심을 먹었다. 매번 라면을 먹지만 항상 맛있다. 물의 양이 맞지 않고 시간 조절을 못해 퉁퉁 불은 라면이지만 추운 산에서 먹는 라면은 그 무엇보다도 꿀맛이다. 하긴 뭔들 맛이 없겠는가마는…… 내리던 진눈깨비도 우리의 식사 시간에는 잠시 참아주는 호의를 베풀었다.

날은 춥고 오전에 온 것만큼 또 가야 하니 다들 서둘렀다. 혹시라도 눈이 많이 올지도 모를 일이었다. 아니 꼭 심술을 부릴 것 같은 하늘이다. 원래의 계획대로라면 어제 이곳에서 캠핑을 했을 텐데 이곳은 참

아무것도 없고 적막하기가 이루 말할 수가 없다. 이제는 정말 카라코 람 산맥들의 기에 기가 눌리는 것만 같았다. 하지만 질 수는 없지! '얍!' 하는 기합 소리와 함께 어깨를 쭉 펴보지만 배낭 무게로 금세 쪼그라드는 내 좁디좁은 어깨다.

다행히 날씨는 큰 심술을 부리지 않고 진눈깨비를 뿌리다 말다 했다. 덕분에 옷도 수시로 입었다 벗었다 해야 했다. 눈이 쌓인 바위들 틈을 지나 요리조리 길을 찾아다니다 보니 마치 숨바꼭질 놀이를 하는 것 같았다. 만약 이게 정말 놀이였다면 난 기꺼이 친구들을 버려 두고 집으로 돌아갔을 것이다. 하지만 지금은 거꾸로 일행들을 놓칠세라 혹은 일행들이 나를 앞질러서 먼저 가버릴세라 죽도록 있는 힘을 다해 걸어야 했다.

생각보다 고로 2에 일찍 도착했다. 나는 오늘도 해 지기 전까지 가야 할 거라고 생각했다. 오기 전에 K2에 먼저 다녀간 사람들의 글을 읽고 왔는데 직접 와보니 그들은 날아다녔던 것이 아닌가 싶다. 하긴 우리 일행분들도 우리 굼벵이 부부가 아니면 날아다니셨을 텐데…….

날씨가 개는 듯싶더니 하늘이 터졌다. 병풍 같은 산들에 하얀 구름들이 걸려서 지금까지 어디서도 볼 수 없었던 풍경들을 선물해줬다.

콩코르디아가 가까워질수록 날씨에 신경이 많이 쓰였다. 눈이 너무 많이 내려 콩코르디아 그 이상은 못 갈 수도 있다는 소리도 들었다. 하지만 이미 K2와 가셔브룸 베이스캠프에는 원정대들이 들어가 있다. 그들이 보급 문제로 길을 열었을 거라고 굳게 믿고 있다.

최악의 경우 곤도고로 라는 못 넘더라도 최소한 베이스캠프까지는 가야 한다. 여기까지 와서 그냥 돌아갈 수는 없다. 하지만 내리는 눈을 어찌하겠는가? 이럴 때는 기도밖에는 할 것이 없다. 내 자연 앞에서 인간이 제 뜻대로 할 수 있는 일이란 그리 많지 않다.

모두들 날씨 때문에 내심 걱정들이 많을 텐데 드러내놓고 내색하시는 분들은 없다. 그저 서로 격려하고 긍정적인 에너지를 주고받을 뿐이다. 출발하기 전 내심 불안했던 나의 걱정들이 그저 기우였다는 확신이 들기 시작했다. 인간은 힘들수록 단합하고 도와주며 배려하려는 선한 마음을 갖고 있는 것이 분명하다. 그리고 또 하나 분명한 건 일단 우리 부부만 죽을 맛이고 다른 분들은 그냥 유람하듯 다니는 분위기다.

그래도 둘이어서 얼마나 다행이고 행복한가! 혼자였다면 꿈도 꾸지 않았을 트레킹이었지만 만약 혼자 왔다면 혼자 남겨진 텐트 안에서의 적막감을 감당해내지 못했을 것 같다.

🧭 카라코람 히말라야 5좌 9일 차

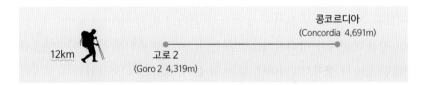

12km 🥾
고로 2
(Goro 2 4,319m)
콩코르디아
(Concordia 4,691m)

처음에 에이전시 사장과 일정에 대해 협의할 때 일단 내가 짠 일정표를 주고 거리와 평균 도달 시간에 대해 상의했다. 일정표를 다시 여러 번 수정했고 구글 인공위성 지도로 좌표를 보면서 다시 만들었다. 그러니 조금 변한다고 해도 특별한 일이 없으면 뻔한 거리와 시간이었다.

오늘 걸을 거리는 12km인데 어젯밤 가이드는 오늘 갈 길이 멀어 12시간은 걸린다며 엄포를 놨다. 이상하긴 했지만 눈도 많이 오고 있으니 뭔가 사정이 있을 것도 같아서 새벽 5시에 아침 먹고 6시에 출발하자고 약속했다. 그런데 오늘 아침 식당 텐트에서 아무리 기다려도 주방 팀은 물론 포터들도 일어나는 사람들이 없었다.

　가이드는 이렇게 하는 것이 오늘 길을 서둘러서 빨리 가기 위한 묘책이라고 생각했을지도 모른다. 하지만 내 기준으로는 굉장히 불쾌한 방법이었다. 나는 차라리 '보통은 몇 시간 걸리지만 눈이 많아 길이 안 좋으니 몇 시간이 더 걸린다.'라는 식으로 말하는 것이 좋다.

　내 성격대로라면 약속을 지키지 않는 것에 대해 세게 한마디 했겠지만 오늘은 참았다. 오늘 목적지가 그동안 폭설에 쌓인 콩코르디아인데 마음 상해서 못 간다고 버티면 큰 재앙이기 때문이다. 오늘 일정을 마치고 이야기를 하기로 마음먹었다.

　결국 느릿느릿 준비하더니 오전 6시 45분에야 출발할 수 있었다. 일행들 모두 아침부터 일찍 일어나 기다리다 보니 맥이 빠진 듯했고 기분이 별로 좋지 않았다. 침묵으로 산행을 시작했다.

　밤새 내린 눈과 안개에 휩싸인 고로 2의 언덕을 넘었다. 빛나는 벽 가셔브룸 산군들도 잘 보이지 않았고, 무즈타그 타워(Muztagh Tower 7,276m)만 잠깐 보였다가 사라지기를 반복한다. 조금 뾰족하게 생긴 아마다블람(네팔 동부의 쿰부히말라야에 있는 산)같이 생겼는데 서양인들이 보기에는 서양의 요새같이 생겼는지 '마지막 요새(The Last Citadel)'라고 부르기도 한다.

콩코르디아에서 - 말을 타고 하산하는 팀들

　무즈타그 타워를 바라보면서 약간 내리막처럼 가다가 다시 언덕을 오르면 여전히 눈이 덜 녹아서 도처에 얼음벽이 높게 쌓여 있다. 콩코르디아로 가는 사람들이 그 얼음벽 틈을 파서 길을 냈다. 사람과 말이 얼음벽 사이로 길을 가게 되는데 무즈타그 타워 옆을 지나게 되면 다시 가셔브룸 4를 만나게 된다. 어제보다 더 크고 당당한 모습으로 주변을 압도하고 있다.

가셔브룸 4 바로 좌측에 브로드 피크가 있는데 아직은 보이지 않는다. 다만 너덜너덜한 언덕길을 쉴 없이 오르락내리락해야 한다.

주변의 산들은 선글라스를 껴도 강한 반사광이 느껴질 정도다. 눈과 얼음에서 반사되는 빛에 눈 밑이 타서 새카맣고 따갑다. 설산에 갈 때는 더 좋은 선글라스를 준비해야 한다는 점을 다시 한 번 뼈저리게 절감했다. 고소병도 조심해야 하지만 계속 눈길을 가게 되므로 눈에 반사되는 햇빛 때문에 각막과 결막에 염증이 생기는 설맹에 걸리지 않도록 주의해야 한다. 설맹에 걸리면 사실상 정상적인 활동이 불가능하고 최악의 경우 시력을 잃을 수도 있다.

오전 9시 45분. 출발한 지 얼마 되지 않아서 '콩코르디아 몰'이라는 곳에서 점심 식사를 했다. 아침 먹은 지 얼마 되지도 않았는데 점심을 먹자고 하니 이상했고 그리 배도 고프지는 않았지만 휴식 삼아 일단 라면을 먹었

콩코르디아 몰 - 점심 식사

다. 눈이 좀 더 녹기를 기다리는 것인지, 다른 일이 있는지 알고 싶었지만 별말이 없었다. 의외로 자주 그런 일이 있었다.

전기를 아끼기 위해 GPS 기기를 사용을 자제해왔는데, 여러모로 특이한 상황이라서 점심 식사 후 '맵스 미(maps me)'를 가동했다. 맵스 미는 트레킹을 시작하기 전에 앱을 깔고 트레킹을 가려는 국가의 지도를 다운받아 두면 인터넷이 연결되지 않은 상황에서도 현재 위치를 추적해서 알려주고, 출발점과 도착점을 지정하면 거리가 얼마나 남았는지, 얼마나 움직였는지를 대략의 지형과 함께 100m 단위로 알려주어 편리한 무료 프로그램이다.

단, 내내 신호를 받고 작동하게 되므로 전화기의 전력이 30% 정도 더 빨리 소모되는 점은 주의해야 한다. 우리 부부는 팀원들에게 정보를 제공해주고 주행 속도와 컨디션 조절하기 위해 이 프로그램을 자주 사용했다.

10시 20분. 식사 후에 콩코르디아 몰에서 다시 출발했다. 맵스 미에서 7.5km 정도 더 가면 '콩코르디아'라고 알려주고 있었다. 따뜻한 음식도 주고 쉬게 해주니 좋기는 하지만 오늘 점심 식사를 일찍 한 이유를 물었다.

말 2마리가 밤새 도망가는 바람에 세컨드 가이드가 마부들과 같이 말을 찾으러 다니고, 폭설로 말이 콩코르디아까지도 못 올라간다고 해서 말 대신 일할 대체 인력을 구하러 가는 등 산을 여러 번 오르내리고 있다는 답을 들었다. 정확한 판단을 위해 사실대로 말해달라고 여러 번 부탁했다. 왜 사람들이 항상 제대로 말을 안 하는지 의문이다.

오늘은 눈도 오고 길도 힘든 날인데 아내는 하필 마법에 걸려 더 힘들어했다. 나 역시 힘들었다. 산행 전에 훈련도 하지 못하고 건강 관리를 잘 못해서 그럴 수도 있고, 어느 해인가부터 아내의 컨디션과 동조화되는 현상이 생겨서 그럴 수도 있다. 하지만 좀 이상했다. 산이 아무리 힘들어도 산에 온지 며칠 지났으니 이제 몸이 풀릴 만도 한데 계속 힘든 건 왜일까? '이상하다, 이상하다.'라는 생각을 계속했다.

콩코르디아로 가는 눈길

그렇게 힘들게 언덕을 오르는데 한참 아래에서 갑자기 가이드가 급하게 부른다. 하고 싶은 말이 있으면 올라오든가 그 옆을 지나올 때 하지 언덕을 이만큼이나 올라왔는데 왜 부르는가 싶었다. 내려가서 얘기를 들어보니, 이유는 모르지만 말이 더 올라갈 수가 없어서 여기서 내려가는 포터와 마부들이 있다면서 팁을 지금 여기서 계산해달라고 했다.

어이도 없고 맥이 탁 풀렸다. 팁이라는 것은 원래 그동안 일해준 수고에 대해 고맙다는 표시로 주는 것인데, 여기에서는 그것도 그냥 일당에 속한 돈으로 생각하는 모양이었다. 가이드는 포터들 한 명, 한 명에게 나눠 주기를 원했지만, 나는 가이드에게 통으로 주고 알아서 나눠 주라고 했다. 수십 명의 포터가 일한 날짜가 제각기 다른데 뇌에 산소가 덜 공급되어 계산도 잘 안 되고 언덕길이라 위험하기도 하고 기분도 언짢았기 때문이다.

그다음이 말과 마부인데, 일반적으로 네팔이나 인도 등 다른 지역에서는 마부 한 명당 일당 얼마 이런 식으로 주면 되는데, 여기는 말 한 마리당 팁을 계산해달라고 했다. 말 1마리가 3명분의 일을 하니 '1일 말 1 마리＝3명분의 일당'에 일한 날짜를 곱하는 식이 되었다. 이렇게 되면 말에게 많이 고마워하고 마부에게는 고마울 게 없다고도 할 수 있는 희한한 계산법이지만, 여기는 그게 관행이 된 곳이었다.

다른 곳에서 이런 식으로 어렵게 언덕을 올라간 사람을 내려오라고 해서 팁을 달라고 했으면 무례하다고 생각해서 안 줬을 가능성도 높았다. 하필 우리는 퇴로가 없는 콩코르디아로 가는 중요한 상황이었고, 눈이 펑펑 오니 가이드나 현지 스태프들과 시시비비를 따지기에는 매우 불리한 상황이었다. 일단 포터들에게는 해달라는 대로 해줬지만 마부들에게 매우 깐깐하게 계산해서 줬다.

마부들이 이런 적은 액수의 팁은 자존심이 상해서 못 받겠다며 돈을 돌려주길래 돌려받았다. 그냥 올라갈까 하다가 몇 번 돈이 오가면서 돌아갈 적마다 조금씩 증액이 됐다. 어느 정도 선에서 만족했는지 마부들이 불만을 표시하지 않고 길을 내려갔다.

내려왔던 길을 다시 되짚어 올라가 언덕 위에 도달했다. 팁을 주는 동안 안개가 껴서 가셔브룸 4도 다른 산도 보이는 게 별로 없었다. 이제부터는 드디어 몸이 푹푹 빠지는 눈길을 걸어야 했다. 한번 걸음을 잘못 디디면 골반까지 푹 빠졌다.

그렇게 힘겹게 가고 있는데, 우리 옆으로 짐을 진 포터 둘이 날랜 동작으로 지나갔다. 그 모습을 보고 혀를 내두르면서 아내에게 K2는 정말 사람이 어떻게 해볼 수 없는 그야말로 우리 영역 밖의 세상 같다고 했다.

그렇게 눈 속에 푹푹 빠지면서 가는데 쿡 보조 '원빈'이 우리 부부의 카고 백을 지고 석유통 한 말짜리 하나를 끌고 왔다. 카고 백을 지고 가기는 했지만 옆에 쌓인 눈에 자꾸 닿았다. 저러면 짐이 젖을 텐데 어떻게 하나? 걱정이 되었다. 이번 산행에는 방수에 신경을 덜 쓴 것을 자책했다.

원빈 말로는 말들이 새벽에 도망가서 할 수 없이 말 대신 짐을 가지고 올라온다고 한다. 그걸 가이드는 '말이 못 올라와서……' 라고 둘러댄 것

이고 말이 도망갔는데도 불구하고 가이드와 마부는 팁을 요구한 것이었다.

원빈과 아내가 이야기하면서 같이 오고, 나는 눈길에 푹 묻히는 다리를 교대로 뽑아가면서 언덕을 넘으니 안개가 자욱한 가운데 넓은 평원과 여러 색깔의 텐트들이 여기저기에 자리 잡고 있는 콩코르디아가 보였다.

콩코르디아(4,691m)

오후 3시 30분. 콩코르디아 도착. 오늘 12시간은 걸릴 거라고 한 가이드의 말과는 달리 8시간 만에 도착했다. 눈 때문에 천천히 걸은 것과 점심시간을 포함한 시간이었다. 맵스 미가 알려준 측정치와 일치했다. 이제 이 가이드가 손님들을 이런 식으로 놀리는 버릇이 있다는 걸 알았다.

주방 팀은 첫날 손님들을 굶긴 걸 깊이 반성하고 이후로는 반드시 주방 텐트와 식당 텐트 및 점심 식사를 자기들이 책임지고 들고 다녀 실수 없이 텐트를 설치하고 식사를 준비했다.

그러나 개인 텐트와 개인 카고 백이 도착하지 않아서 모두 각자의 텐트에서 쉬지 못하고 식당 텐트에 앉아 지루한 시간을 보내고 있었다.

일단 뜨거운 차를 한잔 마시며 상황을 파악해보니, 어떤 이유인지는 모르나 가이드도 올라오지 않고 있고 텐트도 모두 도착하지 못했다. 일부 도착한 카고 백은 오는 동안 이미 한 번 젖었는데, 펑펑 내리는 눈을 맞으며 또 젖고 있었다. 일단 카고 백을 모두 식당 텐트 안으로 들여놓게 했다.

한참 뒤에 도착한 포터들이 가져온 텐트를 눈 위에 쳤다. 눈 위에 텐트가 올라 앉아 있으니 추운 건 덜하겠지만 습기가 많이 올라와서 밤새 고생하지 않을지 여러 가지가 걱정됐다.

저녁을 조금 먹고 가이드와 내일 일정에 대해 논의했다. 가이드는 내일 일정으로 '콩코르디아－브로드 피크 BC－K2 BC－브로드 피크 BC'를 하자고 제안했다. 그러면 총 18km이다.

날씨가 좋고 길이 좋을 때도 그 거리면 힘든데 눈이 많이 내렸고, 지금 브로드 피크 BC 가는 길도 막혀 있어 많은 팀들이 콩코르디아에 묶여 있거나 그냥 하산하는 경우도 많았다.

원래 계획은 콩코르디아에서 브로드 피크 BC를 거쳐 K2 BC에 갔다가 다시 브로드 피크 BC를 지나 콩코르디아로 돌아온 다음, 콩코르디아에서 1일 휴식하는 것이었다. 하지만 그 휴식일을 없애고 천천히 전진해보기로 했다.

콩코르디아에서 가까운 거리에 있는 브로드 피크 BC까지만 전진해 하루 일정을 마치고 푹 쉬면서 눈이 녹기를 기다려 다시 K2 BC로 향하는 길을 살펴보기로 하고 일단 내일 아침 8시까지 원정대나 트레킹 팀이 브로드 피크 BC로 가는지를 살펴보기로 했다.

일정 상의를 마친 뒤 팀원들이 가이드에게 카고 백이 눈에 젖은 것과 텐트가 늦게 도착한 것 등 관리 부실에 대해 강력하게 항의했다. 가이드가 직접 짐을 험하게 다룬 것은 아니지만 관리 감독의 책임은 가이드에게 있으니 아무리 변명을 해도 항의를 받는 것을 피할 수는 없었다.

나 역시 조용히 가이드와 따로 주방 텐트에서 만나 불만 사항을 이야기했다. 어렵게 올라간 언덕을 내려와서 팁을 주고 다시 올라가는 것도 힘들었고, 고산에서 계산도 잘 안되는데 가이드라인을 제시해주거나 중재안이 없어 유감으로 생각한다고 말이다. 이후로는 짐을 다 나르고 내려가는 숫자 몇 명에 며칠간 일했다, 어느 정도 팁을 줘야 한다고 말해달라고 했다. 갑작스럽게 요구하는 경우 몹시 미안하지만 부당한 걸로 생각하고 받아들이지 않겠다고 했다. 또 말이 도망간 것도 솔직하게 말하지 않아 속은 것 같은 기분이 들고 그것 때문에 기왕에 일어난 일에 대해 상황 판단을 하지 못해 매우 불쾌했다고 말했다.

가이드는 앞으로는 내가 제시한 대로 하겠다고 하면서 미안하다는 말을 했다. 수십 년간 이 지역에서 가이드 일을 해왔으니 지역 사람들의 이익을 챙겨주고 싶은 마음이나 문제를 회피하고 싶은 마음은 알겠으나 아직 어려운 일정이 많이 남아 있어 내 입장을 정확히 전달할 필요가 있었다. 그러나 사람은 쉽게 달라지지 않으니 이후로도 여전히 사실을 정확하게 말해주지 않았다.

주방 텐트에서 나오니 주변이 온통 솜덩이 같은 눈으로 뒤덮여 있었다. 마치 하늘에서 누군가 대패로 얼음을 깎아서 내려보내는 것 같았다. 근심스럽게 우리 텐트로 갔다. 텐트의 지퍼를 열고 들어가려는데 몸이 스르르 아래로 내려가더니 목까지 눈 속에 빠졌다.

'아니 이게 뭔가?' 참 신기하기도 하고 우습기도 했다. 천천히 손을 짚을 부분을 다지고 평행봉을 하듯이 솟구쳐서 간신히 올라왔다. 조심스럽게 텐트에 몸을 눕혔다가 등으로 송충이처럼 기면서 들어갔다.

아내에게 우리 텐트는 지하 2층도 있는 것 같다고 말하고 텐트 안을 다시 점검했다. 비닐 종류를 바닥에 잔뜩 깔고 매트리스도 조심스럽게 깔고 침낭 안에 들어갔다. 눈 속의 포근함도 느껴졌지만 어쩐지 습기가 올라오는 것 같은 느낌이 들었다.

화장실을 가려고 나왔는데, 여전히 눈이 내리고 있다. 별도 달도 아무것도 보이지 않았고, '달빛 어린 산'이나 '별빛 속의 산' 같은 것도 당연히 없었다. 다시 눈 속에 빠지지 않도록 텐트 앞에 큼직한 돌멩이들을 가져다 놓다가 또 다시 스르르 눈 속에 들어갔다가 나오기도 했다.

텐트로 겨우 들어가서 브로드 피크 베이스캠프에 대한 기록을 다시 읽어보고 잠을 청했다. 고도가 높아져서 그런지 여정에 대한 고민이 있어서 그런지 잠에서 자주 깼다. 얼굴을 깊게 침낭에 파묻고 자는 아내의 작고 부어오른 얼굴을 보니 항상 힘든 길을 함께해줘서 고맙기도 하고, 많이 힘든 것 같아 측은하기도 했다. 자는 얼굴을 물끄러미 쳐다보다가 다시 잠이 들었다.

드디어 콩코르디아에 가는 날이다. 왠지 콩코르디아에만 가면 베이스캠프들은 따놓은 당상일 것 같은 착각이 드는 건 왜일까? 아마도 그곳에서 베이스캠프들을 왔다 갔다 하면 된다는 아주 단순한 논리가 아닌가 싶다.

오늘은 정말이지 하루 종일 걸릴 거라는 가이드에 말에 5시에 새벽밥을 먹고 출발하기로 했는데 5시에 주방에 가보니 그제서야 밥을 하는 눈치다. 눈이 많을 거라는 이야기에 스패츠를 단단히 동여매고 마음을 굳게 먹고 길을 나섰다.

안개가 너무 짙어서 주변에 보이는 것은 없고 길을 따라 부지런히 걸

어야 했다. 너무 부지런히 걸은 걸까? 오전 10시가 안 되었는데 점심 먹는 장소라고 했다. 힘든데 쉬어 간다니 좋기는 하지만 많이 황당했다. 오늘 죽어라고 가야 한다고 새벽부터 난리를 쳤는데 어이없게 끝나는 거 아닌가, 하는 행복한 착각을 하며 아침 먹은 지 얼마 되지 않았지만 또 맛있게 점심을 먹었다.

숟가락 놓고 휴식이라고 할 것도 없이 다시 출발했는데 이제 완전 눈밭이다. 눈밭을 한참 걷고 나서야 너덜 지대에서 한 투덜거림은 행복한 투정이었음을 깨달았다. 길 양옆으로 눈이 허벅지까지 쌓여 있었고 우리보다 앞서간 사람들이 길을 낸다고는 냈지만 눈 속에 발이 빠지기 일쑤였다.

도저히 진도는 안 나가고 우리 부부 때문에 다른 일행분들도 모두 지치겠다 싶어서 가이드 바바에게 다른 분들을 모시고 먼저 가라고 했다. 다들 괜찮다고 하셨지만 마음이 너무 무거워 더 힘들다고 말씀드리고 먼저 가시도록 했다. 우리 부부는 이제 조금은 마음이 편안한 상태에서 천천히 걸을 수 있었다.

그리고 나에겐 오늘이 하필 제일 힘든 날이었다. 다행히 통증은 없었지만 기운이 없고 정말 피가 모자라는 것 같았다. 남편은 나보다 더 힘들어 보였다. 짜증도 많이 나 있는 상태라 괜히 말 잘못 걸었다가는 한판 붙지 싶었다. 애꿎은 눈에 괜히 시비를 걸었다. 도대체 몇 월인데 아직도 눈이 있는 거냐고!

저 멀리 콩코르디아가 보이는데 발걸음이 무겁다. 점심 먹고 너무 긴장이 풀렸나 보다. 온통 하얗게 눈 덮인 캠핑장에는 알록달록 텐트들이 옹기종이 모여 있다. 참 그림같이 예쁜데 왜 내 마음에서는 육두문자가 올라오는 건지…….

남편이 뒤로 치쳐서 보조를 맞추느라 나 역시 너무욱 전전히 움직였다. 그러다 뒤를 돌아보니 우리 쿡 보조가 무언가를 끌고 오고 있었다. 끌고 오는 폼은 딱 강아지를 데리고 오는 것 같은데 그럴 리는 없고 염소를 사 오나?

내가 앉아서 쉬고 있으려니 이 추운 날 땀을 비 오듯 흘리면서 우리 카고 백은 매고, 석유가 든 커다란 통은 끈으로 묶어서 질질 끌고 오고 있는 것이다. 도대체 왜, 어디서부터 그렇게 오는 것일까?

이유들 들어보니 밤새 말 두 마리가 도망을 갔고 말 대신 누군가가 그 짐을 날라야 했으니 쿡 보조라고 아마도 주방 살림을 책임져야 해서 그 무거운 석유를 옮기는 듯싶었다.

나는 겨우 작은 배낭을 메고도 낑낑대는데 그는 25kg쯤 되는 우리 카고 백과 나는 들지도 못할 것 같은 석유통을 동시에 운반하고 있었다. 그리고 그보다 더 놀라운 건 정말 힘들고 짜증이 날 텐데 만면에 웃음을 띠고 배고프냐고 물으며 차파티가 있다고 나누어 주는 것이다.

나는 잠시 앉아서 그와 이야기를 하기로 했다. 그는 20대 청년으로 대학 등록금을 마련하기 위해 아르바이트를 하는 중이라고 했다. 힘들지 않느냐고 물었더니 웃으면서 괜찮다고 했다. 오히려 나의 배낭을 들어줄까? 하고 물었다.

우리 팀은 처음 그를 보고 너무 잘생겨서 '원빈'이라고 이름을 지어 주었는데 얼굴보다 마음 씀씀이가 더 아름다운 정말 몸도 마음도 아름다운 청년이었다. 그 앞에서 조그만 배낭 하나 메고 힘들다고 짜증을 내는 나 자신이 부끄럽고 미안했다.

그는 잠시 쉬다가 먼저 가겠다고 하고는 길을 나섰다. 나도 뒤따라 천천히 가는데 갈림길이 나왔다. 어느 쪽에 우리 텐트가 있는지 헷갈릴 수 있는 곳이었다. 하지만 그곳에서 나를 기다리는 원빈이 보였다. 나에게 방향을 가르쳐주고는 웃으며 씩씩하게 석유통을 끌고 갔다. 만약 원빈이 아니었다면 수많은 텐트 중 우리 텐트를 찾느라 이 넓은 눈밭을 한참을 헤매고 돌아다녔을 것이다. 얼마나 고마웠는지 모른다. 사람이 어떻게 태어나야 저렇게 선할까 하는 생각을 했다. 그러나 그런 감동도 잠시일 뿐, 나의 발이 눈 속에 또다시 빠지면서 나는 또 신경질적이 되어가고 있었다.

우리 일행들이 있는 곳에 도착을 하니 텐트가 쳐져 있지 않았다. 그냥 누워서 쉬고 싶은데 그럴 수가 없으니 또 화가 났다. 우리보다 훨씬 일찍 도착하신 일행분들도 편히 쉬지 못하고 주방 텐트에서 개인 텐트들을 기다리고 계셨다.

그리고 장소도 문제였다. 온 사방에 눈이니 눈 위에 텐트를 쳐야 하는 상황이었다. 텐트를 칠 곳은 눈을 다졌지만 그 주변까지 다질 수는 없었다. 그래서 텐트로 가려면 허벅지까지 빠질 수밖에 없었다. 어렵사리 텐트에 들어가보니 축축한 정도가 아니라 그냥 물 위에 매트를 깔아놓은 듯했다. 가져간 비닐을 다 깔고 개인 매트와 에이전시에서 준 매트를 깔고 나니 우리가 누울 자리의 물기는 어느 정도 막을 수 있었지만 짐들이 젖는 것까지 막을 수는 없었다.

둘 다 너무 지쳐서 거의 널브러지다시피 침낭에 누웠다. 잠시 휴식을 취하고 나니 저녁 먹을 시간이다. 그냥 쉬고 싶었지만 내일 걸으려면 먹어야 한다는 생각에 텐트 밖으로 발을 디뎠다. 그 순간 발이 스스르 눈 속에 빠져버렸다. 한쪽 다리를 빼면 다른 쪽 다리가 눈에 빠져버리는 상황이었다. 남편이 힘든 와중에도 텐트 앞에 돌들을 깔아놓아서 그나마 좀 나아졌지만 식당 텐트로 가는 길은 짧지만 결코 만만치가 않았다.

저녁 식사 후 가이드와 내일 일정을 이야기하고 눈이 그만 내리기를 바랐다. 내일 일은 내일 일이고 당장 오늘 밤 저 축축한 텐트에서 어떻게 잘지 정말 걱정이다.

가운데 K2, 우측 브로드 피크, 좌측 마블 피크

🧭 카라코람 히말라야 5좌 10일 차

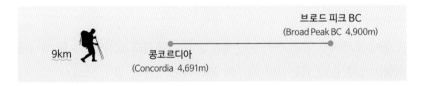

9km
콩코르디아
(Concordia 4,691m)

브로드 피크 BC
(Broad Peak BC 4,900m)

　밤새 눈이 왔지만 아침에는 찬연히 빛나는 K2와 브로드 피크를 잠시 만날 수 있었다. 그러나 콩코르디아에 많은 팀의 발이 묶여 있었다. 오늘도 그냥 하산하는 사람들이 있었고, 기다려보는 사람들도 있었고, 다른 팀이 먼저 길을 열어주기를 바라는 팀도 있었다.

　모든 사람이 공통으로 바라는 것은 눈이 그만 오고 녹아주는 것이었다. 어제 저녁에도 날씨가 안 좋더니 밤새 눈이 내리고 새벽에도 눈이 내려 걱정이었다.

　브로드 피크 베이스캠프와 K2 베이스캠프에 원정대가 몇 팀 들어가 있는데, 아침에 포터 한 팀이 눈 속으로 길을 내고 갔다는 소식을 들었다. 가이드에게 다시 알아보라고 하니 여러 팀을 다니면서 소식을 알아보느라 아침 식사를 7시에 다 마치고도 2시간이 넘게 지난 뒤에야 오늘 길을 갈 수는 있다는 결론이 내려졌다.

9시 반. 드디어 브로드 피크로 출발했다. 출발 전에 일행들의 카고 백들을 살펴보니 방수가 잘 안 된 경우에는 약간씩 짐이 젖은 경우가 있었다. 앞으로 방수를 더 잘해야 할 것 같다고만 했다.

브로드 피크 베이스캠프는 4,900m에 위치한다. 우측에 있는 브로드 피크의 좌측 맨 끝자락이 K2의 가운데까지 뻗은 듯 보이는데 그 끝자락의 검은색 돌무더기 뒷부분으로 돌아가면 캠프가 있다.(195쪽 사진 참조)

오늘 K2와 브로드 피크의 정상 부분은 안개로 가려 잘 보이지 않는다. 오늘 코스는 오르막과 내리막이 연속으로 이어지기 때문에 체력적으로 무척이나 힘든 코스다. 먼저 간 팀이 두껍게 쌓인 눈을 다져서 눈 계단을 만들어놓은 급경사를 조심스럽게 한 명씩 내려갔다.

눈이 포근해서 얼른 봐서는 눈썰매장 같은 부분도 있지만, 그 끝 어디에 크레바스가 숨어 있는지는 아무도 몰라서 조심해야 했다. 크레바스가 아니라도 발을 헛디뎌서 아주 작은 물웅덩이에라도 빠지면 몸을 빨리 말릴 수가 없으니 주의해야 했다.

오늘 길이 9km로 길지도 않고 자주 눈썰매장 같은 길을 오르내리다 보니, 팀원 중에 장난기가 발동해서 눈썰매를 타듯이 내려오는 분도 있었다. 가이드가 그걸 보고 몹시 화를 내면서 저런 장난을 하지 않도록 해달라고 했다. 잘못은 분명히 했지만 장난으로 한 번 그런 것이니 좀 이해해달라고 했다. 일행들에게 조그맣게 "눈 계단 무너진다고 눈썰매를 타지 말아달라고 합니다."라고 말은 했지만 솔직히 나도 같이 눈썰매 타고 싶었다. 어려서 겨울에 눈이 많이 오면 두꺼운 김장 비닐 혹은 비료 포대를 가지고 설악산

콩코르디아에서 본 브로드 피크

에 올라 소청 산장에서 희운각 대피소로 내려오는 길에 그걸 타고 내려오는 걸 즐기곤 했다. 장난한다고 야단은 맞았지만 눈 속을 다니면서 아픈 사람 1명도 없고 평지 대비 산소 농도가 50%밖에 안 되는 곳에서 활기차게 눈썰매 타는 우리 팀은 행복한 팀이다.

점심이 지나니 날씨가 맑아지고 조망이 터져 K2가 잘 보였다. 빙하의 한가운데에 크게 자리 잡은 '하늘의 절대 군주(The King of All)' K2를 보면서도 현재의 관심은 브로드 피크의 좌측 끝이었다. 그 끝은 도대체 어디란 말인가?

보통은 콩코르디아에서 3시간 정도면 브로드 피크 베이스캠프에 도착하지만, 고산 특유의 특징처럼 사물이 매우 가까운 듯 보이나, 실제로는 아주 먼 길에 눈길이었다. 눈길을 뚫고 조심스럽게 길을 걸으면서 브로드 피크 좌측 맨 끝이 여기인가? 하고 길을 가보면 여전히 길이 돌고 다시 가면 또 도는 과정을 여러 번 반복하면서 꾸준히 걸었다.

가이드는 눈 때문에 시간이 많이 걸린다며 걱정했지만, 해 지기 전에 도달하면 된다고 생각했다. 브로드 피크 베이스캠프 근방은 눈이 많이 녹아서 걷기가 수월했다.

길이 빙하 가운데에서 언덕으로 서서히 올라가 브로드 피크 아래로 바싹 붙더니 움푹 들어간 분지에 자리 잡은 원정대의 캠프가 먼저 보이고, 조금 더 걸어가니 우리 텐트도 보였다. 이제 브로드 피크 베이스캠프다!

브로드 피크 BC(4,900m)

오후 2시 30분. 브로드 피크 베이스캠프에 도착했다. 베이스캠프라고는 해도 아무런 편의 시설이 없다. 그냥 물을 구할 수 있고, 평평한 곳이다. 눈은 다 녹아 습기는 걱정하지 않아도 된다.

고도는 4,900m. 높은 곳에서 고도를 200m 이상 올린 상태라 곧바로 많이 움직이는 건 좋지 않았고 책을 읽는다고 해도 머리에 잘 들어오지 않아서 휴대폰으로 간단한 오락을 하거나 동영상 정도를 봤다. 식당 텐트에 가서 차를 한잔씩 마시며 오늘의 트레킹을 마무리했지만, 아직 짐과 텐트를 가진 포터들이 도착하지 않았다. 눈 속을 뚫고 온 일행들은 빠르나 느리나 힘든 건 별 차이가 없었다. 식당 텐트에서 각자의 방법으로 휴식을 취했다.

우리는 맨 몸으로도 눈 속을 뚫고 오는 게 쉽지 않았는데, 포터들은 더 쉽지 않아서 시간이 많이 걸렸다. 오후 4시 30분. 포터들이 우리의 짐을 지고 겨우 도착해서 텐트를 치고 쉴 수 있게 됐다. 잠시 쉬다 보니 조망이 다시 열려서 K2가 더 가깝게 굉장히 잘 보였다.

팀원들과 브로드 피크 옆 언덕으로 더 올라가 여러 곳을 오르내리며 K2와 다른 산들의 사진을 찍었다. K2는 더욱 크게 보였지만, 브로드 피크 바로 밑이라 브로드 피크는 잘 보이지 않았다.

움푹한 분지 건너 100m 정도 앞에 서양 원정 팀의 텐트가 보였다. 뭔가

분주한데 거기까지 가보고 싶은 생각이 들지는 않았다. 정상으로 가는 중인 대원들의 연락을 기다리느라 신경이 날카로워져 있는 경우도 있고, 중요한 장비의 보관 문제 때문에 혹은 등산 엘리트주의 때문에 일반 트레커의 방문을 굉장히 싫어하는 경우도 있어서 잘못하면 불청객이 될 수도 있다. 한국 원정대 같으면 가보겠지만 지금은 가셔브룸의 김홍빈 원정대 외에는 카라코람에 한국 원정대가 없다.

해 질 무렵 아무 생각 없이 앉아 있다가 문득, 여기는 우리 부부가 히말라야 14좌 베이스캠프 중 10번째로 온 베이스캠프라는 것이 떠올랐다. 아내에게 준비한 깃발을 들고 나오라고 하고 가이드에게 기념사진을 찍어달라고 했다. 수많은 사람들이 콩코르디아까지도 못 올라오거나 콩코르디아에서 아쉽게도 발을 돌렸는데, 우리는 콩코르디아를 지나 이곳 브로드 피크 베이스캠프까지 오게 되었다는 생각을 하니 감개무량했다.

언제부터인가 우리 팀과 같은 경로로 이동하는 여성 3명 팀은 내공 100점

만점의 100점으로 엄청난 기공을 뿜어내는 팀이다. 멀리서 봐도 고수의 아우라가 느껴지는 분들인데 우리 일행들과 반갑게 대화를 자주 했다. 소식을 건너 들으니 뭔가 팀을 짜는 중에 문제가 생겨 고생 중인 듯했다.

큰 산을 타는 데는 정확한 계획의 수립이 가장 중요하고, 그다음이 좋은 날씨와 좋은 스태프들의 조력이다. 그런데 계획 단계에서 어긋났고, 날씨가 좋지 않은 데다 가이드의 조력을 잘 받지 못하고 있는 것 같았다.

일단 팀 가이드가 특이한 성향을 가지고 있었다. 예를 들어 텐트를 분지에 치거나 사람들과 가까운 곳에 치는 게 좋을 텐데, 매번 바람이 세게 부는 능선 위나 사람들과 너무 먼 곳에 텐트를 쳤다.

이 지역의 관례상 다른 에이전시의 문제에 참견하지 못한다. 지나치면 분쟁이 발생하기도 하고 혹시라도 환자가 발생하면 그 행정 처리가 만만치 않아서 선의의 도움을 주고받는 데 아주 어려운 부분이 있다.

저녁 식사를 하고 주방 텐트에 가서 가이드들과 내일 일정을 의논했다. K2 베이스캠프는 브로드 피크와 K2 사이의 빙하를 조심스럽게 건너야 하는데, 오늘 포터 한 팀이 K2 베이스캠프에 원정대 보급품을 가지고 들어갔고, 오늘 하루 종일 눈이 오지 않았으니 길은 괜찮을 것이라고 한다.

원정대는 베이스캠프를 굉장히 폭넓게 쓰기도 하므로 상황에 맞추어 깊게 들어가거나 얕게 들어가기로 했다. 원래 계획대로라면 오늘 K2 베이스캠프로 깊게 들어가서 텐트를 치고, 아침 일찍 언덕을 조금 올라 메모리얼에 들렀다가 브로드 피크 베이스캠프를 지나 콩코르디아로 되돌아갔겠지만 여전히 길을 찾아 걸을 수 있는지 알 수 없었다.

의논 끝에 원정대 한 팀 외에는 아무도 없는 베이스캠프 내부 깊숙한 지역보다는 눈이 더 많이 녹은 베이스캠프의 외측과 K2 메모리얼을 방문하고 오기로 했다.

K2 베이스캠프에 다녀온 후 가셔브룸 베이스캠프 쪽으로 가야 하는데,

현재 그쪽으로 가는 길이 전혀 열려 있지 않다고 한다. 그리로 가는 길은 얇은 금처럼 몇 센티미터 정도 폭으로 길게 가로로 그어진 크레바스가 수없이 많은 지역이다. 눈도 얇게 덮여 있어 위험하고 최근에 그리로 지나간 팀이 없었다. 오늘 눈이 더 내려서 녹지 않았을 것이라고 해서 걱정했다.

일정에 대한 의논을 끝낸 후에 보니 주방 텐트에 모르는 사람이 있다. 누구냐고 물으니 옆 팀 가이드라고 한다. 그의 입장을 듣기는 했지만 그렇게 마음에 와닿는 변명은 아니었다. 텐트 치는 모양이나 부실한 음식 준비와 고객의 강한 컴플레인 등 기본적으로 팀을 운용하는 능력이 미흡하다고 생각되었다.

당신들은 늘 다니는 길이지만 저분들은 평생을 기다려서 많은 돈을 지불하고 어렵게 온 길이다. 다소 힘든 점이 있어도 길잡이 잘하고, 춥지 않게 잘 해드리라고 했다.

옆 팀에는 식당 텐트가 없었다. 관례를 깨지 않는 선에서 우리가 해드릴 만한 것은 따뜻한 차와 간식을 대접하고 한국 음식을 하면 된장국 정도를 조금 나눠 드리는 정도가 고작이었지만, 이런 곳에서 된장국 같은 것을 나눠 먹는 마음은 좀 특별했다. 언제나 만나는 건 가장 나이가 어린 40대 중반 정도 되는 막내 고수였지만, 뜨거운 된장국이 각자의 텐트에서 고생하시는 초고수 3인방의 마음을 조금이나마 녹여주길 바랐다.

곧 날이 졌지만 우리의 기대와는 달리 주변이 황금색으로 찬란하게 빛나며 무지갯빛으로 물드는 장관을 보여주지는 않았다. 조용히 무겁고 엄숙하게 날이 지고, 밤하늘에 별이 보이다가 곧 안개에 가려지기를 반복했다. 내일은 듣기만 해도 마음이 설레는 K2 베이스캠프다.

어젯밤에도 내린 눈이 오늘 아침에도 잠시 내렸다. 텐트 밖의 세상은 너무나 깨끗한 새하얀 이불을 뒤집어쓴 채 조용했다. '정말 아름답다!'라는 감상적인 생각도 잠시, 오늘 이 길을 어떻게 뚫고 가야 하나 하는 현실적인 문제에 한숨이 절로 나왔다.

가이드가 길이 없어 못 간다고 해도 할 수 없다는 생각을 했다. 하지만 모두들 출발하려는 듯 짐을 싸고 텐트를 걷었다. 다행히 날씨는 더없이 맑고 쾌청했다. 이틀 분량의 짐만 들고 나머지는 콩코르디아에 놓고 간다고 했다. 스태프 한 명이 지키기로 했다고 했다.

아, 내가 지키면 안 되나? 하는 부질없는 생각을 하면서 떨어지지 않는 발걸음을 옮겼다. 도대체 얼마나 가야 하는 걸까? 끝도 없이 펼쳐진 눈밭, 눈밭, 그리고 눈밭……. 그래도 날씨가 좋아서 다행이라고 서로를 격려하며 출발했다.

내가 제일 느리니 당연히 맨 앞에 섰다. 눈밭을 걸을 때의 체력 소모는 맨땅을 걸을 때보다 두 배는 더 되는 것 같다. 정말 울며 겨자 먹기로 한참을 가는데 뒤에서 부르는 소리가 들렸다. 나와 맨 뒤의 일행은 이미 상당한 간격이 있었다. 뒤에서 손짓을 한다.

설마 했으나, 아, 길이 틀렸단다! 내 앞에 서서 가던 가이드가 서둘러 돌아가라고 한다. 진짜 완전 제대로 열받는다. 도대체 얼마를 돌아가라는 말인가! 뒤에 있던 일행들은 그다지 얼마 안 돌아갔지만 맨 앞에서 걸은 나는 진짜 죽을 맛이다. 가이드는 내 눈치가 보이는지 뒤돌아보지도 않고 빠른 속도로 돌아간다. 휴, 참자, 참아. 참아야지 어쩌겠는가!

그런데 한 번 이러고 나니 맥이 빠지면서 더더욱 발걸음이 무겁다. 그렇게 오르락내리락하다가 모두가 멈춰 섰다. 너무나 가파른 내리막이다. 거기에 눈까지 있으니 도저히 내려가는 것이 불가능해 보였다. 하지만 그 언덕 너머에 사람들이 있는 걸로 봐서는 이 길을 따라 내려간 것이 분명했다.

우리 세컨드 가이드가 밧줄을 준비하고 내려가면서 눈을 계단 모양으로 다지기 시작했다. 그 길을 밧줄을 붙잡고 천천히 내려가기 시작했다. 등에서는 식은땀이 흘렀다. 미끄러지면 죽지는 않겠지만 크게 다칠 것 같았다. 무사히 내려와서 다음 언덕을 엉금엉금 기다시피 해서 올라갔다. 모두들 다친 사람 없이 무사히 넘어왔고 다시 출발이다.

하얀 설원을 일렬로 쭉 서서 걸어가다 보니 K2가 정면으로 점점 크게 다가온다. 진정 세계에서 두 번째로 높은 산인 K2가 내 앞에 서 있는 것이다! 그 위엄에 눌려 내가 개미만 해지는 착각이 들었다. 그렇게 눈밭을 얼마나 헤매고 다녔는지 정말 다리가 내 다리가 아닌 것 같이 느껴질 때 우리 텐트가 보였다. 드디어 브로드 피크 베이스캠프에 도착한 것이다! 게다가 오늘은 정말 다행히 텐트를 눈 위에 치지 않았고 콩코르디아보다 훨씬 쾌적한 환경이었다.

사실 콩코르디아는 기대한 것과는 반대로 완전히 실망이었다. 쓰레기도 많고 오물도 많아서 캠핑하기에 적합하지 않았다. 원래 내일 일정은 K2 베이스캠프에 갔다가 이곳을 거쳐 콩코르디아로 돌아가는 것이었는데, 그러지 말고 다시 이곳에서 하루 더 머무르자고 했고 모두들 흔쾌히 동의했다.

식당 텐트에 모여 이야기를 하다가, 어제 놀러 온 한국 여자 세 분으로 이루어진 팀이 참 대단하다고 했다. 그러면서 그 세 분 모두 내공이 장난 아니게 느껴졌다고 했다. 산을 많이 탄 사람들을 보면 딱 봐도 오랜 내공이 느껴진다는 말에 모두들 동의하면서 동시에 내 얼굴을 보셨다. 나에겐 그런 내공이 느껴지지 않는다고 하셨다. 그래도 나 나름대로 히말라야 14좌 베이스캠프 트레킹 완료를 코앞에 두고 있는데 내공이 느껴지지 않는다면 도대체 얼마를 더 오르고 내려야 하는 걸까? 생각하면서도 내심 좋았다. 아직은 음악인의 내공이 더 깊은 걸 거라 생각하며……

그렇게 지루할 법도 한 시간을 일행들과 재미있게 보내며, 여러 사람이 함께 다니면 좋은 점도 참 많구나 생각했다.

내일은 꿈에 그리던 K2 베이스캠프를 가는 날이다. 눈이 내리지 않기를 간절히 기도하며 잠자리에 들었다.

브로드 피크 BC에서 바라본 K2

🧭 카라코람 히말라야 5좌 11일 차

9km

K2 BC
(5,050m)

브로드 피크 BC
(Broad Peak BC 4,900m)

브로드 피크 BC
(4,900m)

새벽에 가이드가 크게 소리를 치면서 좋아했다. 무슨 일인가 싶어 밖에 나가보니, 하늘로 솟구친 거대한 다이아몬드 기둥같은 K2, 서릿발처럼 차가운 모습으로 정상 끝까지 보여주며 우리 앞에 서 있었다.

제왕 K2 주위로 정승인 브로드 피크와 정일품 관리들인 가셔브룸의 산들, 엔젤 피크를 비롯한 시중드는 산들이 운집해 있고 6개의 빙하와 수백 개의 산들이 신하들처럼 보좌하고 있다.

오늘의 일정은 K2 베이스캠프에 갔다가 다시 브로드 피크 베이스캠프로 돌아오는 것이다. 가벼운 복장과 간단한 간식과 물을 준비해서 오전 중

K2로 가는 길

에 K2 베이스캠프에 다녀와서 이곳 브로드 피크 베이스캠프에서 점심 식사를 하기로 했다. 여정은 왕복 9km로 멀지 않지만 아직 눈이 녹지 않았고 길이 불확실했으며 고도가 높아져서 조심해야 한다.

7시 20분. K2 베이스캠프로 출발했다.

큰 산들은 언제나 오전에는 날씨가 좋다가 오후에 바람 불고 눈, 비 오는 경우가 많아서 일찍 일정을 시작하는 게 좋다. 브로드 피크에서 시작하는 초반에는 눈이 녹아서 걷기가 괜찮았다. 그런데 잘 먹고 잘 쉬고 잘 자다가 출발했는데도 오늘도 여전히 빨리 걸을 수 없어서 이상하게 생각했다.

K2와 브로드 피크 사이에는 응달진 곳이 많아서 눈이 많았다. 다행인 것은 사람이 한 번이라도 발로 밟고 지나간 곳은 녹아서 길이 좀 나 있다는 것이다. 사람이 지나가지 않은 길 밖에서는 쌓인 눈이 저절로 녹으면서 나뭇가지처럼 뾰족한 모양이나 파도처럼 물결 모양을 그려내고 있었다. 특이하고 아름다웠다. 그러나 길 아래로 흐르는 맑은 물과 푸른 빙하는 그 깊이를 가늠할 수 없었고 수많은 작은 웅덩이들 곁을 지나가야 했다.

멀리서 볼 때는 K2의 우측 끝을 향해 평지를 걸어가면 되는 것처럼 보

이지만, 실제로는 그 속에 많은 언덕과 분지가 있었다. 눈 벽 사이로 난 좁은 눈길을 지나 K2 베이스캠프의 초입에 들어섰다. 가장자리에는 여전히 눈이 많았지만 너덜 지대는 눈이 많이 녹아서 검게 산의 모습이 드러나 있었다.

곧 검은 돌들로 가득한 눈 녹은 지역이 나왔다. 지금 시즌에는 갑작스럽게 불어오는 제트 기류를 피하기 위해 우측으로 최대한 바싹 붙어서 베이스캠프를 설치하고 상황에 맞춰서 깊숙한 부분까지 사용한다.

가이드가 여기서부터 K2 베이스캠프라고 하면서 여러 곳을 설명했다. 우측 언덕으로 올라가면 메모리얼이 있고, 여기서 끝내고 브로드 피크로 돌아가도 된다고 했다. 팀원들에게 설명을 했더니 모두 메모리얼 주변을 다녀오고 싶어 했다. 그러자 가이드가 오늘 메모리얼 근방에 눈이 많아서 올라가기 어렵다면서 로프를 한 동 가져왔다.

우리 부부의 11번째 베이스캠프인 K2에서 팀원들과 단체로 기념사진을 찍었다. 그토록 만나고 싶었던 산과 만났으니 무척 좋을 법도 한데 무덤덤했다. 브로드 피크도, K2도 산 아래에서는 아무것도 보이지 않고 검은 돌

브로드 피크 BC에서 팀원들과 기념사진

들만 가득했기 때문일까.

그러다 나는 갑자기 힘이 빠지면서 컨디션이 안 좋아졌다. 나는 아내와 함께 더 쉬었다가 먼저 내려가기로 했다. 일행들이 가이드와 함께 메모리얼로 향한 뒤, 나는 쉬면서 아내에게 말했다. 산에 올라오기 전에 몸을 혹사하긴 했지만 이만큼 산을 탔으면 풀릴 때가 됐는데 도대체 왜 이렇게 컨디션이 안 좋은지 모르겠다고 말이다. 그러다 처음 아내와 안나푸르나를 탈 때 이상하게 힘들었던 기억이 떠올랐다.

그때도 매일 비 오고 우박 맞으면서 산행을 했고, 당연히 목이 마르지 않아 물을 전혀 마시지 않았다. 그러다가 뱀부 지나 데우랄리 앞에서 컨디션이 급격히 저하되어 고생했는데 물을 한 병 마셨더니 그런 증상이 모두 사라졌었다. 혹시 이번에도 탈수가 아닐까, 라는 생각이 들었다.

K2에 들어와서도 매일 비 오고 눈 와서 목이 마르지 않아 물을 전혀 마시지 않았다. 가이드가 물을 너무 안 마신다면서 억지로라도 물을 많이 마시라고 조언했는데도 갈증이 나지 않아서 안 마셨었다. 아내도 같은 생각을 하고 있었는지 물을 많이 마셔보라고 권했다. 그래서 물을 한번 마셔보기로 했다.

K2 메모리얼 가는 길

보온병을 열어 물을 마시는데, 처음에는 물이 전혀 안 들어가더니 갑자기 몸속 깊은 곳에서 '꼴깍' 하는 소리가 들리더니 이후로 무슨 깔때기에 물을 붓는 것처럼 물이 계속 들어갔다. 1.5리터짜리 그 큰 병의 물을 다 마셨다. 그러고도 아내의 물통에 있는 물을 0.7리터 정도 마시고 나서야 몸에 힘이 붙고 힘이 솟구쳤다.

컨디션이 굉장히 좋아져서 K2 정상도 갈 수 있을 것 같았다. 하지만 이미 우리 일행들은 우측 언덕을 넘어간 뒤였다. 뒤늦게 따라가는 건 안 좋을 것 같아 브로드 피크 베이스캠프로 돌아가기로 했다.

몹시 아쉬워서 2020년 시즌에 곤도고로 라를 넘으면서 메모리얼을 꼭 보러 가기로 했는데, 코로나로 이루지 못해 아쉽다.

우리 팀이 올라오면서 길을 확실히 다져놓아서 내려가는 길을 찾는 것은 어렵지 않았다. 그런데 브로드 피크 베이스캠프에 거의 다 온 것 같은데 텐트가 보이지 않았다. 말을 몰고 가는 사람들이 더 아래 다른 길로 가길래 좀 이상해서 그들에게 길을 물었더니 자기들은 K2 베이스캠프에 보급품을 전달하고 콩코르디아로 가는 포터들이라고 했다. 말과 사람이 가는 길이 달라서 그런 것이고, 브로드 피크 베이스캠프로 사람들만 다니는

K2 메모리얼

더 빠른 길은 저 위에 있다고 하며 검은 돌이 쌓인 길로 가라고 했다. 눈에
잘 띄는 길을 우리 팀이 낸 길이라고 생각하고 따라가다 보니 브로드 피크
베이스캠프보다도 더 아래까지 내려갔던 것이다. 검은 돌들 사이로 희미하
게 나 있는 길을 따라가보니 밖에서는 보이지 않고 깊게 숨은 분지에 우리
텐트와 원정대 텐트가 보였다. 배낭을 벗어놓고 옷도 말리고 충전도 하면
서 간식을 먹으며 휴식했다.

오후 3시 30분. K2 메모리얼로 갔던 일행들이 한 명씩 돌아오기 시작했
다. 중간에 빙하에 빠진 분들이 있었다. 가는 길의 조망은 조금 좋았지만
물에 빠지는 걸 감수할 만큼은 아니어서 차라리 안 가는 게 나을 뻔했다
고 하셨다. 신발이 빙하의 찬물에 젖어 고생을 많이 하신 모양이었다. 아직
해가 있지만 응달이 져서 신발이 잘 안 말랐다. 주방 팀에서 석유 불을 피
우고 신발을 하나씩 말려주니 몹시 고마웠다.

해가 아직 저물지 않았는데 앞에 있는 원정대는 이제 원정이 끝났는지
환자가 발생했는지 파키스탄 군용 헬기 2대가 와서 물건과 사람을 싣고 곧
날아올랐다. 그걸 물끄러미 구경하면서 저 헬기 한 대면 시간당 얼마인가
하고 계산해봤다.

　이 지역은 아스콜리 항공에서 독점으로 헬기 서비스를 하고 있다. 헬기를 부르면 민간 헬기가 아닌 군용 헬기가 날아오는데, 가격이 시간당 대략 7,000~10,000달러로 매우 비싸다. 유사시 헬기를 부르기 위한 과정과 절차와 보증금 등등이 에이전시와 헬기 회사와 보험 회사마다 모두 다 다르고, 아스콜리 항공사 자체도 대답하는 사람마다 조건과 가격이 다 달라서 판단을 내리기가 몹시 힘들었다. 결론은 꼭 필요해서 인공위성 전화로 카드 번호 불러주고 승인 떨어지면 헬기가 오는 건 틀림없었다.

　러시아제 대형 헬기 한 번이면 수없이 많은 장비를 싣고 30분이면 스카르두로 날아가니 그 복잡하고 힘든 계산을 하지 않아도 된다. 내가 원정대 행정 담당이라도 헬기를 운용할 것 같다.

　저녁이 되고 충분한 먹을거리와 넉넉한 시간을 즐기면서 우리 팀 모두의 꿈인 K2에 무사히 다녀온 각자의 이야기들을 들으면서 즐거운 시간을 보냈다.

　가이드에게 내일 콩코르디아로 일찍 떠나 좋은 캠프 자리를 선점하고, 가셔브룸 베이스캠프로 가는 길이 열렸는지 확인하도록 했다.

브로드 피크 BC에서 바라본 콩코르디아와 미터 피크

아내의 생각

아침에 눈을 뜨니 가이드의 호들갑이 장난이 아니다. 무슨 일인가 싶어 나가보니 K2가 구름 한 점 없이 깨끗하게 우리 앞에 서 있다. 가이드 말로는 자기도 이런 건 처음 본다고 했다. 아무리 날씨가 좋아도 항상 구름이 조금씩 걸쳐 있었는데 이렇게 구름 하나 걸치지 않은 모습은 처음이라고 했다. 우리보고 정말 운이 좋다고 했다.

사실 우리가 출발하기 며칠 전만 해도 날씨가 너무 안 좋아 콩코르디아까지도 못 왔다고 했다. 스카르두는 비가 너무 많이 와서 정전에 홍수에 난리도 아니라고 했는데, 우리는 운이 좋았다. 왠지 오늘부터 내 인생이 꽃길만 걷게 될 것 같은 기분이다.

그런 행복한 착각도 잠시, 오늘도 눈길에 빙하에 미끄러운 위험천만한 길이 내 앞에 펼쳐졌다. 그래도 오늘만큼은 구름 한 점 없는 맑은 날씨에 기분 좋게 아침을 먹고 출발했다. 마음의 상쾌함과는 다르게 나

의 컨디션은 좋지 않았고 남편도 시작부터 몹시 힘들어했다. 아무래도 뭔가 잘못된 것 같은데, 뭐가 문제인지 잘 모르겠다. 그렇게 힘들어하면서 정말 비틀비틀 가는데 속도도 안 나고 힘들기만 하다. 그러는 사이 모퉁이 돌아서니 어마어마한 빙하 지대가 떡하니 나타났다. 입이 "와!" 하며 벌어진다. 모두들 쉴 겸 사진을 찍느라고 바쁜데 우리 둘은 사진 몇 장을 찍고는 가쁜 숨만 몰아쉬고 있었다. 이제 거의 다 온 걸까? 너무나 힘들어하는 남편을 보니 안쓰럽기 그지없다.

눈밭을 헤치고 올라서니 작은 언덕에 눈이 녹아 쉴 만한 곳이 보였다. 그 언덕에 올라서니 거기서부터 K2 베이스캠프라고 했다. 저쪽에 원정대 텐트가 보이고 뒤쪽에는 메모리얼이 보인다.

마침내 도착했다는 말인가? 히말라야 14좌 베이스캠프 중 내게 가장 큰 두려움과 설레임을 동시에 안겨준 K2 베이스캠프에서 정녕 나의 호흡이 K2의 호흡과 만나는 것인가? 그러나 끝냈다는 후련함도 기쁨도 없었다. 그저 담담했다. 그동안의 여정이 머릿속에서 주마등처럼 지나갔다. 나의 한 걸음 한 걸음은 어떤 의미였을까? 아직 14좌가 다 끝난 것은 아닌데……. 내 마음속에서 14좌의 마침표를 찍으려 하는 걸까? 그만큼 K2는 내게 부담스러운 존재였다. 그런 K2가 끝내 우리에게 이곳에 올 수 있도록 허락해준 것이다.

이런저런 감상도 잠시, 옆에서 힘들어하는 남편을 보다가 문득 탈수 증상이 아닐까 생각했다. 전에도 한 번 똑같은 일이 있었던 기억이 났다. 남편에게 탈수일지 모른다고 이야기하고 물을 마시라고 권유했다. 남편도 나와 같은 생각이었을까? 일단 물을 마시기 시작하니 끊임없이 들어간다고 했다. 물 한 통을 다 비우고 내 물까지 반 이상을 마시고 나니 힘이 좀 생기는 것 같다고 했다.

잠시도 방심할 수 없는 곳이 고산이다. 물을 많이 마신 남편의 컨디션이 많이 돌아왔고, 여전히 느렸지만 힘들지는 않다고 했다. 평소보다 물을 많이 마셨어야 하는 건데 매일 비 오고 추우니 그다지 갈증이 나지 않아서 물을 마시지 않는 실수를 한 것이다.

일행분들은 K2 메모리얼에 들렀다 오기로 하시고 우리는 먼저 돌아가기로 했다.

저 멀리 우리 텐트가 보이고 우리는 천천히 식당 텐트로 들어갔다. 심심해진 우리는 스태프들이 있는 주방 텐트에 들어가 놀기 시작했다. 참으로 순하고 선한 사람들이다. 가족 이야기부터 그들이 살아가는 이야기까지 나누고 사진도 찍고 오랜만에 많이 웃고 즐거운 시간을 보냈다.

메모리얼에 다녀온 일행 중 두 분이 물에 빠져서 한 분은 신발이 모두 젖었다. 돌아올 때 젖은 신발 때문에 엄청 고생했다고 하셨다. 모두들 무사히 마쳤다는 안도감과 동시에 오랜 텐트 생활에 지쳐 보였다. 하지만 어느 누구 하나 짜증을 내거나 불만의 목소리를 내시는 분은 없었다.

　반면 옆 팀의 여자분이 우리 텐트로 놀러 와서 어려운 점을 하소연하다가 가셨다. 여자만 세 명인 팀인데 에이전시의 준비가 많이 부족한 듯 보였다. 이런 오지에서 아무리 잘 준비해도 부족하고 불편한 것 투성이일 텐데 힘들겠다 싶었다.

　그와 비교해 우리가 얼마나 감사한 하루를 보내고 있는 것인지 절실히 깨달을 수 있었다. 오늘 저녁 식사도 우리는 만족했고 주방 팀에 감사했으며 함께 한 일행들의 무한 배려와 인내심으로 우리 식당 텐트에는 작은 웃음소리들이 끊이지 않았다. 힘들었지만 소중한 하루가 그렇게 끝났다.

브로드 피크 BC에서 바라본 K2

🧭 카라코람 히말라야 5좌 12일 차

콩코르디아
(Concordia 4,691m)

9km

브로드 피크 BC
(Broad Peak BC 4,900m)

　　오늘 가는 길이 9km로 짧기는 하지만 아침 6시 반에 식사하기로 했다.
그러나 한참을 기다려도 식사가 준비되는 기색이 없었다. 주방 팀의 막내
가 지나가길래 다들 아침 식사를 기다리고 있으니 서두르라고 했다. 그제
서야 우당탕 소리가 요란하더니 뭔가 음식이 하나씩 나타나기 시작해서
아침 식사를 할 수 있었다.

　　아침부터 날씨가 매우 좋아서 산이 맑게 보인다. 앞산인 K2도 콩코르
디아 쪽도 맑다. 오늘은 콩코르디아까지 가서 반나절을 쉬게 된다. 콩코르
디아 가는 길은 눈이 좀 더 녹았을 것이다. 하지만 그 이후 가셔브룸 베이

브로드 피크 BC에서 바라본 정상의 일출

스캠프 쪽의 눈이 좀 녹았는지, 다른 팀들이 눈 속으로 길을 내고 지나갔는지 알 수 없었다.

앞에 있는 원정대는 어제 많은 짐을 헬리콥터로 내려보냈는데도 오늘도 바쁘게 움직이고 있었다.

팀 전체와 함께 K2를 배경으로 브로드 피크 베이스캠프 기념사진을 찍었다. 브로드 피크 뒤로 해가 떠올랐는데 응달이 져서 금방 추워지기 시작했다. 가이드와 포터들이 하는 양을 보니 내내 기다려주기만 하면 되는 일이 없을 것 같았다. 기다리느라 지친다고 빙하 밖 너덜 지대의 햇볕이 드는 곳까지만 가서 기다리겠다고 가이드에게 이야기했다. 조금 내려가는 시늉을 하고 양지 바른 곳에 앉아서 쉬고 있었더니 가이드와 포터들이 급하게 움직이기 시작했다.

곧 가이드가 왔고, 올라갈 때 눈썰매 탄다고 단체로 혼났으니 눈썰매 타는 건 안 된다고 일행들에게 미리 얘기해두고 산행을 시작했다. 가이드와 일행들이 대열을 맞춰서 다시 눈이 가득 쌓인 언덕들을 오르내리길 반

브로드 피크 BC에서 콩코르디아로 가는 길 - 선명한 K2

복했다.

아무래도 내려가는 길의 언덕은 높고 낮음의 압박이 덜하고 약간이라도 고도가 낮아지니 몸이 한결 가벼웠다. 그러나 올라갈 때보다는 눈이 많이 녹아서 종종 허리까지 푹푹 묻히는 곳도 있었고, 눈 녹은 파란 물이 여기저기에 웅덩이를 만들어 아무리 고어텍스 중등산화이지만 젖으면 발이 얼 수도 있으므로 주의해야 했다.

보통 내려갈 때는 올라갈 때보다 시간이 덜 걸린다. 그러나 일행들이 사진도 찍고 빙하를 유심히 구경하고 특이하게 생긴 돌도 골라보면서 여유 있게 가다 보니 올라갈 때와 시간이 비슷하게 4시간 정도 걸렸다.

점심시간에 딱 맞춰서 콩코르디아에 도착했다. 콩코르디아는 넓은 광장 같은 곳이지만 앞에는 빙하가 흐르고 뒤로는 미터 피크의 언덕이 막고 있어서 사용 가능한 공간이 그렇게 넓은 편은 아니었다. 쓰레기를 잘 처리하지 못해서 사방에 쓰레기가 넘쳐났다. 쓰레기를 태워버린 경우는 그나마 나은 경우이고 각국의 물건들이 여기저기 굴러다녔다.

거기에 간혹 편해보자고 화장실 텐트를 일반 텐트 근방에 세우는 몰지각한 사람들도 있었다. 화장실 텐트가 설치되었다가 철거된 곳에 남은 배설

물들은 잘 썩지도 않았다. 그래서 위치를 잘 골라서 텐트를 설치해야 했다.

주방 팀이 먼저 자리를 넓게 잡고 점심을 준비했다. 아직 개인 텐트와 카고 백이 오지 않아 각자 자리를 잡고 쉬기는 어려웠고, 그동안 하던 대로 식당 텐트에서 라면으로 간단하게 점심을 먹었다.

그동안 많은 팀들이 이곳에서 전진하지 못하다가 그냥 하산했고, 밑에서는 아직 올라오지 못해서 빈자리가 많았다. 포터들이 그들 나름대로 마른자리에 텐트를 친다고 쳤는데 하필이면 쓰레기 태우느라 석유를 잔뜩 뿌린 곳이었다. 산에 올라와서 처음 3일 동안 석유 냄새 나는 텐트 때문에 고생해서 석유 냄새라면 진저리가 나서 자리를 옮기기로 했다. 결국 텐트를 친 곳은 쓰레기도 적고 석유 냄새도 나지 않는 하얀 눈밭이었다. 텐트칠 자리에는 돌을 깔았지만 텐트로 들어가는 입구에서는 다시 지하 2층을 경험하게 되었다.

해가 져가는 데도 별달리 할 일이 없었다. 각자 텐트에 누워 있다가 식당 텐트에 모여 간식 시간을 자주 가졌다. 그동안 아껴서 잘 보관해둔 쥐포 뭉치를 주방 텐트에 가져가서 굽고 팝콘을 튀기고 감자도 튀겨서 식

간식 - 쥐포

당 텐트로 보냈다. 그리고 저녁으로 먹기 위해 된장국을 매우 진하게 끓였다. 그러다가 낯선 목소리가 들려서 식당 텐트로 가보았다.

한국 여성 3명 팀 중 한 분인 막내 고수님이 놀러 와 계셨다. 우리 가이드들은 다른 팀이 우리 팀에 오는 것을 별로 좋아하지 않았다. 그 팀 가이드의 입장이 곤란하다고 이야기하면서 분쟁에 말려들 수도 있으니 우리 팀에 오지 않게 하는 것이 좋다고 했다.

에이전시 간 분쟁을 방지하기 위해, 다른 에이전시와 고객 간에 불화가 생겼을 때 끼어들지 않거나 편의를 제공하지 않는 것이 K2 지역 에이전시들의 관례다. 하지만 가셔브룸에 가려면 여러 날 위험하고 힘든 길을 가야 하는데 더는 방관하기는 어려울 것 같았다. 일단 옆 팀 상황이 어떤지 알아보기 위해 얘기를 들어봤다.

원래 4명이었는데 에이전시와 계약을 하고 모든 준비를 한 팀 리더가 갑자기 빠진 상태였다. 계약서도 없고 계약 사항이나 준비 사항이 어떻게 되어 있는지 모르는 상황이었다. 일정 추가나 지연 및 변경 시 들어가는 추가 비용이나 기타 부분에 대해서 잘 모른다고 했다.

트레킹 비용은 충분히 낸 것 같은데 이상할 만큼 엉망이었지만 팀의 리더와 팀을 구성한 사람이 없는 상황에서 어디까지 설명을 해줘야 할지 감이 잘 오지 않았다. 현재 일정을 변경할 경우 추가 비용도 상당할 것이고, 트레킹 준비를 해준 에이전시의 성향은 상대방에게 약점이 있거나 조금만 모른다 싶으면 바로 밀고 들어와 비용을 호되게 청구하는 이 지역에서 가장 오래되고 노회한 에이전시였다. 그 에이전시의 사장은 이분들의 팀을 자신들이 맡게 되었다며 내게 끈질기게 연락을 해오기도 하고 이분들이 이슬라마드 공항에 도착해서 찍은 사진을 보내주기도 했는데, 노회함이 너무 강하게 느껴져 선택에서 배제했었다.

현재 에이전시의 성향과 예측되는 대략의 계약 내용과 그 팀이 처한 행정적인 부분을 일반적인 상황에 맞춰 설명했다. 곤도고로 라를 넘으면 더 복잡해지니 K2를 마치고 아스콜리로 하산하고, 에이전시와 계약 사항을 아스콜리에서 재협상하고 재보급을 받아서 코로퐁으로 해서 계획 중인 비아포-히스포의 트레킹을 연결해서 하는 것이 좋을 것 같다고만 얘기하고 끝을 맺었다.

그분은 폐 끼치지 않을 테니 내일 아침에 같이 가자고 했다. 이미 우리 팀은 박절하게 거절하지 않았으니 어떤 이상이 발생할 경우 그 팀을 도와야 하는 부담을 안게 되었다. 그러나 이런저런 상황에 대해 별말은 하지 않았다. 어려움에 처한 사람을 이해득실을 따지지 않고 돕는 것은, 중국인들의 역사서에 얼른 보기에 '바보'처럼 보인다고 기록되어 있는 수천 년 된 한국인의 전통이었다. 그분은 간단하게 부탁했고 우리 팀원들은 세부 내용을 잘 모르시니 가는 길에 같이 가면 된다고 흔쾌히 그러자고들 하셨으나 나는 아주 무거운 마음으로 가이드와 협의해보겠다고 대답했다.

저녁에 주방 텐트의 석유 불 앞에 앉아 쿡이 주는 커피를 한잔 마시면서 우리 가이드들과 일정을 상의했다. 옆 팀 가이드가 주방 텐트로 건너왔다. 옆 팀에는 팀 리더가 없는데, 세 명의 요구 조건이 각각 다 다르고 전부 영어가 안 되는 손님들이라 의견 전달에 애로가 많다고 하소연했다. 전권을 가진 팀 리더가 없는 경우 팀이 분열되어 일정을 소화하지 못하고 평생의 꿈을 이루지 못하는 것이 보통이다. 굉장히 부담스러운 가운데 우리 팀 가이드들과 옆 팀 가이드는 다음과 같이 합의했다. 샤킬링 캠프 가는 길은 크레바스가 심해서 위험하니 옆 팀을 가운데 끼워서 가는 걸로 한다. 각자 발생하는 사고의 책임은 각 팀이 직접 지고 유사시 우리 인공위성 전화로 구조 요청을 해주는 것까지는 해준다. 이후로는 각자도생하는 걸로 합의가 되었다. 이 정도가 내가 해줄 수 있는 최대치였다.

내일은 가셔브룸의 입구인 샤킬링으로 가야 한다. 이미 한국의 김홍빈 원정대와 보급 팀이 가셔브룸 베이스캠프까지 러셀을 하며 가서 길을 갈 수 있을 정도는 길이 열렸는데, 옹달진 부분들이 있어서 눈은 여전히 많다고 한다(인도와 스카르두에서 연이어 만난 네팔 원정 팀도 가셔브룸 베이스캠프에 있다고 하는데 이 팀은 소수의 알파인 스타일 등반이라서 길을 여는 데 큰 역할을 하지는 않았을 것 같다). 가이드들은 올해는 훨씬 춥고 더 힘들다고 했다.

주방 텐트에서 나오니 K2가 어둠 속에 하얗게 빛나고 있다. 그 모습을 가슴에 담아두고 싶어 내내 바라봤다. 오래 오래 봐도 지겹지 않다. 제발 아무 사고도 일어나지 않아서, 슬프도록 아름답지 않고, 그냥 모두에게 아름답기만을 바라는 마음이 간절했다.

아침 날씨가 매우 추웠다. 날씨는 구름 한 점이 없이 맑다. 그런 맑은 하늘 아래 K2는 너무나 멋지게 카리스마를 풍기며 우리 앞에 서 있다. 그 모습에 넋을 잃고 바라볼 만도 하건만 너무 추워서 어딘가 따뜻한 곳으로 이동해야겠다는 생각만 간절했다.

스태프들은 뒷정리를 하느라 분주한데 우리는 기다리는 것 외에는 할 일이 없었다. 가만히 기다리며 발만 동동 구르려니 몸은 점점 더 오그라들었다. 결국 남편과 나는 따뜻한 햇볕이 있는 곳까지만 먼저 이동하기로 했다.

우리는 재빠르게 하산 길로 접어들어 해볕이 드는 양지까지 금세 닿을 수 있었다. 햇살이 비치니 정말 거짓말처럼 언제 추웠냐는 듯이 몸에 온기가 돌았다. 그렇게 한참을 서서 기다리는데도 일행들이 오지 않아서 혹시 우리를 찾고 있는 건 아닐까 걱정이 되었다. 물론 말은 하고 왔지만 모두들 제정신이 아니기에 기억하지 못하는 것이 아닐까 조바심이 날 때쯤 우리 스태프들이 하나둘 보이기 시작했고 곧이어 일행분들도 내려왔다.

어제와 오늘의 햇살 때문인지 올라올 때보다 눈이 제법 녹아 있었고 녹은 눈 때문에 우리 발걸음은 더디어 느려졌다. 올라온 길로 하산할 때 진정 내가 이 길을 걸어왔을까 싶을 때가 많다. 이렇게 길고 긴

브로드 피크 BC에서 K2를 배경으로 찍은 단체 사진

길을 무슨 생각을 하면서 지나왔을까? 불과 며칠 전 일인데도 기억이
가물가물하다.

가이드는 나의 걸음걸이가 불안했는지 얼음 언덕을 내려갈 때의 요
령을 알려주었다. 잔소리한다고 짜증이 살짝 날 뻔했는데 그렇게 걸으
니 정말 미끄러지지 않는 것이 아닌가? 짜증 섞인 마음은 이내 고마움
과 미안함으로 변했다.

나는 또 한 번 내 삶을 돌아보지 않을 수 없었다. 하루하루 열심히
살아온 날들이지만 돌아보면 무엇을 위해 열심히 살았는지 정말 그것
이 최선이었는지 생각해보게 되는 시절들이 있다. 그 당시에는 그것이
최선이라고 생각했지만, 시간이 흐르고 나서 더 나은 선택이 있었다
는 걸 알게 되었다.

지금 가이드가 기초적인 스텝을 알려주는 것처럼, 인생의 고비마다
내게 충고해주는 사람들이 있었다. 짜증 내지 말고 무시하지 말고, 그

들을 먼저 인생을 살아본 삶의 선배로 인정하고 그들의 말에 귀 기울였다면 내 삶이 조금은 쉬웠을까? 그랬을지도 모르겠다. 내가 지금 이 얼음 언덕에서 위태롭지만 넘어지지 않고 버티는 것처럼 말이다.

이제 트레킹 중반을 넘으니 나의 밑바닥이 슬슬 보이기 시작한다. 고산에 오래 있다 보면 정말 자기의 밑바닥을 보게 된다. 몸이 힘들고 정신적으로도 여유가 없다 보니 평소와는 비교도 되지 않을 만큼 짜증도 많이 나고 인내심도 빨리 바닥을 드러낸다. 그런 나를 보면서 실망스럽기도 하고 참 한심하고 별것 아닌 존재로구나 새삼 깨닫게 된다.

분명 왔던 그 길일 텐데 얼마만큼 가야 하는지, 내가 지금 어디 서 있는 것인지 분간이 가질 않는다. 다만 이름이 이야기해주듯 저 멀리 평평한 곳이 콩코르디아일 거라 짐작하게 했다. 그렇게 눈 언덕을 넘고 넘는데 저 멀리 반기 온 텐드가 보인다. 우리 텐트인지 알 수는 없지만 그곳 어딘가에 우리 텐트도 있으리라.

"아직 멀었는데 어떻게 하냐."라며 가이드가 장난을 쳐온다. 내가 웃으면서 "나 텐트 봤는데?" 하니 눈이 동그래지며 "어디서?" 한다. 아까 저 언덕 굽이 돌아설 때 보았다고 하니 아쉬워하며 서프라이즈 하려고 했다고 한다.

그 말이 끝나기가 무섭게 텐트들이 여러 동 보인다. 그럼에도 불구하고 한숨이 나오는 것은 눈밭으로 한참을 올라가야 하기 때문이다. 정말 눈이라고 하면 징글징글하다. 눈앞에 뻔히 보이는 텐트를 보면서 정말 발걸음이 떨어지지 않는다.

이제까지 함께 오던 일행분들에게 먼저 가시라고 했다. 아무래도 난 가기 싫어하는 나 자신을 어르고 달래가며 한참을 씨름해야 할 듯했다.

깨끗한 줄만 알았던 눈밭은 텐트에 가까워질수록 오물로 가득했다. 시선을 어디다 두어야 할지 모르겠다. 눈이 너무 온 탓에 멀리 갈 수도 없고 생리 현상은 해결해야 하고……. 그러니 어쩔 수 없다고 이해가 되었지만 일단 시각적으로 참기가 힘들었다.

텐트를 눈밭에 치지 말라고 신신당부해서일까? 그들 나름대로 눈이 없는 곳에 치긴 했는데, 오물 위 쓰레기 더미 위에 쳤다. 그나마 멀쩡한 곳은 석유가 샜는지 석유 냄새가 진동을 해서 도저히 그 자리에 머물 수가 없었다.

다시 텐트들을 옮기기 시작했다. 우리 텐트 역시 결국 눈밭으로 향했다. 누군가가 '지하 2층'이라고 표현을 했다. 텐트에서 나와 발을 딛자마자 스르르 지하 2층까지 내려가더라고. 그 표현이 딱 맞았다. 텐트 밖으로 나오면 허리까지 푹 빠져버렸으니…….

한낮의 햇살은 눈을 녹여 텐트를 적시기에 충분했다. 그저 침낭이 젖지 않기를 바라면서 다른 짐이 젖는 것은 포기해야만 했다.

오전에는 맑았으나 오후가 되면 눈이 내리고 바람이 불면서 날씨가 심술을 부리곤 했다. 그래서 다음 날 일정이 걱정되곤 했다. 하지만 막상 다음 날 아침이 되면 언제 그랬냐는 듯이 청명함을 자랑했다. 역시 K2라는 생각이 들었다.

내일은 또다시 가셔브룸 베이스캠프를 향해 출발할 것이다. '다행히'라고 말하면 좀 이상하게 들릴지 모르겠지만 가셔브룸 1·2는 같은 베이스캠프를 쓰고 있는 착한 산이다. 적어도 나에게는!! 그곳에 도착하면 드디어 13좌가 끝이 난다.

무사히 그곳까지 갈 것이다.

샤킬링 가는 아침의 K2

🧭 카라코람 히말라야 5좌 13일 차

8km — 콩코르디아
(Concordia 4,691m)

샤킬링
(Shaquring 4,800m)

　오늘도 길의 상태를 예측할 수 없고 눈이 쌓여 길이 좋지 않으니 아침에 일찍 출발하는 게 조금 부담이 있었다. 7시에 식사를 마치고 8시에 출발했다. 오늘 산행 시간은 대략 4시간 정도로 짧다. 샤킬링 이후로 가셔브룸까지 적당한 캠프가 없어서 더는 움직이는 것도 좋지 않다.

　오늘의 여정은 다음과 같다. 일단, 콩코르디아에서 K2를 등지고 좌측으로 가셔브룸 빙하와 발토로 빙하 사이로 튀어 올라온 수많은 언덕과 협곡 사이를 오간다. 그런 다음, 우측 언덕으로 붙어 내내 진행하면 그곳에서 가장 넓은 너덜 지대의 분지에 도착한다. 거기가 샤킬링 캠프다. 그러나 여

기도 캠프의 범위가 대단히 넓은 편으로 딱 이곳이라고 정해진 곳은 없다.

콩코르디아에서 길을 떠나니, 뒤로 K2가 당당하게 자리를 잡고 있고, 미터 피크와 마블 피크와 브로드 피크가 우리를 배웅한다. 가셔브룸은 언제나처럼 4봉만 보이고, 2봉은 4봉 우측 뒤로 작은 혹처럼 살짝 나와 그야말로 손톱만 하게 보인다.

콩코르디아를 벗어나자마자 크고 작은 크레바스가 많았다. 우리 팀 가이드 2명을 맨 앞과 맨 뒤에 배치하고 옆 팀 가이드 1명을 가운데 배치했다. 맨 앞에 가는 가이드가 크레바스 3m 앞 지점과 바로 앞에 스틱으로 가로로 길게 금을 그어 표시를 하면서 걷기로 약속했다.

뒤따라가는 사람들도 스틱으로 가로로 금을 긋고 "크레바스"라고 소리를 쳐서 서로에게 경고하도록 했다. 그동안 보아왔던 크레바스처럼 차라리 크면 피하기도 쉬웠지만, 폭은 10~20cm 정도에 깊이는 통 알 수 없는 좁고 깊은 크레바스가 수십 개가 있어서 주의에 주의를 거듭해야 했다.

샤킬링 가는 길은 사람이 잘 다니지도 않으며 응달이 져서 눈이 여전히

빙하 사이를 건너는 일행들

많았다. 우측의 햇볕이 드는 곳은 눈이 녹아 흐르며 빙하호 밖으로 넘쳐흘렀다. 그 물이 응달로 와서 얼어붙어 늘 위험한 곳이 있었다.

아침에는 날씨가 좋았지만 뒤를 돌아보자 K2도 보이지 않고 아무것도 보이지 않은 흐린 날씨 속에서 수많은 크레바스와 역시 100여 개는 될 듯한 돌무더기 언덕과 눈 덮인 길을 넘었다. 계속되는 경사로의 연속에 허벅지가 뻐근함을 지나 새콤할 정도였다.

샤킬링 캠프(4,800m)

12시 샤킬링 캠프 도착. 오늘 주행하는 동안 대열 가운데에 위치한 옆 팀을 보니 가이드가 사진 찍을 때 빼고는 하는 일이 없는 것 같았다. 다만 어제 가이드들 간의 합의대로 우리 팀 선두와 후미 사이의 중간에 위치해서 옆 팀도 4시간 만에 무사히 샤킬링 캠프에 도착하게 되었다.

이유는 모르겠지만 옆 팀은 우리와 아주 먼 바람 부는 언덕 위에 다시 텐트를 쳤다. 텐트는 바람이 최대한 덜 부는 안온한 곳에 쳐야 하는데 우리 외에 다른 팀이 있는 것도 아니고 저 팀 가이드는 도저히 이해할 수가 없다.

빙하와 눈 언덕을 넘어 샤킬링 캠프로 향하는 일행들
마치 벌크선으로 싣고 와 항구에 야적해놓은 거대한 모래 더미처럼, 돌 더미가 수북한 작은 언덕들이
눈에 묻혀 있다. 그 언덕을 수없이 지나야 샤킬링 캠프에 도달하게 된다.

샤킬링 캠프는 아무것도 없는, 돌로 가득한 너덜 지대다. 눈이 많이 녹아 어제처럼 텐트에 들어가다가 지하 2층으로 내려가는 일은 없었다. 점심은 놀랍게도 신라면 블랙이 나왔다. 어디엔가 라면이 남아 있었다고 한다.

점심 식사를 마쳤는데 날이 매우 좋았다. 그동안 눈 속으로 다녀 축축한 옷과 침낭을 내놓고 햇볕에 말리면서 태양열로 파워뱅크도 충전했다. 그러나 30분 정도 지나자 갑자기 날이 흐리고 바람 불면서 우박이 떨어져서 황급히 거둬들였다.

저녁 식사를 마치고 가이드와 일정을 상의했다. 원래 계획은 다음 날 가셔브룸 베이스캠프에 가서 자고 그다음 날 샤킬링을 거쳐 콩코르디아로 내려가는 것이었다. 가이드는 거기서 자는 것은 고도 문제도 있고, 곤도고로라로 넘어가는 다음 일정을 생각해서 체력 소모를 줄이는 것이 좋겠다고 했다. 최대한 몸을 가볍게 해서 내일 가셔브룸 베이스캠프에 갔다가 다시 샤킬링으로 내려오는 것으로 일정을 조정했다.

내일 계획을 팀원들에게 알려드리는데, 옆 팀 막내 고수님도 마침 우리 식당 텐트에 와 있다가 이야기를 듣고는 우리와 같은 일정으로 바꾸겠다고 한다. 원래 팀 간 합의는 오늘만 동행하기로 했는데 내일도 길에서 보게 되었다.

막내 고수님이 자신의 캠프로 돌아간 뒤에 우리 일행들과 옆 팀 이야기가 나왔다. "그분들은 얼른 봐도 '고수의 아우라'가 보여서 눈이 부실 지경인데……."라고 하다가 이 선생님과 배 선생님이 나란히 아내의 얼굴을 바라봤다. 그러고는 "저분들과 비교하면 정말이지 우리 서 선생은 내공이 하나도 느껴지지 않는 '내공 0(제로)'로 보인다."라는 이야기를 했다. 다들 그렇게 생각한다고 말하고 크게 웃었다.

그러나 K2를 완주하는 것만으로도 히말라야 트레킹 전체를 통틀어 최상위의 내공을 증명하는 것이 된다. 아내는 남들은 들어보지도 못한 험난한 다울라기리 라운딩과 마칼루도 단번에 해치운 숨은 내공의 소유자라서 이제는 내공을 안으로 잘 갈무리하여 외부로는 '내공 0'로 보이는 초고수의 단계로 돌입한지도 모른다.

식사를 마치고 초사이언급 내공의 마눌님을 모시고 침낭을 잘 여미고 토닥토닥해주고 잘 주무시라 했다. 내일은 고도가 5,000m를 돌파하며 왕복 20km에 내내 눈과 언덕길이 이어진다. 각오를 단단히 해야 한다고 생각했다.

가셔브룸 베이스캠프 소식을 다시 들으니 김홍빈 대장의 원정대와 네팔 팀 외에 의외로 중국 원정 팀이 있다는데 다울라기리에서 본 일본 팀처럼 대형 성 같은 텐트와 작은 텐트들이 점점이 자리 잡은 모양일지 좀 다른 모습일지 궁금했다.

오늘은 길이 짧을 거라고 했다. 하지만 크레바스도 있고 위험할 수 있다고 했다. 그래서 절대 일행들에게서 떨어지지 않고 함께 가기로 했다. 정말이지 나에겐 너무 부담스러운 상황이 아닐 수 없다. 모두들 우리 때문에 답답하고 힘들지 않으실까 걱정이 된다.

팀원들 모두가 신경 쓰지 말고 내 속도에 맞춰 가라고 하시지만 그래도 마음이 편하지 않다. 가뜩이나 느린데 자꾸 발걸음이 멈추면 뒤에 따라오시는 분들이 얼마나 짜증 나고 힘들까 하는 생각에 쉬지 않고 걷다 보면 자꾸 오버페이스를 하게 된다.

게다가 지난밤에 들은 크레바스 이야기 때문에 더더욱 긴장이 되었다. 크레바스에 빠지면 시신을 찾을 수도 없다느니, 빙하를 따라 내려간다느니, 모두들 아무렇지 않게 이야기하셨는데 나만 바짝 얼어붙었다. 나중에는 나를 놀리시는 건가 하는 생각도 들었지만 그런 것 같지는 않았다.

출발하고 얼마 되지 않아서 크레바스들이 줄줄이 나왔다. 그냥 무시하고 갈 만한 것들이 대부분이었지만 긴장해야 되는 곳도 여러 곳 있었다. 키가 큰 사람들에게는 별 무리가 없는 크레바스에서도 다리가 짧은 나는 혹시 빠지면 어쩌나 가슴을 졸여야 했다.

얼음 위로 까만 돌들이 뒤덮여 있고 한 걸음 내딛을 때마다 쭉쭉 미끄러지는 내리막은 내게 너무나 어려운 길이었다. 하지만 다른 일행분들은 어찌들 그리 잘 내려가시는지, 젊은 시절 암벽 등반과 릿지 등반을 하신 분도 계시니 완전 베테랑들이시라 이런 정도는 아무것도 아닌 것 같았다.

그분들은 나와는 길을 보는 눈이 달랐다. 지형이나 길을 보면 어디를 어떻게 가야 할지 보인다고 하셨다. 그래서 제법 미끄러운 곳에서도 미끄럽지 않은 곳을 택해 빠르게 움직이셨다. 그분들 말씀에 따르면 나는 꼭 미끄러질 것 같은 데로만 발걸음을 옮긴다고 한다.

어찌 산에서만일까? 흔히 사람들은 등산과 삶은 참으로 닮았다고들 한다. 나는 살면서 항상 안전한 길보다는 불안정하고 위태로운 듯 보이는 길을 나의 길이라고 생각하며 그 길을 선택하기도 했고, 아닌 줄 알면서도 무지와 무모한 고집으로 밀고 나가기도 했다. 나이가 들어서는 안전한 길을 가고자 했지만 나의 의지와는 상관없이 벼랑 끝으로 몰리는 길에서 위태롭게 홀로 견디기도 했다.

히말라야에서 만난 길들은 그런 나의 삶을 돌아보게 했다. 네팔 다울라기리의 조난 사건 때도 생과 사의 시간에서 나의 선택이라고는 무조건 견디는 것뿐이었고, 몸도 마음도 지쳐 모든 걸 포기하고 싶었지만 죽지 않기 위해 어쩔 수 없이 길을 걸어야만 했던 시간이 그랬다.

지금 13좌를 앞두고 위험천만한 길 위에서도 무지해서 무식해서 잘못 선택한 길이 옳다고 우기고 있는 꼴이 나의 지나온 삶의 축소판이었다.

K2 베이스캠프로 갈 때와는 다르게 날씨는 잔뜩 흐렸고 주변에 보이는 것이라고는 별로 없다. 주변 여건은 별반 다를 게 없는데 가이드가 나에게 거미를 보았느냐고 묻는다. "무슨 거미?" 못 봤다고 하니까 몹시 아쉬워한다. 잠시 후에 까만 수개미 같은 것을 보여준다. 아무것도 살지 못할 것 같은 춥고 황량한 이곳에서 살아 있는 생명체를 보니 반가웠다.

나는 이런 곳에서 나비도 보았다는 말을 하고 싶었으나 입을 움직여 말하는 것이 너무 힘들어 그만두었다. 지금은 그저 무사히 빨리 도착해서 쉬고 싶은 마음뿐이다.

저 앞에 아주 큰 바위가 보이고 그 너머가 캠핑장이라고 했다. 하지만 난 섣불리 기뻐하지도 서두르지도 않았다. 일단 저 바위가 눈에 보이니 가까울 것 같지만 상당히 멀 것이라는 것, 그리고 저길 넘고 나서 얼마만큼 더 가야 하는지 알 수 없다는 것을 알기 때문이다. 곧 도착할 것이라는 희망에 열심히 서둘러서 갔다가 애먹은 일이 어디 한두 번이었던가! 그냥 언젠가는 도착하겠지 생각하며 걷는다.

역시 저 앞에 보이는 바위는 내가 걸어가는 만큼 뒤로 도망가는 것처럼 일정한 간격을 한없이 유지했고 그 바위를 지나서도 굽이굽이 한참을 돌아가야 했다.

언제나 볼 때마다 반가운 텐트는 눈 위가 아닌 젖지 않은 돌 위에 쳐져 있었고 주변 환경도 아주 깨끗하고 쾌적했다. 어제처럼 고생하지 않아도 될 것 같다. 일단 젖은 침낭과 옷가지들을 텐트 주변에 널어놓

샤킬링 캠프 - 젖은 물건 말리기

으니 시장 한복판에 나와 있는 것 같다. 우리 스태프들은 그걸 보더니 모두 웃는다. 그런 행복도 잠시, 또다시 눈이 내린다. 한 30분만 더 말린다면 완전 뽀송뽀송해졌을 텐네…… 산에서는 어느 것 하나 내 마음대로 되는 것이 없다. 그래서 물기가 어느 정도 빠진 것만으로 만족해야 했다.

눈이 내렸다 그치다를 반복하니 내일 가셔브룸 베이스캠프로 가는 길이 걱정된다. 내일 갈 길을 바라보니 작은 언덕들이 정말 몇십 개가 보였다. 눈에 보이는 것만 해도 이 정도이니 저 속으로 눈에 안 보이는 언덕은 얼마나 될까? 옆에 계신 이 선생님께서 저 조그만 언덕들을 부지런히 넘는다 해도 2시간은 족히 걸릴 거라고 하신다. 가이드 말로는 그 언덕들이 끝나는 곳부터가 시작이라고 했는데…….

일정을 변경해서 가셔브룸 베이스캠프로 갔다가 여기로 돌아오기로 했다. 원래는 그곳에서 머물기로 했는데, 그러면 그다음 날 콩코르디아까지 가는 것이 부담스러울 것 같다는 것이다. 왕복 예상 시간 12시간. 마음을 비우고 내일 안으로만 도착하면 된다고 생각하기로 했다.

샤킬링에서 하산하는 길

🧭 카라코람 히말라야 5좌 14일 차

20km

가셔브룸 1·2 BC
(Gasherbrum 1·2 BC 5,150m)

샤킬링
(Shaquring 4,800m)

샤킬링
(4,800m)

　오늘은 20km의 먼 길을 걸어야 한다. 5시 반에 식사를 마치고 간단한 배낭 정도만 챙기고 도시락을 준비해서 가셔브룸 옆으로 흐르는 아브루치(Abruzzi) 빙하를 따라 가셔브룸 1·2의 베이스캠프에 가게 된다. 간 김에 한국 원정대에 들러보려고 하는데 방문 선물로 드릴 만한 게 마땅치 않았다.

　스패츠를 차고 아이젠은 준비만 했다. 오늘도 여전히 눈 덮인 수많은 언덕길을 끝까지 직진한다. 앞이 산으로 막히면 거기서 좌회전하여 오르막을 오른 다음 양측의 빙하 사이에서 솟아오른 언덕들을 따라가는 'ㄱ' 자의 길을 간다. 그리고 '감춰진 봉우리(Hidden Peak)'로 불리는 가셔브룸 1봉

(8,080m)과 이웃한 가셔브룸 2봉(8,035m)을 같이 만나게 되는 경제적인 길이다.

길가에 죽어서 뼈만 앙상하게 남은 당나귀가 여러 곳에 있었다. 여기서 염소를 잡은 것 같은데 머리는 안 먹는지 염소 머리도 몇 개 버려져 있었다. 가셔브룸 베이스캠프에 중국 원정대가 한 팀 있다고 하는데, 그 팀은 염소 말고 소를 잡는다고 한다.

송아지를 겨우 면한 소 한 마리가 소몰이꾼과 부지런히 캠프를 향해 가고 있었다. 염소에게는 그런 느낌이 별로 없었는데 아직 어린 소가 힘들게 산까지 와서 너무 일찍 생을 마감하는 것에 좀 안쓰러운 마음이 들었다.

가셔브룸 BC로 가는 송아지

직진하는 동안 이정표가 되는 높은 산 아래까지 수없이 많은 언덕을 넘었다. 직진 구간을 끝내는 데만도 거의 4시간이 걸렸다. 처음에는 눈이 없었다. 우측으로 빙하호의 아름다움에 감탄하며 사진 촬영도 하면서 활기차고 여유 있게 길을 시작했지만 곧 길이 좌측으로 붙으면서 눈이 많아졌다. 해가 나오자 눈이 녹으면서 허벅지가 푹푹 빠졌다. 정말 진이 다 빠질 지경이었다.

원정대에 보급품을 나르는 포터 수십 명이 나는 듯이 오가고 있는데, 그 중에 우리 팀 포터들도 눈에 띄었다. 우리 팀 포터들이 알바를 뛰게 하기 위해 가이드가 오늘 일정을 바꾼 것이 아닌가 하는 합리적인 의심이 들었다.

길은 좌측 능선으로 좌회전하면서 심한 오르막이 시작됐다. 일행들이

가셔브룸 BC로 가는 직진 길

오르막 중턱에서 잠시 쉬면서 한탄하듯이 이제는 정말 오르막이 지겹다고 했다. 지금부터는 눈이 많지 않지만 언덕의 오르내림이 심하고, 양측 빙하 사이의 능선을 따라가는 안전하고 단조로운 길이다. 걸음이 빠른 분들은 속도 순서대로 먼저 가셔브룸 베이스캠프에 가서 쉬고 계시라고 했다.

일행들이 먼저 가고, 우리 부부와 세컨드 가이드가 맨 뒤에 가게 되었다. 세컨드 가이드에게 물으니 2시간 정도 더 가야 한다고 한다. 꽤 부지런히 언덕들을 열심히 올랐는데도 가셔브룸의 모습은 아직도 보이지 않았다.

2시간 반 정도 오르자 드디어 이 돌무더기 언덕 중 가장 높은 곳에 올랐다. 그곳에는 장대가 하나 서 있고 깃발이 날리고 있었다. 그제서야 조망이 열리면서 가셔브룸이 그 모습을 선명하게 드러냈다. 저 멀리 원정대 텐트들도 보인다. 아브루치 빙하와 가셔브룸 빙하가 지나가면서 가운데에 솟아오른 돌멩이들 사이에 베이스캠프가 있다. 정면에서 약간 좌측으로 가셔브룸이 있고 산들이 사방을 둘러싸고 있다. 우측으로 하얀 지붕을 얹은 군부대가 있다. 군부대는 사진 촬영 금지이고 특히 드론 같은 걸 띄우면 바로 압수당하게 된다.

언덕을 올라 가셔브룸 BC로 향하는 능선길

가셔브룸 BC (5,150m)

30분 정도 능선을 타고 주행해서 가셔브룸 베이스캠프에 도착했다. 그곳에는 50동 정도의 원정대 텐트들이 불규칙하게 자리 잡고 있었다. 여러 팀 중에 한국 김홍빈 대장의 콜핑 팀이 산과 가까운 끝부분에 있었다. 가셔브룸 베이스캠프에서도 좀 더 위로 올라가니 5,200m가 넘는 것 같았다. 여기서 좌측으로 내려서서 빙하를 건너면 가셔브룸 등반이 시작되는 것이다.

지금 가셔브룸 1을 등반 중인 김홍빈 대장은 양손의 손가락을 모두 잃었지만 장애인 세계 최초로 히말라야 14좌를 모두 오르려는 목표로 가셔브룸 1에 오르고 있었다. 그 강인한 의지에 저절로 고개가 숙여졌다. 우리 팀이 하산한 후에 결국 가셔브룸 1의 등정을 성공했다는 소식을 들었다.

등산 장비 회사인 콜핑의 지원을 받았으니 텐트 등이 모두 콜핑 제품인데, 히말라야 다니는 중에 콜핑을 원정대에서 처음 보게 되었다. 장비 회사들의 매출이 급감하면서 한국에서 철수하거나 국내 유명 브랜드들도 사업 규모가 축소되어 등반가들에 대한 지원이 중단되는 경우가 많았다. 그런 상황에서 콜핑이 등반 팀들을 잘 지원해주니 고마운 일이다. 가혹한 자연에서 성능을 테스트하고 더욱 유명해져서 고산에서 자주 볼 수 있는 브랜드가 되기를 바라는 마음이다.

우리 부부의 히말라야 트레킹은 처
음부터 장비 구입의 역사였다. 처음 히
말라야 트레킹을 준비할때 그나마 있는
동계 장비를 택시에 두고 내리는 바람
에 모두 잃어버리는 사고가 있었다. 결
국 동계 침낭부터 모든 것을 다시 다 장
만해야 했다.

미국에 세미나 간 길에 그곳의 아웃도어 아웃렛 매장에서 콜롬비아 제
품들을 매우 저렴한 가격으로 구매해서 동계 장비를 겨우 준비할 수 있
었다.

책 선인세 받은 돈으로 등산의 대가들에게 추천을 받아 등산화의 명품
중 명품인 한바그와 마인들의 중등산화를 종로 5가에서 구입했다. 정말
로 가지고 싶었지만 너무 고가라서 구입할 엄두를 내지 못하고 있었는데,
2017년 이 명품 등산화들의 가격이 국산 등산화의 가격과 별로 차이가 없
을 정도로 떨어져서, 가벼운 마음으로 구입할 수 있었다.

좋은 등산화는 신은 사람의 목숨을 지켜준다. 우리 부부는 다울라기리
의 눈 속에서 조난당해 5,000m가 넘는 절벽 옆에서 밤새 서 있었다. 다행
히도 발이 완전히 얼지 않아서 우리 두 발로 걸어 하산할 수 있었다. 그러
고도 그렇게 험한 길을 다녔지만 이 신발들 덕분에 그리 다치지도 않고 지
금까지 히말라야 11좌를 무사히 잘 마칠 수 있었다.

일행들이 원정 팀의 식당 텐트에 등산화를 벗고 다들 편히 앉아 있었다.
우리 부부도 식당 의자에 같이 앉아 조금 쉬면서 정신을 가다듬으며 일행
들과 이야기를 나눴다. 일행들은 우리 부부보다 30분 전인 12시 30분쯤에
콜핑 팀에 도착했다고 한다.

고도가 높아져서 그런지 처음에는 상황 파악이 잘 되지 않았다. 따뜻한 물을 얻어 마시고 이야기를 더 들으니 마침 김홍빈 대장과 원정 팀은 모두 등반 중이었고, 베이스캠프에는 KBS PD 1명과 기록 담당 스태프 등 한국인 2명이 있었는데 당일 식당 텐트를 막 설치해서 처음 이용을 시작했다고 한다. 그분들이 마침 식사를 하려는데 7명이나 갑자기 도착하니 식사를 하지 못했다고 한다.

이제 산을 내려가려면 점심을 먹어야 했는데, 원정대의 식당 텐트 밖은 땡볕이라 식사하기 좋지 않았다. 기왕에 불청객이 되었고, 당시 사정도 잘 모르는 중이라 뻔뻔하게도 여기서 점심을 좀 먹겠다고 하고는 가져간 차파티 등으로 원정대의 식당을 점령하고 단체로 식사를 했다. 식사를 마친 뒤에 일행들과 가셔브룸을 배경으로 기념 촬영을 했다.

나중에 샤킬링으로 하산한 뒤에 이야기를 들으니 눈이 많이 와서 보급이 힘들어 원정대 식량 사정이 어려웠다고 한다. 뭐라도 좀 보탬을 주었어야 했는데 주방 팀을 데려오지 못해 많이 미안했다.

다음번 K2 트레킹 때는 주방 팀과 같이 가셔브룸 베이스캠프에서 1박을 하고 콩코르디아로 바로 하산할 생각이다. 가이드 말대로 한 결과 일행들도 배고프고 힘든 데다가 다시 돌아가야 할 길도 머니 좋은 생각이 아니었다.

가셔브룸 베이스캠프를 뒤로하고 다시 샤킬링으로 향했다. 이상하게 나이 들면서 차파티나 빵 등 밀가루 음식으로 끼니를 때우면 먹어도 먹은 것 같지가 않고 더 배고파지니 반드시 밥을 먹어야 하는 촌사람이 되었다. 그걸 뻔히 알면서도 이번에 납작한 밀가루빵인 차파티로 점심을 때웠는데, 그런 걸로는 내게 필요한 에너지가 다 채워지지 않았다.

아까 깃발이 휘날리던 곳에서 좀 쉬면서 초코바 등 간식을 몇 가지 꺼내 먹고 육포도 하나 찢어 먹고 물도 많이 마시니 충분히 걸을 만했다. 오늘은 길이 멀어서 물을 많이 아껴 마셨는데, 아내의 물통에도 물이 아직 충

원정 팀 식당 텐트

분히 남아 있고 하산 길이니 많이 마셨다.

내려가는 길은 굉장히 가팔라 힘들었지만, 멀리 빙하와 산맥들이 광활하게 펼쳐진 풍경이 한눈에 들어와 장관이었다. 그곳에 있는 커다란 바위 위에서 옆 팀 두 분이 음악을 켜놓고 명상 중이었다. 우리는 언덕에서 잠시 쉬면서 그걸 바라봤다. 우리 같은 평범한 사람들은 평생에 저런 내공이 생기지는 않을 거라는 생각을 했다. 옆 팀이 명상을 마치고 길을 떠났고 우리도 바로 길을 떠났다.

'ㄱ'자 구간에서 하행이니 우측으로 길을 꺾어 직진 구간으로 진입했는데 역시 이 길은 녹은 눈과의 싸움이었다. 오후의 가장 강한 햇볕에 눈이 녹아 올라갈 때보다 더 깊이 빠졌다. 어떤 곳은 허리까지 빠지기도 했다.

눈이 쌓인 구간을 지나니 이제는 시꺼멓게 그리고 푸짐하게 쌓인 검은 돌 언덕의 연속이었다. 올라올 적에 이 구간에서 거의 4시간이 걸렸는데 내려가는 길이긴 하지만 오르락내리락하는 구간이니 최소한 3시간은 잡아야 했다.

한참 길을 가다가 좌측으로 빙하호가 나타나면서부터 샤킬링 근처 같았다. 저기를 돌면 샤킬링인가? 하면서 가보면 아니고, 또 아니었다.

가셔브롬 1, 2 BC

　맞은편 언덕에 조 선생이 안 가고 앉아 있었다. 그 뒤로 조 선생은 한동 안 우리가 보이면 길을 가고, 안 보이면 기다리면서 보조를 맞춰줬다. 10개 정도의 언덕을 그렇게 갔다. 평평한 언덕에서 기다리는 조 선생을 만나 서 로의 마음을 뻔히 알면서도 웃었다. "왜 앞에서 안 가고 그러고 있나?"라 고 말했더니 "좀 더 빨리 오세요!"라고 대답을 하길래 "앞에서 안 가니 우 리도 천천히 간다."라는 둥 농담을 하다가 언덕을 다시 넘으면서 "지금쯤 누가 차라도 한잔 가지고 마중을 나올 만도 한데⋯⋯."라고 말했더니 바 로 앞에 키 크고 말이 없는 쿡 보조가 보온병을 들고 마중을 나와 있었다.

　밀크티를 마시고, 보온병 들고 먼저 가라고 하니 그는 금방 사라졌다. 그 가 마중을 나온 걸 보니 당연히 다음 언덕을 넘으면 텐트일 거라고 생각했 는데 그게 아니었다. 정말로 언덕 7개를 넘었더니 그제야 우리 텐트가 나 왔다. 그는 너무 멀리 마중을 나와 있었던 것이다! 해는 아직 있었지만 시 간은 밤 7시였다.

　눈이 안 왔으면 그렇게까지 힘든 코스는 아닌데 눈이 와서 힘들었다. 그리고 하산 길이 좀 지겨웠다. 계속 오르막과 내리막을 반복하는 언덕들의 연속은 사람을 지치게 한다. 하루의 부실한 식사를 보상하듯이 주방 팀에서 저녁 식사로 닭고기를 튀기고 지지고 다양하게 요리했다. 어디에 보관했는지 야채도 다양하고 샐러드도 좋았다.

오늘 우리 부부는 12·13번째 히말라야 베이스캠프에 다녀왔다. 이제 13좌를 달성했는데, 정말 힘든 고비는 다 넘긴 셈이다. 하지만 아직 기뻐하기에는 일렀다. 우리에게는 산을 오르는 것보다 더 주의해야 하는 하산 길이 기다리고 있었다. 계획대로라면 곤도고로 라로 가는 것이고 그것이 아니라면 올라온 길을 그대로 하산하는 원점 회귀가 된다. 일행들 모두 원점으로 돌아가는 걸 좋아하지 않았지만 세상에 맘대로 되는 일은 그리 많지 않았다.

우리 부부의 히말라야 12·13번째 베이스캠프에 가는 날이다. 날씨는 걱정했던 것이 무색할 만큼 화창했다. 워낙 변화무쌍한 이곳 날씨이니 언제 함박눈이 쏟아질지 방심하면 안 되지만, 어쨌든 지금은 날씨가 정말 좋다.

아침 일찍 서둘러 길을 나섰다. 어제 본 것처럼 작은 언덕들은 끝이 없었다. 모두가 쌍둥이인 양 똑같이 생긴 언덕들이 수십 개가 있었고 그렇게 시간이 멈춘 것만 같았다. 가도 가도 제자리인 여우고개에 들어선 것 같았다. 이 언덕들이 끝이 나야 본격적인 길이 나올 텐데 정말 자신과의 싸움이 시작되었다.

2시간이 훌쩍 지나서야 고갯길을 빠져나와 본격적인 눈밭 길이 겨우 보이기 시작했다. 드넓은 눈밭에 아주 좁은 길이 한 줄 나 있었다. 그 길로 소와 염소와 사람들이 지나갔다. 원정대가 염소를 많이 잡기는 하지만 소를 데리고 가는 것은 신기하기만 했다. 가이드 설명이 중국 원정대는 소를 좋아한다고 했다. 소는 죽으러 가는 길을 안다는데 알면서 가고 있을까? 선입견일까? 염소는 철모르고 따라가는 것 같고 소는 왠지 슬픈 듯 보였다. 그저 나의 착각이겠지.

어찌 되었든 우리는 느렸고 현지 스태프들은 빨랐다. 우리는 길을 비켜줘야 하는데 길이 워낙 좁아서 길을 비켜주는 것이 쉽지 않았다. 길을 비켜주려면 내가 눈밭에 빠져야 했다. 그렇다고 짐을 진 사람을 눈밭으로 내몰 수도 없는 일이었다. 그럼에도 서로서로 배려해가며 그 좁은 길을 함께 걸어갔다.

눈밭 사이로 길이 은근히게 오르막으로 이어섰고 상쾌한 풍경이 펼쳐졌다. 아침 햇살을 받은 눈밭이 반짝거려 선글라스 없이 바라볼 수 없었다. 너무 열심히 걸어온 것일까? 잠시 쉬는 동안 가이드에게 물어보니 목적지가 그다지 멀지 않다고 했다.

그게 잘못이었다. 물어보지 말았어야 했다. 멀지 않다는 말에 긴장이 풀어져버렸다. 정신이 해이해졌고 갑자기 피로가 몰려왔다. 걸음이 풀렸고 느려졌다. 저 너머라고 했는데 넘고 넘고 넘어도 또 넘어야 하는 언덕이 나왔다.

다른 분들은 길이 뻗해서 먼저 가시고 우리 부부와 세컨드 가이드만 남았다. 세컨드 가이드 바실은 우리를 따라다니느라 고생이 많다. 드디어 저 멀리 베이스캠프가 보이고 여러 텐트들이 보였다. 그 또한 보일 뿐 도착하기까지는 얼마나 더 걸릴지 모를 일이다.

눈앞에 보이는 가셔브룸은 K2와 같이 위엄이 느껴졌지만 또 다르게 아름다웠다. 고맙게도 아름다운 가셔브룸은 우리를 반갑게 맞아주었다. K2와는 다르게 포근함이 느껴졌다. 날씨 때문일까? 아니면 수많은 원정대 때문에 사람의 온기가 느껴져서일까? K2는 엄하고 무서운 아버지 같았다면 가셔브룸은 따뜻한 어머니 품 같았다.

우리는 한국 원정대 김홍빈 콜핑 팀 텐트를 찾았다. 우리 일행분들은 이미 들어가서 커피를 대접받아 마시고 계셨다. 우리는 신발을 벗고 카펫이 깔려 있는 식당 텐트에서 쉬는 호사를 누렸다. 김홍빈 대장님을 비롯해서 팀원들은 산으로 올라갔고 KBS PD님과 또 다른 한 분만이 베이스캠프를 지키고 계셨다.

일찍이 왔는데 날씨가 계속 안 좋았다고, 오늘 처음으로 날씨가 좋다고 말씀하셨다. 우리는 넉살 좋게 식당 텐트를 빌려서 가져간 점심을 먹었다. 돌아가야 할 길이 멀어서 서둘러 일어나야 했다.

남편은 좀 더 쉬고 싶어 했지만 시간이 충분치가 않았다. 기념사진을 찍고 감사한 마음에 가져간 목캔디 한 통을 손에 쥐어드렸다. 김홍빈 대장님께 전해드린다고 하셨다. 나중에 들은 이야기로는 김홍빈 대장님 팀은 정상 등반에 성공하셨다고 한다. 성공하고 내려와서 목캔디를 드셨을까?

우리는 인사를 하고 서둘러 내려가기 시작했다. 하지만 문제가 생겼다. 남편이 너무 졸려 했다. 피곤한 정도가 아니라 걷다가 졸 것 같았다. 아무래도 쉬었다 가야 할 것 같았다. 일행분들을 먼저 가시라고 하고 잠시 쉬기로 했다. 세컨드 가이드 바실만 남고 모두들 먼저 하산하기 시작했다. 워낙 빠른 분들이니 우리랑은 텐트에서 한참 뒤에 만나게 될 것 같다는 확신이 들었다. 한 30분 눈을 감고 졸았던 것 같다.

아직까지 남편이 정상 컨디션은 아니었지만 더는 지체할 수 없어서 걷기 시작했다. 내려오다 보니 옆 텐트 여자분들이 드넓은 눈밭을 바라보며 바위에 앉아 명상을 하고 계셨다. 진짜 내공이 장난이 아닌가 보다. 이 상황에서 저런 행동을 할 수 있는 여유라니!!

눈밭이 끝이 나고 다시 한 번 자신과의 싸움에 돌입해야 했다. 아까도 빠져나왔으니 지금도 빠져나갈 수 있을 거다. 수많은 언덕들을 바라보고 어금니를 꽉 깨물었다. 이미 수십 개의 언덕을 넘은 것 같은데 넘고 나면 방금 넘은 언덕과 똑같은 언덕이 나왔다. 이번엔 정말 마지막 언덕일 거라 생각하기를 수십 번……. 하지만 우리 텐트는 보이지 않았다. 지구상에서 사라져버린 것이 아닐까 하는 생각이 들었다.

감사하게도 우리 일행 조 선생님이 가지 않고 멀찍이서 우리를 기다려주었고 우리가 보이면 발걸음을 옮기는 배려를 해주었다. 설상가상 지는 해에 눈이 부셔서 길을 제대로 볼 수가 없었다. 어디가 길인지 분간도 잘되지 않는데 너무나 강렬한 석양 햇살에 제대로 눈을 뜰 수가 없으니 더더욱 느려질 뿐이다.

그나마 나는 남편 뒤에 바짝 붙어 남편의 그림자로 눈부심을 피할 수 있었다. 누군가 내게 그늘을 드리워주고 길잡이가 되어주니 고맙고 미안했다. 부부가 살면서 이렇게 의지하고 함께할 수 있다는 것이 감사하고 이런 경험이 관계를 특별하게 만들어주는 것 같다.

우리가 너무 늦어서였을까? 우리 주방 팀에서 차와 간식을 들고 마중 나와 있었다. 조 선생님과 우리는 앉아서 차를 마시며 거의 다 왔는데 이럴 필요가 있었느냐며 그냥 빨리 가자고 길을 나섰다. 그런데 완전 착각이었다. 바로 너머에 텐트가 있을 줄 알았는데 그 뒤로도 한 시간 정도를 더 걸은 것 같다. 조금만 더 늦었다면 헤드랜턴을 사용할 뻔했다.

일행분들은 우리가 너무 늦어서 걱정들을 하고 있었다고 하셨다. 우리보다 한참 전에 도착하신 줄 알았는데 한 시간 전에 도착했다고 하셨다. 나는 워낙에 베테랑들이어서 쉽게 오셨을 거라 생각했는데 모두들 길이 너무 길어 고생했다고 하셨다. 그 말씀에 위로가 되었다.

드디어 12·13번째 베이스캠프가 끝났다고 생각하니 후련함과 동시에 뭔지 모를 뭉클함과 뿌듯함으로 기분이 묘해졌다. 하지만 그렇게 감상에 젖기에는 몸이 만신창이다.

저녁 한술 뜨고 그대로 텐트에 들어가서 죽은 듯이 잠이 들었다.

샤킬링 기념사진

 카라코람 히말라야 5좌 15일 차

오늘은 하산 길이라서 올라올 때와는 달리 속도가 더 빠르니 점심시간 전에 콩코르디아에 도착할 예정이다.

오전 8시. 아침 식사를 마치고 13좌를 마친 기념으로 우리 팀을 비롯하여 여기까지 같이 올라온 포터와 가이드 및 주방 팀들과 함께 현수막을 들고 기념 촬영을 했다. 모두가 시꺼멓게 탄 얼굴에 덥수룩한 수염, 체중이 많이 빠져서 야윈 듯한 몸매가 되었지만 눈빛만은 반짝거렸다.

가이드하고 잠시 이야기를 나눴다. 우리가 올라간 동안 눈이 많이 녹아 크레바스가 벌어졌을 것이니 올라올 때처럼 크레바스를 발견하면 크게 "크

레바스!"라고 소리치고, 스틱 등으로 가로로 금을 그어 표시해주기로 했다.

샤킬링의 굽은 언덕길을 빠져나오자 멀리 K2와 브로드 피크 등 낯익은 산들이 다시 장엄하게 버티고 서 있었다. 다시 언덕들을 오르락내리락하면서 산들의 얼굴을 만났다가 헤어지기를 반복했다.

언덕 사이의 협곡에 들어섰더니 맑고 푸른 눈 녹은 물이 흘렀다. 올라올 때는 졸졸졸 얕은 개울처럼 흐르더니 오늘은 제법 작은 폭포를 이뤄 위에서부터 쏟아져 내리거나 큰 개울이 됐다. 스틱을 단단하게 찍으며 물에 빠지지 않도록 조심해서 건넜다.

드디어 능선 위에서 크레바스를 만났는데, 올라올 때는 폭이 10cm 정도였던 것이 보통 30cm 정도로 벌어져 있었다. 역시 깊이는 알 수 없을 정도로 깊어서 그 속에서 뿜어져 나오는 찬 바람에 가슴이 서늘해졌다.

햇볕이 내내 들어 혹시나 곤도고로 라로 향하는 길이 쉽게 열리지 않을까 하는 생각이 들었는데 언덕 두 개를 더 넘자 선명하게 보이던 모든 산군이 뿌옇게 변하더니 진눈깨비가 조금씩 날렸다.

언덕이 많았지만 내려가는 하산 길의 언덕은 그래도 걸을 만했다. 게다가 날씨가 안 좋아지니 다들 빨리 내려가서 쉬고 싶었는지도 모른다. 그래서 오후 1시경에나 도착할 것으로 생각했는데 12시도 되기 전에 도착했다.

다행히도 주방 팀이 우리보다 먼저 도착해서, 늘 쓰레기를 태워 눈이 없는 자리를 하나 맡았다. 주방 텐트를 준비하고 식당 텐트도 준비해놨는데 포터들도 오늘은 날씨가 안 좋아서 그런지 보통 때보다 더 빨리 움직여서 도착했다.

쓰레기들을 한 옆으로 걷어내고 마른자리에 텐트를 쳐서 오늘은 눈 속에서 자거나 지하 2층으로 내려가는 곤욕은 치르지 않게 되었다.

맨 처음 콩코르디아를 보았을 때에는 콩코르디아와 K2의 장엄한 모습을 보고 사랑에 빠졌다. 그러나 이제는 눈과 쓰레기와 수많은 사람들 등 불편하고 아쉬운 부분이 발견되어 싫어하게 됐다. 좋았다 싫었다 하는 것은 사람의 본성이고, 보이지도 않는 마음의 움직임이다. 우리 마음이 변한 것이지 콩코르디아나 K2가 변한 것은 아무것도 없었다.

위에서는 진눈깨비가 내렸었는데 이제는 함박눈이 되어 펑펑 내리고 있었다. 아무것도 보이지 않는 은백색의 대설원이 펼쳐졌다. 눈이 많이 내려 더럽고 깨끗한 것이 모두 묻혀서 그냥 하얀 눈밭이었다.

드넓은 콩코르디아가 모두 우리 차지였다. 온 캠프가 눈 속에 파묻혀 고요하고 적막했다. 오늘 반나절 쉬고 나면 이제는 곧 알리 캠프에 진입해서 곤도고로 라를 넘어야 한다. 아직 길이 열리지 않았는데 눈이 더 오니 우리 계획대로 되려는지 감이 오지 않았다.

콩코르디아에서 곤도고로 라를 넘으려면 우선 눈이 녹아야 하고 곤도고로 라를 넘을 팀들이 모여 길을 열어야 한다. 그런데 현재 콩코르디아에 트레킹 팀이 전혀 없으니 최소 1주일 이상은 필요했다. 우리 팀만으로 눈 쌓인 길을 여는 것은 한계가 있었다. 아무도 말하지 못하고 있었지만 이제는 어려운 결정을 내려야 할 때가 온 것 같았다.

콩코르디아

　저녁 먹기 전에 주방 텐트에서 가이드 둘과 나란히 앉아 내일 알리 캠프에 갈 수 있을지에 대해 이야기를 나누었다. 가이드의 말로는 지금 폭설로 길이 전혀 없어 이번 시즌에 넘어간 사람이 아무도 없다고 한다. 아무리 애를 써도 지금 상태로는 콩코르디아에서 알리 캠프까지 12~13시간은 걸릴 것이고, 곤도고로 라 레스큐 팀이 협조해주지 않을 것 같다는 의견이었다. 곤도고로 라 레스큐 팀은 후셰 마을에서 곤도고로 라 넘어 알리 캠프로 오는 길에 로프를 가설하고 이 길을 넘는 트레커들을 도와주는 일을 업으로 삼는 사람들로, 위험한 일이 생기면 구조도 해준다.

　원래 곤도고로 라는 등반가들이 개발한 코스가 아니다. 스카르두에서 130km 떨어진, 카라코람 국립공원의 가운데 부분에 위치한 후셰(3,150m) 마을에 사는 양치기 아저씨가 여름에 양을 치면서 발견한 길이다. 이 아저씨가 사이초(3,500m)를 지나 후스팡(Khuispang 4,600m)까지 양을 데리고 오르내리다가 호기심이 발동해서, 동네 사람들이 흔히 무바락(Mubarak)이라고 부르는 곤도고로 라(Gondogoro La 5,355m)의 험한 언덕을 혼자 올랐다.

그 능선의 정상에서 멀리 K2, 브로드 피크, 가셔브룸 1·2가 멋지게 펼쳐지는 것을 발견했다. 아저씨는 내친김에 콩코르디아에 갔다가 다시 곤도고로 라를 넘고 후세 마을로 돌아가서 동네 사람들에게 이 절경에 대해 전했다. 동네 사람들은 이 사실을 등산 전문 에이전시들에 전달했고 서양 팀들이 한 팀, 두 팀 지나더니 카라코람 라운딩을 하는 코스로 자리 잡기 시작했다. 한국 팀들도 2008년경부터 한두 팀씩 이 지역에 나타나기 시작했다. 이제는 곤도고로 라를 넘고 비아포 – 히스포 라를 지나는 역방향의 긴 종주 코스도 열리게 되었다.

트레커들이 이렇게 순방향 혹은 역방향으로 곤도고로 라를 넘게 되면서 트레커들을 도와주고 받는 수고비가 1년 내내 양을 쳐서 버는 돈보다 더 많아졌다. 드디어 곤도고로 라 레스큐 팀과 고산 포터 모임이 만들어져 1년 중 여름 시즌에 후세 마을 용감한 남자들의 주 수입원이 되었고, 그들만의 철옹성 같은 수입원이 됐다.

보통 K2 베이스캠프를 간다고 하면 등반 에이전시들이 그렇게 크게 신경 쓰지 않다가 곤도고로 라를 포함한다고 하면 특별하게 신경을 쓴다. 계약상 항목과 비용이 더 늘어나며 복잡한 계약 조건과 특약이 늘어나게 된다.

곤도고로 라를 넘기로 하면 에이전시는 후세 마을의 레스큐 팀에게 많은 돈을 지불하게 된다. 레스큐 팀은 콩코르디아에서 떠나는 트레킹 팀을 알리 캠프에서 기다리고 있다가 약 5km의 이 험준한 언덕을 로프를 잡고 줄지어 넘도록 돕는다. 곤도로라 라의 정상에서 손님들은 레스큐 팀에게 많은 팁을 따로 주어야 한다. 그리고 하산 길에 짜릿하고 위험한 로프를 다시 타고 하강의 참맛을 보게 된다.

이미 시즌이 시작되었는데 곤도고로 라 레스큐 팀은 아직 오지 않았느냐고 물으니 한참 전에 후세 마을에서 넘어오면서 로프를 가설하기는 했다고 한다. 하지만 폭설로 길이 안 좋아져서 레스큐 팀 대원들은 후세 마을로 모두 돌아가고 레스큐 팀 대장만 콩코르디아에 텐트를 치고 매일 길이 열리기만을 기다리고 있다고 한다. 가이드에게 레스큐 팀 대장과 좀 만나보고 싶다고 했더니 만남을 주선해보겠다고 나갔다.

저녁 식사를 마쳤는데도 오지 않아 식당 텐트에 앉아 차를 여러 잔 마시며 기다렸다. 한참을 기다린 끝에 가이드가 레스큐 팀 대장과 함께 와서 주방 텐트에서 그를 만났다. 바다에서 만났으면 해적선 선장, 산에서 만났으니 산적 두목 같은 엄청나게 강인해 보이는 인상의 소유자였다.

오늘 눈이 와서 날씨가 안 좋으니 내일 당장 알리 캠프(Ali Camp 4,955m)로 가는 12km 길은 갈 수가 없다고 한다. 우선 콩코르디아 캠프 뒤편에 있는 크레바스를 피하기가 어렵고, 미터 피크(Mitre Peak 6,010m) 옆을 지나는 비뉴(Vigne) 빙하를 넘어야 알리 캠프로 가게 되는데 지금은 눈이 가슴까지 쌓여 걸을 수가 없다고 한다.

그럼 내일 하루를 기다려 알리 캠프에 일단 가보고, 거기서 넘을 수 있을지를 결정해보자고 했다. 레스큐 팀 대장은 그 산적 같은 얼굴을 찌푸리면서 현재 날씨로는 '목숨'을 걸어도 어렵다고 했다. 목숨을 걸어도 안 된다고 하니 답이 없었다.

가이드와 레스큐 팀 대장이 계속 대화를 나누고 있었고, 나는 일단 더 생각해본다고 하고 헤드랜턴을 켜고 콩코르디아에서 최고의 조망을 가진 미터 피크의 눈 덮인 작은 언덕에 올랐다. 아래로 텐트들의 불빛이 아름다웠다.

핸드폰을 열어 손가락에 김을 호호 불어가면서 우리의 트레킹 계획표와 지도를 다시 봤다. 이 미터 피크 뒤로 돌아서면 바로 알리 캠프가 나오고 거기에 서면 K2는 잘 안 보이게 되지만 그동안 정확하게 볼 수 없었던 초골리사(Chogolisa 7,665m) 산군과 타사 브라카(Tasa Brakka 6,700m) 등의 산군들을 만날 수 있다.

초골리사는 세계 36위의 산으로 가까이에서 보고 싶었다. 전설적인 등반가인 헤르만 불이 세계 최초로 8,000m 이상 봉우리인 낭가파르바트와 브로드 피크를 오른 뒤에 1957년 6월 초골리사에 올랐다가 다시는 세상으로 돌아오지 못한 곳으로도 유명하다.

일정상으로는 알리 캠프에서 곤도고로 라를 넘어 후스팡으로 간 다음, 다음 날 사이초로 가고 거기서 조금 더 걸어 후세 마을에 가서 국립공원 사무소에 들러 트레킹을 끝냈다는 사인을 하고 스카르두로 가면 되는 것인데 이 일정은 이제 어려워 보였다.

종종 힘 좋고 고산 등반 경험이 많은 팀들은 스카르두에서 후세로 들어가 곤도고로 라를 넘어 콩코르디아를 기점으로 해서 비아포 – 히스파 라를 넘어 훈자로 나가는 코스로 트레킹을 하기도 한다. 고산을 오를 힘도 없고 고산 등반 경험도 없지만 카라코람 산맥을 경험해보고 싶은 이들은 후세 마을로 들어가서 근처의 낭마 계곡이나 마셔브룸 베이스캠프로 가는 평탄한 트레킹을 하기도 한다. 그러나 이것도 또한 다음 이야기인 것이다.

곤도로라 라를 넘기 위해 종로의 등산 장비점에서 최고급 암벽 장갑과 헬멧을 사서 필리핀을 지나 말레이시아, 인도, 파키스탄까지 어렵게 들고 왔는데 사용해볼 기회조차 없게 된 것이다.

언덕에서 찬 바람을 맞으며 우리 식당 텐트와 주방 텐트의 불빛을 잠시 응시하다가 식당 텐트로 향했다. 일행들과 아내가 이야기꽃을 피우고 있었다. 잠시 일정에 대해 말씀드린다고 하고 현재 상황과 일정상 문제에 대해서 사실대로 이야기하고 의견을 구했다. 대화는 길게 가지 않았고 모두가 다 짐작하고 있었던 일인지 아주 간단하게 결론이 내려졌다. 원래 올라왔던 힘든 길을 다시 간다는 건 그다지 즐거운 일은 아니나 선택의 여지가 없었다. 내일 아침부터 하산하기로 했다.

가이드를 불러서 내일부터 아스콜리로 하산한다고 하고, 에이전시 사장

에게 인공위성 전화로 연락해서 코로퐁까지 하산에 대략 4일이 걸릴 것이
니 국립공원 관리사무소 근처에서 차량으로 우리 팀을 픽업하라고 했다.

인공위성 전화는 그야말로 수많은 메신저와 메일의 줄다리기 끝에 에이
전시 사무실에서 반강제로 빼앗듯이 가져온 것으로, 1분에 4달러짜리 귀
하신 몸이다. 헬기를 부르거나 의료진을 준비하는 등 사고에 대비하여 꼭
필요했다. 사고 때문에 쓰지 않은 건 다행이지만 하산 통보에 처음 쓰게 되
어 씁쓸하기 그지없었다.

밤에 잠이 오지 않았다. 식당 텐트에 가서 커피도 한 잔 타서 마시는 등
여러 번 들락날락했더니 아내가 조용히 그만 자라고 말했다. 그 말에 아무
말 없이 한숨을 쉬면서 침낭에 들어가 잠에 청했다.

어제 하도 고생을 해서 아침에 잘 일어날 수 있을까 걱정했는데 아
주 가뿐하게 일어났다. 아마 오늘 돌아갈 길이 그다지 멀지 않아서 심
리적으로 편안해서 그런 것 같다. 이제 베이스캠프 13개를 끝냈다는
생각에 발걸음이 가볍다. 하지만 날씨는 어제와는 너무 다르게 잔뜩
찌푸리고 곧 눈이라도 내릴 분위기다.

모두들 콩코르디아를 좋아하지 않아서 느긋하게 가기로 했다. 빨리
도착해도 고생만 할 것이 불 보듯 뻔하기 때문이다. 스태프들에게 눈이
없는 곳에 텐트를 잘 쳐달라고 신신당부를 했다.

우리는 천천히 출발했다. 그런데 이게 무슨 일일까? 겨우 이틀이 지
났을 뿐인데 길이 완전히 달라져 있었다. 올 때의 길로 갈 수가 없어 돌
아가거나 다른 길로 가야 했다. 크레바스가 많아졌고 커졌다. 분명히

올라올 때는 살짝 뛰어서 건널 수 있던 곳도 돌아가거나 누군가의 도움 없이 혼자 건너는 것이 위험한 곳으로 변해 있었다. 빙하 길이 항상 변하고 위험하다는 이야기를 들었었는데 직접 경험할 수 있었다. 가이드 말에 따르면 몇 주 후면 우리가 지나온 이 길을 완전히 사용하지 못하고 새로운 길이 생길 거라고 했다. 날씨는 정말 금방이라도 울음을 터뜨릴 것 같은 아이의 얼굴처럼 곧 눈을 뿌릴 듯싶다.

내일 알리 캠프를 갈 수 있을지 걱정이 되었다. 만약 알리 캠프를 갈 수 없다면 왔던 길로 내려가야 한다. 같은 길을 되짚어가는 것은 그다지 즐거운 일이 아니다. 게다가 이곳은 수많은 언덕이 끝도 없이 이어지는 지형이 아닌가! 생각만 해도 몸서리가 쳐진다.

크레바스들 때문에 긴장을 해서였을까? 돌아오는 길은 생각보다 힘들거나 지루하지 않았다. 점심 전에 콩고르디아에 도착했다. 삼시 후 함박눈이 펑펑 내리기 시작했다. 주변의 병풍 같은 설산에도 텐트에도 소복이 눈이 쌓이니 온 세상이 하얗게 변했다. 정말 그림 같은 광경이다. 너무 아름다워서 앞으로 갈 길에 대한 걱정도 잠시 잊었다.

베이스캠프 갈 때 눈이 이렇게 왔다면 성공하지 못했을 텐데 정말 다행이고 감사한 일이다. 이번 일정을 돌아보니 정말 기적 같은 일들의 연속이었다. 물론 파키스탄 영공이 폐쇄되어 항공편도 바뀌고 그 때문에 금전적인 손해와 정신적인 스트레스가 굉장했지만 무사히 떠날 수 있었고 정말 좋은 분들과 한 팀이 되어 지금 이 자리까지 올 수 있었다. 완벽한 스태프들 덕분에 궂은 날씨에도 이곳까지 무사히 도착했고 목표로 한 13좌가 끝이 났다.

다만 이제부터 일정이 아주 난감하게 되었다. 가이드는 곤도고로 라 레스큐 팀과 상의해보는 것이 좋겠다고 했다. 그 팀은 우리가 건너야만 돈을 받을 수 있다. 나는 그들이 무리하게 밀어붙이는 것이 아닐까 걱정했는데 그들은 지금처럼 눈이 온다면 어렵다고 했다. 날씨가 어제처럼 화창한 날이 최소 이틀은 이어져야 시도해볼 수 있다고도 했다. 결국 운에 맡기고 하늘만 쳐다보고 기다려야 한다는 것이다. 그리고 올해는 눈이 많이 와서 눈사태의 위험도 있다고 했다.

자기들의 수입을 포기하고 우리에게 진실을 말해주는 그들에게 신뢰와 고마움을 느꼈다. 만약 다시 이곳을 온다면 그들을 믿고 곤도고로 라를 넘어도 되겠다는 생각이 들었다. 만약 다시 온다면 말이다.

안전상의 이유로 곤도고로 라로 넘는 것은 포기하기로 하고 왔던 길을 되짚어 내려가기로 했다. 한편으로는 안심이 되기도 하고 다른 한편으로는 아쉽기도 했다. 아마 하산해서도 오랫동안 아쉬움이 남을 것 같다. 아니 이것을 핑계 삼아 다시 오게 될지도 모르겠다.

이제 하염없이 내리는 눈을 무심하게 바라보게 되었다. 잠시 그치는 것 같더니 우리의 하산을 정당화시키려는 듯 더욱더 세차게 내렸다. 더는 미련 갖지 말고 떠나라고 산이 베풀어주는 마지막 배려라는 생각이 들었다.

이제 내일부터는 하산이다. 올라올 때 날씨가 좋지 않아 보지 못한 풍경들을 볼 수 있었으면 좋겠다. 트랑고 타워도 못 보고 올라온 것이 아쉬웠다. 늘 그렇듯 힘들게 올라올 때는 왜 이 고생을 하는지 이번에 내려가면 산은 쳐다보지도 않을 것이라 다짐하건만 내려가야 한다는 생각만으로 벌써 그리워지는 것은 무슨 조화일까? 밤이 깊어갈수록 마음 한구석에 미련과 좀 더 잘할 수 있지 않았을까 하는 아쉬움만 커져간다.

고로 2의 눈덩이를 지나 고로 1으로 가는 길

🧭 카라코람 히말라야 5좌 16일 차

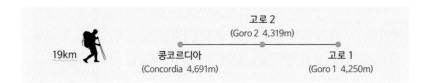

19km

콩코르디아
(Concordia 4,691m)

고로 2
(Goro 2 4,319m)

고로 1
(Goro 1 4,250m)

7월 1일이다. 어제 저녁과 오늘 새벽에 내린 눈으로 주변이 온통 은세
계다. 혹시나 싶어서 아침 날씨를 봤지만 좋아지지 않았다. 미련이 남았
던 것인데 정말 미련했다. 완전히 하산하기로 마음을 굳히고 팀 모두에게
알렸다.

우리 팀과 같이 트레킹하던 이웃 팀은 어떤가 해서 봤는데 텐트가 안 보
였다. 가이드가 그분들은 새벽 일찍 먼저 하산했다고 한다.

그냥 뿌옇기만 한 K2를 바라보면서 콩코르디아에서의 마지막 커피를 한
잔 마셨다. 가이드가 인공위성 전화를 가지고 왔다. 에이전시 사장이 통화

고로 2에서

를 하고 싶다고 한다는데 지금은 별로 하고 싶지 않았다. 전화기를 가이드
에게 돌려줬다.

40년 만의 폭설로 일정에 차질이 생기는 건 어쩔 수 없는 일이다. 하늘
이 허락하지 않으니 받아들일 수밖에 없다. 2020년 7월 말경에 폭설을 피
해 다시 방문해서 곤도고로 라를 넘고 여력이 되면 낭가파르바트를 완전
히 한 바퀴 도는 라운딩을 해보려고 했는데 코로나가 대유행해 모든 길이
다 막혔다. 코로나의 창궐로 모든 트레커들이 날아가는 비행기만 바라봐
도 가슴이 뛰고 우울한 증상에 시달리며 살아가게 될 줄은 이때는 아무
도 알지 못했다.

나중에 2019년 7월 말에 K2에 다녀오신 분들에게 들으니 더워서 고생
은 했지만 눈이 하나도 없어서 곤도고로 라를 쉽게 넘었다는 소식을 들었
다. 폭설과 폭염 그 둘은 쉽게 선택을 할 수 없는 미묘함이 있다.

아침 식사를 마치고 출발했다. 원래 곤도고로 라로 길을 떠났으면 우리
가 가진 대부분의 짐을 스카르두로 보내고 아주 가벼운 짐만 가지고 최정

예 포터로 산을 넘었어야 했는데, 다시 산을 내려가게 되니 우리 일행의 짐 무게도 제한이 풀렸고 포터도 더 고용해야 했다.

가이드와 스태프들은 팀을 짜고 다시 짐을 배분하느라 하산 준비하는 데 시간이 많이 걸렸다. 팀원들 먼저 하산을 시작하기로 하고 주방 팀에게는 고로 2에서 점심을 먹을 수 있게 미리 준비해달라고 했다.

하산하는 날인데 K2는 그 모습을 보여주지 않았다. 아쉽게 콩코르디아의 언덕 언저리에서 안개 속의 K2에게 마지막 작별 인사를 했다.

눈에 발이 깊이 빠지면서 고로 2를 향해 떠났는데 아내가 눈 속의 돌을 잘못 밟아 발을 삐었다. 우선 접골 테이프로 고정하고 조심스럽게 하산했다.

12시경 고로 2에서 점심을 먹고 오후 3시경 고로 1에 도착했다.

텐트를 치고 아내의 다친 발목에 침을 놓고 진통제를 발라 치료하고 일그러진 몸 전체를 접골해서 성널했나. 많이 다치지는 않았는지 많이 나아졌다고 한다. 내일부터는 발목에 테이핑을 하고 걷도록 해야겠다.

아침을 먹고 텐트를 정리하면서 쓰레기를 모았다. 제법 쓰레기가 많았다. 가이드는 이것을 모두 모아 석유를 조금 사용해서 태우기 시작했다. 가지고 돌아갈 수 없다면 이렇게 태우는 것도 그리 나쁜 선택은 아닌 것 같다. 그냥 버려두고 가는 것보다는 훨씬 나은 것 같다.

천천히 하산을 하면서 어떻게 올라왔는지 기억해내려고 애를 썼지만 도무지 기억이 나지 않았다. 분명 왔던 길인데 이런 길을 진짜 지나왔나 싶었다. 며칠 전의 기억이건만 마치 처음 온 것처럼 나의 기억은 아무것도 남아 있지 않았다.

고로 2까지는 눈이 여전히 많아서 고생이 이만저만이 아니었다. 그래도 하산은 맞는 듯 올라올 때보다 덜 힘들었다. 어쩌면 완전히 고산에 적응이 된 것일 수도 있다. 어찌 되었든 확실히 숨차는 것이 좀 덜해서 견딜 만했다. 다만 다리가 아프기 시작했다.

아무래도 어딘가에서 접질린 것 같았다. 하긴 처음부터 너덜 지대였고 발목과 무릎이 좋지 않은 나의 다리가 어쩌면 생각보다 더 잘 버텨준 것일지도 모르겠다. 이런 상태에서 앞장서서 걸으면 마음이 급해서 더 큰 사고를 낼지도 모른다는 생각이 들었다. 점심 후부터는 양해를 구하고 뒤로 빠지기로 마음먹었다.

고로 2에 도착하니 다른 팀들이 여럿 보였다. 콩코르디아부터 내내 같이 다닌 한국 여성 팀도 먼저 도착해서 계셨다. 아스콜리에 가서 재협상하고 재보급을 받아서 코로퐁에서 비아포 – 히스포 라로 다시 올라야 하니 할 일도 많고 갈 길도 바쁠 것이다. 우리보다 하산 일정이 짧아서 오늘 보는 것이 마지막이겠구나 생각했다.

우리가 이곳에 머물렀을 때는 눈에 덮여 있어서 고생을 했는데 지금은 이곳이 같은 곳일까 싶을 정도로 눈이 녹아 다른 모습으로 변해 있었다. 나만 그런 것이 아니라 우리 모두가 이곳이 정말 우리가 캠핑했던 곳이냐고 반문을 했다.

점심을 서둘러 먹고 하산을 시작하기로 했다. 다리가 너무 아파서 선두에 설 수 없다고 했다. 모두들 그냥 천천히 가면 된다고 하셨지만 마음이 불편하다는 나의 의견을 받아들여 먼저 가기로 하셨다.

뒤에서 천천히 따라가니 마음이 편하고 천천히 발걸음을 내딛을 수 있어 조심조심 걸을 수 있었다. 내려올수록 날씨가 좋아져서 혹시 기

다친 다리를 끌고 가고 있다.

다렸다면 곤도고로 라를 넘을 수 있을지 않았을까 하는 생각이 들어서 자꾸 뒤를 돌아보게 되었다. 다행이라고 생각해야 하는지도 모르겠지만 콩코르디아 쪽은 안개 속에 가려져 있었다.

올리 올 때는 아무것도 보이지 않는데 내려올 때는 날씨가 좋아서 보지 못한 풍경을 볼 수 있었다. 이름만 들었던 트랑고 타워도 그 모습을 드러냈다. 특이하게 혼자 우뚝 서 있는 트랑고 타워는 암벽 등반하는 사람들 사이에 유명하다고 한다. 저곳을 올라간다고 생각하니 고개가 절로 설레설레 흔들어졌다.

대부분의 사람들은 내가 히말라야 트레킹을 하는 것을 이해할 수 없다고 하는데 나 역시 암벽 등반을 하는 사람들을 이해할 수 없다고 하니 참 재미있는 일이다.

눈은 더는 없었고 텐트는 아주 쾌적한 곳에 예쁘게 쳐져 있었다. 남편에게 부탁해서 아픈 다리에 침을 맞고 오랜만에 텐트 안에서 편안하게 쉴 수 있었다. 텐트에서 쉬고 있는데 밖에서 사람들의 노랫소리가 들렸다. 침을 맞고 나서 다리도 한결 좋아졌고 호기심이 발동해서 나와보니 한 무리의 스태프들이 둘러앉아 노래를 부르며 춤을 추고 있었다. 타악기로 변신한 빈 석유통과 어딘가에서 들고 온 나뭇가지로 장단을 맞춰가며 노래를 부르고 있었다. 우리 팀 배 선생님께서 춤을 추면서 흥을 돋우셨다. 그들의 노래는 신나면서도 가슴이 찡하게 만드는 무언가가 있었다. 우리나라에서 농사지을 때 부르던 민요와 비슷한 것 같기도 하고 힘든 일상을 이겨내기 위한 지혜가 느껴지기도 했다.

파키스탄은 엄격한 이슬람 국가로 술을 금지하고 있다. 그건 산에서도 예외가 아니다. 네팔과는 다르게 포터들이 술을 마시지 않는다. 그래서 아침마다 자주 터지는 사고들은 없다. 다만 이 춥고 힘든 척박한 산에서 밤새 온전히 추위와 맞서 싸워야 하는 그들이 안쓰럽기만 했다.

아무리 사람 사는 모양이 이 모양 저 모양이라고 하지만 이 고산에서 낮에는 무거운 우리들의 짐과 그보다 더 무거운 텐트와 주방 기기와 필요한 음식 등을 운반하고 밤에 변변한 잠자리도 텐트도 없이 돌을 쌓고 그 위에 비닐을 덮어 눈과 비를 피할 임시 거처를 마련하고 하루를 마감해야 하는 그들에게 이 노래들의 가사는 위로와 힘을 주는 가사가 아닐까 상상해보았다.

그러나 하늘의 심술로 그들의 노래는 오래가지 못했다. 빗방울이 떨어졌기 때문이다. 그들은 서둘러 자리를 정리하고 비닐 밑 그들의 쉼터로 몸을 숨겼다. 비가 많이 오면 어쩌나 걱정했지만 다행히 조금 오다가 그쳤다.

하산 길을 걸을 때는 이제 그만 쉬고 싶다는 생각이 간절했는데 또 가만히 텐트에 있으려니 시간이 아쉽기만 했다. 아직 해가 저물지 않은 시각, 여기저기 쓸데없이 발걸음을 옮겨보았다. 텐트 옆 작은 언덕에 올라 지금 나를 사로잡고 있는 '하산'이란 단어를 내려놓아본다. 그러자 나의 폐부로 밀려들어오는 싸늘한 공기와 시간도 멈춘 듯한 적막함이 온몸으로 느껴졌다. 아마 곧 그리워지겠지……. 아무리 아픈 기억도 시간이 흐르면 추억이 된다고 했던가? 나에게 지금의 이 시간은 어떻게 기억이 될까? 다시 한 번 이 시간이 내 삶에 다시 없을 순간이라는 생각에 아쉽고 또 아쉽기만 하다.

어느새 주변은 어둑어둑해지고 여기저기 헤드랜턴의 불빛들이 보이기 시작한다. 멀리서 보이는 그 작은 불빛들이 한여름 밤의 반딧불처럼 보임은 무슨 조화일까? 작은 언덕을 내려오며, 다시 올 수 없는 이 시간이 너무 아쉬워 오늘 밤은 쉽사리 잠을 이루지 못할 거라는 생각이 들었다.

고로 1- 호불체로 떠나면서 가셔브룸 4와 작별

🧭 카라코람 히말라야 5좌 17~20일 차

17일 차 22km

우르두카스
(Urdukas 4,168m)

고로 1
(Goro1 4,250m)

호불체
(Khoburtse 3,816m)

18일 차 26km

릴리고 BC
(Liligo 3,698m)

바르두말
(Bardumal 3,295m)

호불체
(3,816m)

빠유
(Paju 3,418m)

19일 차 19km

줄라
(Jhula 3,218m)

바르두말
(3,295m)

코로퐁
(Korofong 3,104m)

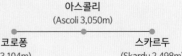

내려가는 하산 길은 올라온 그대로여서 특별한 것은 없었다. 내려가면서 만나는 오르막은 올라갈 때의 오르막과는 달라서 비교적 순탄하고 빠르게 전개됐다. 그러나 7월로 접어들면서 확실히 더위가 더욱 강렬해지고 빙하가 많이 녹기 시작해서 개울의 폭이 넓어지고 깊어졌다.

식수의 경우 물에 석회가 많이 섞여 정수를 하여 사용하는 데 문제가 있었고 마지막 날 결국 가져간 대형 정수기와 휴대형 정수기 4대가 모두 망가졌다.

내려가면서는 트랑고 타워를 볼 수 있었다. 코로퐁 캠프를 지나 국립공원 관리사무소 근처에 가자 지프가 거기까지 올라와 우리를 태우고 사무소로 갔다.

사무소에서 하산 신고를 하고 아스콜리 마을로 갔다. 마을 광장에서 잠시 쉬면서 고생한 포터들에게 팁을 충분히 주고 곧 스카르두로 갔다.

하행하는 것은 지프도 빨라서 아스콜리에서 6시간 만에 스카르두의 K2 호텔에 도착할 수 있었다. 에이전시 사장의 집에 초대되어 전통 식사로 그 가족들과 함께 저녁 식사를 했다. 하루 쉬면서 역사와 전통의 도시인 스카르두를 둘러볼 수 있었으면 좋았겠지만 눈 때문에 예비일과 휴식일을 모두 사용해서 그럴 수는 없었다. K2 호텔에서 자고 가족들과 인터넷으로 연락을 했다.

그리고 7월 6일 꽃들의 천국과 갈색 곰으로 유명한 데오사이 국립공원을 가로질러 낭가파르바트에 가게 되었다.

우르두카스

호불체

호불체

바르두말

바르두말

코로퐁

아스콜리

　K2의 하산 길은 지금까지의 다른 산들과는 완전히 달랐다. 정말 내려는 가고 있는 것인지 묻지 않을 수 없었다. 하산이라고는 하는데 나는 왜 자꾸 오르막만 나오는 것 같은 것인지······.

　분명 이 길을 올라오면서 수도 없이 스스로에게 물었다. 며칠 후면 곧 내려올 이 길을 무엇 때문에 고생을 하며 오르고 있는 것이냐고······. 그 질문은 나에게는 삶의 의미를 묻는 것과 같았다. 어차피 때가 되면 한 줌의 흙으로 돌아갈 것인데 무엇 때문에 치열하게 살아가는 것이냐는 원론적인 질문······. 이 질문에 대한 답은 개개인마다 다르겠지만 히말라야 14좌 베이스캠프 트레킹을 하면서 나는 삶에 애착이 생기기 시작했다. 그동안의 나는 유한한 시간을 인식하지 못한 채 시간을 대수롭지 않게 흘려보내곤 했다. 하지만 다울라기리에서의 조난 사건은 내 모든 시간이 정지하는 순간이 내가 미처 예상하지 못한 시점일 수도 있겠다는 점을 강하게 인식하게 되는 계기가 되었다. 시작이 있다면 물론 끝도 있다. 언젠가 내 삶도 끝날 터였다. 언젠가는 모든 것이 끝이 나는 시간이 오겠지만 순간순간이 모여 하나의 긴 여정을 만들어간다는 것을 산을 통해 배웠다. 내가 지금 진정 하산하고 있는 것인지 의심하고 있는 이 시간도 여전히 나의 삶의 순간이 되겠지……. 그렇게 나는 올라왔던 길을 새로운 마음으로 내려갔다.

그리고 끝내 넘지 못한 곤도고로 라는 미처 다 쓰지 못한 미완성 작품처럼 나에게 아쉬움을 남겼다. 나는 언젠가 이 작품에 마침표를 찍기 위해 또 한 번 카라코람에 오게 될 거라고 생각했다.

그들의 말처럼 '인샬라……'.●

● 인샬라: '신의 뜻대로'라는 뜻. 이슬람교의 표현으로, 불확실한 미래의 일이 알라를 통해 성취되기를 바라는 소망과 의지가 나타난 표현이다.

데오사이 국립공원 - 브라운 베어 서식지

🧭 카라코람 히말라야 5좌 21일 차

지프
156km

데오사이 국립공원
(Deosai National Park 4,100m)

스카르두
(Skardu 2,498m)

낭가파르바트 타리싱 마을
(Nanga Parbat Tarishing 2,900m)

아침에 일어나 K2 호텔에서 보이는 강의 풍광을 바라보고, 이탈리아에서 만들어놓은 K2 박물관에 가보았다. K2 등반의 역사와 지역의 역사와 관련된 유물이 전시되어 있었다. 그러나 원초적인 흥미는 따로 있었다. 일행인 조 선생과 둘이 호텔 마당의 살구와 체리를 내내 따 먹었다. 많은 손님이 다녀간 탓인지 이제는 낮은 곳에 달린 살구와 체리가 별로 없었다.

오늘 스카르두에서 떠나는데, 동네 외곽에 있는 불교 유적지들을 가보지 못하고 떠나게 되어 못내 아쉬웠다. 입산할 때는 예정보다 하루 일찍 떠나게 되어서 보지 못했고, 하산해서는 바로 떠나게 되어 가볼 시간이 없었다.

스카르두 K2 호텔 - 일행들과 기념 촬영

아침 식사를 마치고 호텔 직원들의 환한 작별 인사를 받았다. 랜드크루 저를 타고 스카르두 시내를 지나 외곽으로 나갔다. 불교 유적지 표지판이 나오고 굽이굽이 언덕길을 올라 수력 발전소를 지나 아름다운 삿파라 호수(Satpara Lake)가 나왔다.

언덕길을 더 달려가자 길 한가운데 데오사이 국립공원 체크 포인트가 있었다. 여기에 등록을 하고 국립공원에 진입했다.

데오사이 국립공원은 세계에서 2번째로 높은 고원(4,114m)에 위치한 곳으로 아름다운 고산화들이 세계적으로 유명한 곳이다. 지역의 언어로는 '여름의 장소'라는 뜻으로 3,000km²의 엄청난 지역이 국립공원으로 지정되었다. 눈표범(snow leopard), 산양, 티베트 곰 등이 이 지역에 서식한다.

일본 사람들이 이 지역의 꽃들을 수십 년간 연구해서 야생화 도감을 내기도 했다. 한국어로도 번역되어 『히말라야 식물 대도감』이라는 제목으로 출판되었다. 너무 두꺼워 그 도감을 가져오지 못했으나 요새는 꽃이나 나무 사진을 찍어서 인터넷에 접속하면 이름을 바로 알려주는 앱이 많이 나

데오사이 국립공원 질주

와 있다. 사진을 찍어두고 나중을 기약했다.

　길을 가는 동안 길가에 계속해서 여러 가지 색깔의 꽃이 만발해 있었다. 특히 난초와 수선화 계통이 아름다웠다. 군락을 이뤄 피어 있어 거친 산길에 지친 우리를 위로하고 환영해주는 것 같았다.

　데오사이 국립공원은 4륜 구동 지프로 다니기에 비교적 평평한 대평원과 넓고 오르기 쉬운 높은 산들과 호수가 어우러진 아름다운 곳이다. 그러나 그 아름다움을 편하게 감상하기 위해 만든 여러 곳의 휴게소가 문을 닫아 쉴 만한 곳이 없었다.

　알리 말릭(Ali Malik 3,900m)이라는 표지판이 있는 곳에 잠시 차를 세웠다. 이곳 이후로 건물 자체가 하나도 없으니 점심 식사를 할 만한 곳이 없었다. 움막 같은 작은 가게가 식당이라고 해서 염소고기로 점심을 먹게 됐다. 가게 안은 평평한 바닥으로 되어 있고 식탁 같은 것은 없고 바닥에 비닐을 깔았다.

　새끼 염소가 자꾸 식당 안으로 들어와서 사람을 따르면서 재롱을 부렸

데오사이 국립공원 - 다리

다. 점심 메뉴가 염소라 좀 미안한 느낌이 들었다. 눈치 없는 그 녀석은 내
쫓아도 다시 돌아와 내내 재롱을 부렸다. 거의 1시간 정도를 기다려서 점
심 식사를 마쳤다. 다시 길을 나서는데 여전히 경탄스러운 풍경의 연속이
다.

맑은 강을 수십 번 건넜는데 곳곳에 물고기들이 많았다. 넓은 콘크리트
다리를 만들어놓아서 차가 지나갈 수 있었다. 새 다리 옆으로는 오래전에
쓰던, 강철 케이블에 나무판자만 연결한 아슬아슬한 다리가 부서진 채 남
아 있었다. 만약에 지금 이런 다리를 이용하는 것 외에 다른 방법이 없다
면 우리는 아마도 눈을 부릅뜨고 이를 악물고 건너야 했을 것이다. 네팔에
서 긴 현수교를 상당히 많이 건넜지만 이런 다리는 없었다. 쿤자랍 패스 등
파미르 고원으로 가는 구간에 이런 다리가 관광용으로 조금 남아 있긴 하
지만 재미로는 조금도 건너볼 생각이 없다. 생각만 해도 가슴이 조여왔다.

강이 있는 곳 한 옆에는 '브라운 베어가 나오는 곳'이라는 관광 표지가 있
었다. 국립공원 관리 초소가 있길래 곰이 자주 나오냐고 물었더니 곰은 사
람과 마주치는 것을 싫어해서 쉽게 나오지 않는다고 한다. 그래도 혹시나
하고 넓은 초원을 둘러보았는데 강아지 한 마리도 보이지 않았다.

파키스탄도 SNS의 발달로 많은 국민들이 자기 나라의 수많은 아름다운 관광지를 잘 알게 됐다. 이슬라마바드 사람들이 국내 여행을 많이 다니게 되면서, 관광지가 집중된 이슬라마바드 북쪽으로 고속 도로가 계속 건설되면서 관광지로 가는 시간이 많이 단축되고 있다.

고장 난 차

하지만 데오사이 국립공원의 내부는 모두 비포장도로다. 그런 길을 바닥이 낮은 새 승용차에 대가족 여러 명이 가득 타고 달리는 경우가 많았다. 아마도 데오사이 국립공원을 지난 뒤 저 차를 폐차하지 않을까? 하는 생각을 했다. 고장 나서 연기가 모락모락 나는 승용차가 길가에 서 있는 것을 여러 번 보았다. 도움을 요청하는 그들을 돕고 싶었지만 손을 쓸 수 없는 경우가 여러 번 있었다.

달리는 길에서 만나는 풍경들이 너무나 아름다웠지만 차가 심하게 흔들려 사진을 찍기가 어려웠다. 아쉬운 마음에 데오사이 국립공원 화보집을 이슬라마바드에서 구입해야겠다는 생각을 했다.

데오사이 국립공원에는 유명한 호수가 여러 곳 있었다. 호수 근처에 있는 높은 산 중 지프가 산 정상까지 올라갈 수 있는 곳도 있었다. 이미 랜드크루저 지프 몇 대가 오프로드를 달려 산꼭대기에 있었는데 우리도 저기 한번 가보자는 말을 하고 싶었다. 그러나 내 차도 아니고 운전사가 내 기사가 아니며 갈 길이 먼데 그가 제정신인 이상 그런 말을 들어줄 리도 없었다.

고도가 높으니 제법 날씨가 추웠다. 여러 번 차를 세우고 사진도 찍고 호수도 구경했다. 하루 정도 캠핑을 해도 좋을 것 같은데, 일정상 오늘 반드시 낭가파르바트로 가야 한다. 국립공원을 나가면서 군부대에서 체크아웃

데오사이 국립공원 - 세오살 호수

을 하고 검문을 받고 기록을 했다.

그리고 얼음이 녹아 도로 위로 흐르는 험한 길을 달려 타리싱으로 향했다. 타리싱으로 가는 길은 더욱 험해졌는데, 스카르두에서 아스콜리로 가는 길과 별로 다를 것이 없었다. 날은 어두워지는데 절벽 같은 길로 계속 올라갔다. 어디까지 가는지 오늘 타리싱에 도착은 할 것인지 통 알 수가 없었다. 마을 어귀에서 도로포장을 하기 시작했는데 희한하게도 도로 포장을 2~3m 정도만 하고, 20m쯤 가서 다시 2~3m 정도만 하는 식으로 하고 있었다.

저녁 8시 20분. 낭가파르바트 타리싱 마을에 도착했다. 내가 탄 차가 다른 일행들이 탄 차보다 늦게 도착했는데, 가이드가 숙소 앞에 도착해서 오늘 방이 없다고 이 호텔 마당에서 캠핑을 하자고 했다. 트레킹을 하며 텐트에서 자는 것에 익숙해지기는 했지만, 아무리 텐트가 좋아도 방이 있다면 방에서 자는 것이 훨씬 좋은 선택이다. 멀리 시골 맥줏집 같은 분위기의 반짝이는 불빛이 보였다. 그 빛을 향해 조금 걸어 내려가보니 거기에 '호

타리싱 가는 길에서 바라본 낭가파르바트의 일몰

텔'이라고 쓰여 있었다. 도로 올라가, 차를 타고 그리로 가보자고 했다. 캠핑장 주인은 여기가 더 좋다면서 우리 일행을 황급히 잡았지만 그래도 방을 알아보기로 하고 가이드를 앞세워 팀원들과 그리로 갔다. 그곳이 타리싱 마을에서는 가장 상태가 좋은 숙소인 뉴 루팔(New Rupal) 호텔이었다.

모든 트레킹 팀들이 뉴 루팔에서 묵는 걸로 아는데, 왜 가이드가 처음 만난 호텔의 마당에서 캠핑을 하자고 했는지 잘 이해가 가지 않았다. 이 호

아침의 뉴 루팔 호텔

텔에는 여러 등반 팀들이 걸어놓은 현수막이 현란했다. 방에는 유럽 손님들이 몇 명 있었고, 파키스탄 등산인들도 몇 명 보였다. 별관에 새로 지은 방이 3개 있다고 해서 그 방들을 빌렸다.

늦은 저녁을 주문해놓고 식당에서 기다리며 주위를 둘러보았다. 이 호텔은 유명한 산악인들이 많이 머물다 가는

곳이어서 그런지 식당 한쪽에 영어나 중국어, 일본어 외에도 유럽 여러 나라 언어로 된 등산 관련 책들이 50권 정도 있었다.

마침 식당에 라인홀트 메스너와 헤를리코퍼 박사에 대한 책이 있길래 잠시 읽었다. 그리고 낭가파르바트를 초등한 헤르만 불의 자서전 『8,000미터 위와 아래』를 읽었다. 헤르만 불의 글을 낭가파르바트 근처에서 읽으니 그 맛이 남달랐다. 시간 가는 줄 모르고 책을 읽었는데, 저녁 식사도 아주 천천히 나와서 상당히 많은 양을 읽을 수 있었다.

오늘은 하루 종일 차를 타는 일정이다. 피곤해서 차를 타고 가면서 자면 될 거라고 생각했지만 길이 험해서 잠을 잘 수 없었다.

데오사이 국립공원을 지나가는데 펼쳐지는 풍경이 가히 장관이다. 드넓은 초원 지대에 솟아 있는 하얀 설산들을 보니 감탄사가 절로 나왔다. 세상에 힘 하나 들이지 않고 이런 곳을 보게 되다니 정말 행복한 사람이라 생각했다.

국립공원답게 강이나 개울은 너무 깨끗했고 오지인데 관광객이 제법 있었다. 우리는 정상에 있는 허름한 식당에 들어가 점심을 주문했다. 해발이 높아 아주 추웠다. 차를 타고 이동할 것이라고 생각해서 반팔 셔츠를 입고 왔는데 후회가 물밀듯이 밀려왔다.

이렇게 한 치 앞도 못 보는 내가 한심하기도 하고 안쓰럽기도 했다. 결국 짐에서 잠바를 꺼내 입었는데도 추워서 잔뜩 웅크린 채 고생했다. 추워서 빨리 먹고 떠나고 싶었지만 음식이 아주 천천히 나왔다. 하지만 염소튀김은 정말 훌륭했다. 아주 조금 나왔지만 정말 맛있어서 추위에 떨면서 기다린 보람이 있었다. 식사를 하느라 너무 오래 지체해서 서둘러 출발했다.

중간중간에 서서 사진 촬영하고 풍경을 감상했다. 정말 깨끗한 강도 만나고 호수도 만나고 그때마다 연신 감탄사를 연발했다. 해가 져 가는 모습에 왜 가슴 한구석이 저며오는 걸까? 마치 세상 끝에 서 있는 착각이 들었다. 나 스스로에게 연민인지 동정인지 모를 감정이 물밀듯이 밀려와 콧등이 찡해졌다. 그렇게 때로는 감상에 젖기도 하고 때로는 스태프들과 자연스럽게 어울려 사진을 찍기도 하며 시간을 보냈다.

너무 느긋하게 시간을 보내서인지 타리싱에 8시가 넘어서 도착했다. 너무 늦게 도착해서인지 우리보다 먼저 도착한 앞차가 숙소를 잡지 못하고 있었다. 가이드는 그냥 텐트를 치자고 했고 우리는 방을 원했다.

결국 조금 더 내려가서 새로 지은 숙소에 짐을 풀었다. 가이드가 돈을 아끼고 싶었던 것 같은데, 우리는 오랜 텐트 생활로 텐트가 힘들었다. 다행히 방에서 잠들 수 있는 날이었고, 텐트가 아니어서 좋은 밤이었다.

타리싱 마을에서 본, 아침의 낭가파르바트

🧭 카라코람 히말라야 5좌 22일 차

10km

루팔 마을
(Rupal 3,100m)

낭가파르바트 타리싱 마을
(Nanga parbat Tarishing 2,900m)

헤를리코퍼 BC
(Herrligkoffer BC 3,550m)

　　아침 6시 반. 식당에서 아침을 먹었다. 오늘 걸어야 할 길은 10km로 그리 먼 길이 아니고, 마을을 지나는 난이도도 낮은 길이다. 동네에서 아주 작은 당나귀들과 포터들을 골라 짐을 배분하는데 마을 사람인 포터들이 기가 세서 세컨드 가이드가 애먹는 것을 보니 시간이 많이 걸릴 것 같았다.

　　아침 8시가 되어 출발하게 됐다. 마을에서 경찰 1명이 중기관총인 칼라시니코프를 들고 찾아왔다. 그 총은 총을 사랑하는 사람들은 누구나 한번 만져보고 싶어하는 총이다. 흔히 만나기 어려운 총이기 때문이다. 특히 그런 팬들이 한국에 많은데 이번 파키스탄 여행에서 그 총을 자주 구경하

루팔 마을을 가며 언덕에서 바라본 타리싱 마을

게 됐다. 낭가파르바트에서는 경찰이 우리를 인솔해서 트레킹 길잡이 노
릇을 했다.

호텔 입구의 작은 가게에 살구와 체리가 있었다. 살까 하다가 가는 동안
상할 것 같기도 하고 들고 가기도 좀 애매해서 사지 않았는데 트레킹을 하
는 내내 그게 그렇게 눈에 아른거렸다.

마을 뒤편의 가파른 언덕을 올라 정상에서 쉬었다. 우리가 올라온 길을
뒤돌아보니 타리싱 마을은 푸른 녹지에 있는 아주 큰 마을이다.

언덕을 내려가 루팔 마을로 들어서자 밭에서 아이들과 얼굴을 가린 엄
마들이 일을 하고 있었다. 꼬마들이 손을 흔들자 우리 일행 중에 같이 손
을 흔들어주는 분들이 있었다. 가이드와 나는 깜짝 놀랐다. 무슬림인 마
을 사람들이, 우리 일행이 여자들에게 손을 흔든 걸로 오해할 경우 굉장
히 곤란한 일이 생길 수도 있기 때문이었다. 다행히 큰 문제없이 지나갔다.

마을 중간 길가에 학교를 짓고 있었다. 듣자 하니, 라인홀트 메스너의 기
부로 짓는 것이라고 한다. 라인홀트 메스너는 세계 최초로 히말라야 14좌
를 알파인 스타일로 완등한 등반가이며, 그의 동생 군터는 그와 함께 낭
가파르바트 루팔 벽 등정에 성공하고 하산하는 길에 조난당하여 사망했
다. 이런 인연으로 그가 이 지역에 학교를 지어 동생의 죽음을 기리는 것

메스너의 기증으로 짓고 있는 학교

으로 짐작했다.

마을에는 보리가 자라고 하얀색과 자주색 감자꽃이 예쁘게 피어 있었다. 송아지, 양, 염소가 많았다. 그러나 동네 사람들이 생 향나무를 마구 잘라서 노새에 한 짐씩 지고 마을로 내려오는 모습을 보니 마음이 좋지 않았다.

빠른 걸음이면 금방 갈 길이지만 길에서 내내 앉아 쉬고 어슬렁어슬렁 걸었다. 루팔 마을 마지막 지역은 마을 외곽으로 빙 둘러 가는 길이 있었는데도 경찰 아저씨는 마을 한가운데로 들어서더니 얕은 담을 계속 넘으며 토속적인 마을의 집들을 가로질러 갔다. 그 때문에 우리를 이상하게 바라보는 마을 사람들에게 어색한 미소를 지어 보이며 남의 집 담을 여러 번 넘어야 했다.

12시 반. 마을을 지나 언덕을 다시 오르니 길가에 연못이 있었다. 다시 언덕을 넘으니 낭가파르바트 헤를리코퍼 베이스캠프(3,550m)가 있었다. 비로소

루팔 외곽 마을

낭가파르바트 헬리코퍼 베이스캠프(3,550m)

오랫동안 꿈꿔오던 히말라야 14좌 베이스캠프 완등의 꿈을 이루게 된 것이다.

　하지만 이상하게도 담담했다. 내일과 모레의 일정(내일은 랏보 베이스캠프에 가야 하고, 모레는 훈자에 가야 한다) 때문에 머리가 복잡해서 그랬는지, 다른 곳에 비해 너무 쉽게 이곳에 도착해서 그랬는지 실감이 나지 않았다.

　낭가파르바트에서 발원한 맑고 시원한 물이 캠핑장 한가운데로 흐르고 푸른 잔디가 깔린 베이스캠프는 너무나 비현실적이었다. 눈과 우박과 빙하를 지나고 날카로운 산들 사이의 수많은 언덕을 지나며 긴장을 거듭했던 지친 몸을 쉬기에는 정말 최적의 곳이다.

루팔마을 보리밭

　식당 텐트와 우리 텐트가 아직 도착을 하지 않아 풀밭에 앉아 쉬면서 안개가 자욱한 산을 구경했다.

　헬리코퍼 베이스캠프에는 시즌 내내 텐트를 치고 물건을 파는 사람이 있었다. 개울에 담가둔 시원

향나무를 나르는 노새들　　　　낭가파르바트 헤를리코퍼 BC로 오는 양떼들

한 콜라를 사서 마셨다. 생우유도 병에 넣어 개울에 담가놓고 팔고 있었다. 그러나 현지인이 아닌 우리가 그 생우유를 마시면 배탈로 고생할 것이 뻔하니 그걸 사 먹을 수는 없었다.

　송아지보다 작은 이 지역의 당나귀와 노새들이 기다리던 텐트를 지고 도착했다. 곧 텐트가 설치되었고 동네의 당나귀 주인들과 포터들에게 팁을 쥐어주면서 떠나는 날 꼭 다시 오라며 보냈다.

　안개가 가시자 드디어 정상 부분을 뺀 낭가파르바트의 몸통 부분이 나왔다. 베이스캠프에서 정상까지의 고도차가 4,500m로 K2보다 더 크지만 바로 아래에서 산이 선명하게 보였다. 그 바로 밑에 있는 우리는 산 전체가 우리에게 몰리는 듯한 강렬한 압박감을 느꼈다. 카메라로 그 산을 다 담기가 힘들 정도여서 뒤로 한참 물러나거나 옆 능선을 조금 더 올라가 사진을 찍어야 했다.

　오후 4시. 낭가파르바트가 더 선명하게 강렬한 모습을 드러냈다. 풀밭에 누워 쉬기도 하고 개울에 발을 담그고 있기도 하다가 텐트에 들어갔다. 오후 5시쯤 되자 온갖 짐승들이 다 같이 울어서 사방이 시끄러웠다. 뻐꾸기도 울고, 마멋도 울고, 노새도 울었다. 우리 일행들도 크게 소리를 치며 시

루팔벽 일출

끄러워서 나와보니 장엄한 루팔 벽이 정상까지 그 모습을 온전히 드러냈다. 모두가 카메라를 들고 나와 사진을 찍었다.

　그 모습을 보던 매점 텐트 아저씨가 새벽에는 루팔 벽이 황금색으로 빛난다면서 그걸 한번 찍어보라고 해서 다들 소리 없이 새벽의 황금산에 대한 전의를 불태웠다.

　어제 너무 늦게 저녁을 먹은 탓인지 아침에 일어나니 속이 너무 안 좋았다. 아침을 거르고 그냥 누워 있었다. 정말이지 가고 싶지 않았다. 난 여기 남아 있고 다녀오라고 했다. 몸도 그렇고 기분도 그렇고 정말이지 집으로 돌아가고 싶었다. 하지만 우리 둘만 있는 것도 아니고 결국 길을 나서야 했다.

　일행분들이 살구를 사서 내밀었지만 아무래도 탈이 날 것 같아 먹지 않았다. 아무것도 먹지 못한 채 출발하니 금세 체력은 바닥이 났다.

이미 비축해둔 체력 따위는 없었다.

풍경은 너무 아름다운데 도저히 그걸 즐길 수가 없었다. 물도 많이 마시면 배탈로 이어질 것 같아 물도 거의 마시지 못했다. 날은 더워 땀은 비 오듯 나고 몸은 천근만근이다. 마을과 마을이 이어져 있었고 크고 작은 가게들도 제법 있었다.

아침을 거른 나는 뭐라도 먹고 싶었는데 돈을 가진 남편은 내 시야에서 멀어진 지 오래여서 뭘 사 먹을 수도 없었다. 상황이 좋지 않으니 멀리 가버린 남편이 자꾸 미워진다. 이렇게 극한 상황에 오면 내 인성의 맨 아래에 있는 모습, 옹졸한 모습을 마주하게 된다.

지금 걷고 있는 이 길은 걷기에 아주 편안했다. 다만 내 몸 상태가 안 좋으니 K2 가는 것보다 몇 배는 더 힘들게 느껴졌다. 주변에 당나귀가 많이 있었는데 정말 아무 녀석이나 세워서 타고 가고 싶었다.

남편은 괜찮냐는 말 한마디 없이 뒤도 돌아보지 않은 채 사라진 지 오래이고 쿡 줄피만 내 상태를 살피며 바짝 뒤에서 쫓아오며 이것저것 챙겨주었다. 그러다가 발을 헛디뎌서 개울에 빠졌다. 그 순간 내 뒤에 따라오던 줄피가 내 배낭을 낚아채서 나를 개울에서 건져주었다. 눈물이 날 만큼 고마웠다. 정말 체면 불고하고 누가 업어준다고 하면 넙죽 업힐 판이다.

얼마나 더 가야 하느냐고 수도 없이 물어보았다. 트레킹하는 조건은 너무 좋았다. 길도 좋고, 풍경도 좋은데, 내 컨디션만 엉망이었다. 설상가상 허리까지 아파오기 시작했다. 배낭을 멘 어깨와 허리가 끊어질 듯 아프고 한 걸음 내디딜 때마다 통증은 더 심해졌다. 짜증이 나기 시작했다. 내 뒤에 딱 붙어 따라오면서 물도 챙겨주고 나를 보살펴주는 줄피도 그냥 귀찮고 짜증이 났다. 참 나란 사람의 바닥이 또 보이는 순간이다.

결국 지금은 남편이 좀 원망스럽지만 베이스캠프에 도착하면 아무래도 침을 놓아달라고 부탁해야겠다는 생각이 들자 더 짜증이 났다. 이럴 때가 제일 난감하다. 화가 나서 말도 걸기 싫은데 아쉬운 소리를 해야 하니 말이다.

이런 나의 상황과는 아무 상관없이 아름다운 풍경들은 나를 놀리듯이 한 굽이를 돌 때마다 현실 세계가 아닌 듯 점점 더 아름답게 펼쳐졌다.

푸른 초지에 양 떼와 말들이 한가로이 풀을 뜯고 있었고 시간은 정지된 듯했다. 그럼에도 불구하고 나의 몸은 이제 정말 더는 못 간다고 선언할 때쯤 낭가파르바트 루팔 벽이 나타났다. 정말 거대한 벽, 아직은 구름에 가려져 그 크기를 정확히 볼 수 없었지만 미루어 짐작해보는데 어마어마할 듯했다.

헬리콥터 베이스캠프는 나의 기분을 다 녹이고도 남을 만큼 아름답기 그지없었다. 푸른 잔디에 믿기지 않을 만큼 깨끗한 시냇물이 흐르고 병풍처럼 서 있는 낭가파르바트의 벽면을 구름이 감싸고 있었다. 머릿속에 딱 떠오르는 단어가 유토피아 '지상 낙원'이었다. 다만 아직 텐트가 도착하지 않아 쉬기가 불편했다.

잔디밭에 풀썩 주저앉아서 한 발자국도 움직일 수가 없었다. 햇살을 받으며 신발을 벗고 한참을 앉아 있다가 식탁이 차려진 곳으로 향했다. 점심을 먹고 좀 쉬었더니 힘이 좀 나는 것 같았다. 내친김에 깨끗한 물에 빨래를 하고 씻으니 한결 기분이 좋아졌다. 허리에 침도 맞아서 움직이기가 편해졌다.

무엇보다도 푹신한 잔디밭에 쳐진 텐트는 정말 환상적인 휴식 공간이었다. 낭가파르바트는 나에게 포근한 안식처였고 이 여행에서 지친 나의 영혼을 위로해주었다.

저녁이 되자 구름이 걷히고 낭가파르바트의 웅장한 모습이 드러났다. 사진에 담아보려 해도 담아지지 않는, 그것이 무엇인지 한참을 생각해도 답을 찾을 수가 없었다. 꿈이라면 깨고 싶지 않은 지상 낙원에서의 하룻밤이 그렇게 지나가고 있었다.

헤를리코퍼 BC에서 본 낭가파르바트 일출

🧭 카라코람 히말라야 5좌 23일 차

8km

랏보 BC
(Latboh BC 3,500m)

헤를리코퍼 BC
(Herrligkoffer BC 3,550m)

헤를리코퍼 BC
(3,550m)

새벽 4시. 일행들이 모두 일어나 황금처럼 찬연히 불타는 낭가파르바트 루팔 벽을 사진으로 남기려고 기다렸다. 5시. 봉우리의 서쪽을 햇살이 조금 비추면서 산이 웅웅웅 깨어났다. 곧 새들이 지저귀고 주변이 밝아졌다. 기대와는 달리 그냥 멋있는 일출이었다.

황금 사진 촬영단은 단체로 식당 텐트에 모여 차를 마시면서 매점 텐트 아저씨가 좀 허풍이 센 것이 아닌가? 하는 의심 어린 생각을 교환했다.

이곳 페를리코퍼 베이스캠프에서 랏보 베이스캠프까지는 약 4km이다. 거리로는 별문제가 없지만 중간에 너덜 지대와 빙하를 건너는 험한 길이

있어 2시간 정도가 걸린다.

아침 식사 후 7시쯤 무장 경찰 아저씨가 앞장서고 서서히 낭가파르바트 루팔 벽의 다른 측면에 위치한 랏보 베이스캠프로 출발했다.

출발부터 오르막이니 당연히 싫었지만, 선택의 여지가 없었다. 언덕에 오르자 다시 빙하와 너덜 지대가 가득했다. 이런 곳을 또 지나가야 하다니! 여기는 샌드위치 빙하라서 양쪽 가장자리로 빙하가 흐르고 그 사이에 돌들이 가득 쌓인 너덜 지대가 있다. 거의 다 지나가자 얼음덩어리들이 높이 솟아 벽처럼 서 있다. 그 벽 사이를 부지런히 통과해서 언덕을 오르니 언덕 아래로 푸른 초원이 펼쳐졌다.

좌측으로 강이 흐르고 수천 마리의 양과 염소가 방목되는 곳을 지나는데 염소들이 다가와 재롱을 부리다 간다. 종이 같은 걸 찢어서 주면 다가와서 목을 빼고 받아먹고 강아지처럼 따라왔다. 한참 동안 그 녀석들과 놀았다. 보통 방목하는 녀석들은 성격이 까칠한데 이 지역의 짐승들은 사람을 상당히 따르니 짐승을 키우는 데 특별한 요령이 있는 것 같다.

초원 지역을 벗어나 좌측에 있는 강을 따라 계속 걸어 다시 언덕을 하나 넘으니 더 큰 초원이 펼쳐졌다. 여기가 바로 랏보 베이스캠프다. 낭가파르바트 루팔 벽은 푸른 초원이 아름다운 이 베이스캠프와 고도차가 무려 4,500m가 되는데 그 벽을 오른다니 입이 다물어지지 않았다.

2005년 한국의 산악인 고 김창호 대장이 이 랏보 베이스캠프에서 루팔벽 중앙 직등 루트로 올라 메스너 형제에 이어 세계에서 두 번째로 등정했다.

헤를리코퍼 박사는 처음에는 단순히 낭가파르바트 등정에 연이어 실패한 형의 비원을 이루어주기 위해 등정을 시작했지만, 나중에는 이런 생각도 했을지도 모른다. 이 산에 존재하는 8,000m급 봉우리를 모두 다 오름으로써 패전으로 암울했던 독일의 국력을 과시하고 독일 국민의 사기를 북돋아주고 싶다는 생각 말이다. 이 산의 정상에 오르기 위해 헤르만 불을 불러 초등시키고, 다시 라인홀트 메스너와 동생 군터 메스너를 초대해 루팔벽을 오르게 해 성공을 거두었다.

1970년 이 벽을 오르는 데 성공을 거둔 라인홀트 메스너는 하산 길에 동생 군터가 추락사하자 동료들과 대중들에게 동생의 죽음과 등정의 명예를 바꿨다는 비난을 받았다. 그는 이러한 비난을 견디면서 몸과 마음을 단련하여 히말라야 14좌를 세계 최초로 완등하고 산악 문학가로도 대성공을 거뒀다. 마침내 빙하가 흘러내리면서 35년 만에 동생의 유해가 발견되어 안장했다. 이러 내용을 불과 이틀 전에 읽고 오늘 루팔 벽을 보고 있자니 가슴 한 편이 아프면서 저절로 눈물이 주르륵 흘렀다.

초원 우측에 건물이 보였다. 멀리서 보기에 잘 지은 건물처럼 보여서 혹시 박물관이 아닌가 하고 가보기로 했다. 20분 정도 걸어가는데 초원의 물웅덩이에 하얀 낭가파르바트가 비쳤다. 그 모습이 너무나 감탄스러워 찍어본다고 무척이나 애썼다. 작은 개울에 놓인 나무다리를 건너다가 내려다보니 피라미들이 헤엄치고 있었다.

건물에 도착해보니 예상과는 달리 허름한 움막이었다. 그 움막 아래로 토굴처럼 땅을 파서 소나 염소들이 추위를 피하도록 한 곳이 10여 곳이 있었다. 이것이 잘 지은 건물처럼 보였다니……. 때로 높은 산은 사람을 이런 식으로 환상 속으로 이끌기도 하니 보이는 현상에 쉽게 속지 말고 매사에 담담하고 항상 팽팽하게 중심을 잘 잡아야 한다.

일행들은 동네 사람들 몇 명과 근처의 추모탑에 있다는 동판 4개를 보러 가고, 나는 허리가 조금 불편한 아내와 함께 쉬기로 했다. 뜨거운 바위에 등판을 지지던 아내는 바위가 따뜻해서 등이 시원하다고 노인 같은 소리를 하면서 좋아했다.

등판을 지지는 아내에게 염소들이 겁 없이 몰려와서 머리를 비비면서 재롱을 부렸다. 이 뜨거운 돌판에 염소구이를 하면 딱 좋겠다는 소리를 했더니 내게는 염소들이 오지 않았다.

움막의 사람들이 뜨거운 밀크티와 과자를 우리에게 대접했다. 등판을 지져 기분이 좋은 마눌님은 기분이 더욱더 좋아지셨다. 옆에서 그걸 얻어먹을 수 있는 은총을 받은 남편도 기분이 매우 좋았다.

1시간도 안 되는 사이에 일행분들이 무장 경찰과 돌아오셨다. 동판이 몇개 있을 뿐 그리 멋지지 않았다고 하셨다.

낭가파르바트는 헤르만 불의 초등 전에 이 산에서 죽은 각국 원정대의 숫자만 30명이 넘고, 초등 이후 지금까지도 등반 중 사망률이 20%가 넘는 산이다. 산을 한 바퀴 라운딩하면서 여러 루트로 정상을 오를 수 있는 베이스캠프가 20개가 넘고 각 베이스캠프마다 동판이 몇 개씩 있을 테니 랏보 베이스캠프에 4개만 있는 것은 당연한 일일 것이다.

가이드가 동네 사람들의 치즈가 1kg에 1,400루피라고 사줬으면 좋겠다고 한다. 치즈가 1kg에 10달러가 안 된다는 것이니 상당히 괜찮은 가격이다. 네팔 치즈처럼 구워 먹는 단단한 치즈인가? 생각하면서 몹시 구미가 당

랏보 BC에서 헤를리코퍼 BC로 돌아가는 길

겨 다들 사자고 했는데 일단 실물을 보고 결정하기로 했다. 그러나 막상 물
건을 봤더니 질척한 버터였다. 버터를 몇 kg 샀으면 굉장히 애매할 뻔했다.

12시 30분. 가져온 간식으로 간단하게 점심을 먹고 평화로운 초원의 움
막을 떠났다. 어쩌면 여기서 첫날을 지내고 다음 날 헤를리코퍼에서 자고
하산했어도 좋았을 것 같다.

출발 전에 집에서 영어권과 독일어권에서 만든 지도를 여러 장 비교하면
서 봐도 길기트에서 들어가는 부분과, 스카르두에서 데오사이를 지나 타
리싱으로 진입하는 부분의 지형이 잘 이해가 되지 않았다. 그러나 수백 번
봐도 이해가 되지 않던 것이 한번 와보니 단번에 이해가 됐다. 역시 백번을
듣는 것보다 한 번 보고 경험해보는 것이 더 낫다.

예전에 이곳을 트레킹한 사람들 중에, 낭가파르바트는 볼 게 없으니 그
냥 베이스캠프만 다녀오고 타리싱에서 머무는 것이 좋다는 에이전시의 말
을 믿고 캠핑 준비 없이 이곳에 올라왔다가 이곳의 절경에 감탄하고 캠핑
을 하지 못하는 것에 몹시 분개하고 땅을 치면서 후회했던 사람들도 있었

다. 에이전시를 잘 만나는 것도 큰 복이다.

이런 곳에 1년 정도 살면 얼마나 좋을까? 하는 생각도 했지만 겨울철에는 정말 엄청나게 추울 것 같다는 생각이 문득 들어 금방 포기했다.

지나가는 염소들이 다시 몰려왔길래 같이 놀다가 넓은 풀밭을 지나 향나무 군락을 지나 한숨을 쉬며 오르막을 올랐다. 올라올 때 건너온 샌드위치 빙하와 너덜 지대를 다시 통과했다. 이런 길은 이번에 수없이 건넜으나 여전히 적응이 안 된다. 내가 지금이 아니면 언제 이런 경험을 하겠는가? 참으로 신나고 기쁜 일이다! 이런 긍정적인 생각을 하기 어려우니 그것은 아직 우리가 부족해서 그런 것 같다.

오후 2시 30분. 2시간 걸려 헬리코퍼 베이스캠프로 돌아오니 쿡 팀이 닭고기, 밥, 토마토 수프를 만들어 왔다. 신맛이 강한 토마토 수프는 서양 사람들이 좋아해서 많이들 먹는데 우리는 싫다고 했던 것을 잠시 잊어버린 모양이다. 마눌님만 이 묘한 맛의 토마토 수프를 맛있게 드시고 다들 각자의 텐트에서 편히 쉬었다.

시원한 개울가에 자리를 펴고 앉아 발을 씻고 발톱을 다듬은 다음 맑은 하늘 아래 편안히 누웠다. 서서히 노을이 지길래 오늘 낭가파르바트가 잠시라도 황금빛으로 변할지 다들 카메라를 들고 지켜봤으나 조금 붉게 물들 뿐이었다.

쿡 줄피가 개울에서 짐승의 내장을 씻고 있어서 저건 뭘까? 했는데 저녁 시간이 되자 염소고기 요리가 나왔다. 주방 팀과 가이드들이 산속에서 고생한 우리 일행들을 대접하기 위해 비용을 추렴해서 염소를 잡았다고 한다. 일행들은 그 말에 모두 감동했다.

주방 팀에서는 이 지역의 관습상 가장 귀한 손님에게만 준다는 염소 간을 요리해서 우리에게 주었다. 염소고기와 자주 접하지 않는 우리가 먹을

염소와 닭을 잡아 요리 준비 중인 주방 팀   주방 팀이 요리한 음식

만한 건 갈비 등 평범한 고기였는데 맛이 매우 좋았지만 그런 부위는 양이
많지 않아 입맛을 다셔야만 했다.

　고기는 이게 전부냐고 물으니 동네 포터들이 내려가면서 내장은 모두
가져갔다는 동문서답을 한다. 간을 제외한 나머지 부위는 손님용이 아닌
가? 요리된 염소 간에서는 우리가 풀밭을 다니며 맡았던 풀과 물과 공기
의 맛이 났다. 그렇게 자연의 기를 빨아들인 건강한 고기였지만 큰 인기
를 끌지는 못했다.

　어둑어둑해지자 염소고기를 배불리 나눠 먹은 사람들이 개울 건너에 나
무를 많이 쌓아놓고 불을 높이 피우면서 노래를 부르고 있었다. 술 한 잔
없이도 남자들끼리 손을 잡고 빙빙 돌면서 박수 치고 건전하게 여가를 즐
기는 모습을 물끄러미 바라보다가 우리 일행들은 개울 옆에 있는 식당 텐트
에서 차를 마시거나 각자 텐트에 들어가 자신만의 시간을 보냈다.

　내일은 타리싱 마을로 내려간 뒤에 오래 길을 같이 걸은 세컨드 가이드
곰돌이와 쿡 팀을 스카르두로 보내고 가이드만 데리고 랜드크루저 운전사
들과 훈자로 가야 한다. 그동안 일을 잘할 때마다 팁으로 주고 싶은 액수가

올라갔다가, 사고 칠 때마다 내려가기도 했다.

　말로만 고맙다고 하고 끝내는 것보다는 1년에 한 철 일해 먹고사는 이들에게 돈으로 고마움을 표시하는 것이 더 도움이 되고 쉬운 일이라고 생각했다. 내일 타리싱에 도착하면 아주 넉넉하게 팁을 주기로 했다.

　오늘 낭가파르바트의 마지막 밤을 지내게 됐고, 우리 부부의 히말라야 14좌 베이스캠프 트레킹도 완료가 됐다. 내 일생의 꿈이었고 지난 몇 년간 우리 부부의 많은 부분을 차지했던 일이 완료된 것이다. 많은 이들이 우리와 같은 여행을 꿈꾸지만 여러 가지 이유로 시도해보지 못하는 점을 볼 때 전문 산악인의 히말라야 14좌 등정도 소중하지만 평범한 부부의 히말라야 14좌 베이스캠프 트레킹도 소중한 일이라고 생각한다.

　히말라야 14좌 베이스캠프 트레킹을 다 마쳤으니 우리 부부가 이제 산은 그만 갈 것이라고 생각하는 사람들이 많았다. 우리 부부는 서로가 각자의 생각으로 조용히 고개를 저었다. '여행을 좋아하는 보통 사람으로서 목숨을 걸지 않고, 정상에 오르는 등산 장비를 사용하지 않으면서 일생에 한 번 해볼 만한 의미있는 여행 프로젝트'로 시작했던 히말라야 14좌 베이스캠프 트레킹의 모토를 이제부터 전 세계에 적용할 생각이다. 앞으로 우리 부부는 우리 부부처럼 느리고 게으른 사람들이 할 수 있는 평범한 여행으로 세계 곳곳을 두루 다니리라.

　이런 생각을 낭가파르바트를 오르는 내내 했으니 14좌를 모두 마치는 감동적인 순간에도 매우 담담하고 할 말이 없었던 것 같다. "이제 다시 시작이다." 그뿐.

아내의 생각

아침에 일어났는데 허리가 여전히 말썽이다. 어제처럼 많이 안 좋은 것은 아니지만 따라나섰다가 모두에게 폐만 끼치는 것이 아닌가 걱정이 되어 길을 나서는 게 좋을지 그냥 쉬는 게 좋을지 판단이 잘 서지 않았다.

이 선생님과 배 선생님께서 여기까지 왔는데 안 가면 후회할 거라면서 천천히 가보자고 하셨다. 나 역시 정말 가보고 싶었다. 아주 천천히 따라가기로 하고 조심스럽게 허리를 붙들고 길을 나섰다.

처음부터 가파른 오르막이었다. 조금씩 후회가 되었다. 잘 갈 수 있을까? 길은 어제와는 다르게 그다지 좋은 편이 아니었고 오르막을 다 오르자 빙하 지역이 보였다. 정말 후회막급이었나.

다시 돌아갈까? 생각해봤지만 이미 나선 길을 돌아가고 싶지는 않았다. 빙하를 보자마자 "정말 지긋지긋해!"라는 말이 절로 나왔다. 또다시 빙하를 걷다 보니 며칠 전 기억이 떠올라 이 정도 난이도면 걸을 만하다고 생각했다.

수많은 염소와 양 그리고 소들이 지나다녔다. 풀을 뜯으러 빙하 지대를 건너간다고 했다. 다행히 빙하 지역은 그다지 길지 않았고 그곳을 건너가니 넓디넓은 초원이었다.

그림처럼 넓은 초원에 양 떼가 뛰노는 것을 보니 정말이지 텔레비전 다큐멘터리 속으로 들어와 있는 듯한 착각이 들었다. 양들이 사람을 보고도 도망가지 않고 심지어 우리 팀 최 선생님께는 다가와 손을 건드리기도 했다. 맛있는 것을 좀 달라는 표현 같았다.

어떻게 표현하고 설명해야 할까? 지금 내 눈으로 보고 있는 이 광경

306

랏보 BC로 가는 길

이 내가 살고 있는 세상 속 또 다른 모습이라는 것이 쉽게 받아들여지지 않았다. 내가 살고 있는 세상은 많은 사람들, 높은 건물들, 시끄럽고 더러운 매연을 연신 뿜어대는 자동차들이 뒤엉켜 숨 가쁘게 돌아가고 있다면 이곳은 시간이 멈춰 있는 듯했다.

한가로이 양을 치고 그 양들은 넓은 초지에서 뛰어놀고 시냇물은 흐르고 하늘은 파란색 물감을 풀어놓은 듯한 이곳이 어찌 내가 살고 있는 지구의 또 다른 모습이라 상상할 수 있었을까? 그 아름다움에 빠져 평평한 길을 천천히 따라갔다.

초지를 지나니 숲길이 나왔다. 그 길을 따라 한참을 가니 아까만큼 넓은 초원이 나오고 저 멀리 건물 하나가 보인다. 아마 저기가 오늘의 목표인 랏보 베이스캠프인가 보다. 우리보다 먼저 간 일행분들이 바위에 올라 햇볕을 쬐고 계셨다. 이곳 역시 맑은 물이 흐르고 양들은 강아지처럼 얌전해서 만져도 가만히 있다.

바위에서 햇빛을 쬐며 쉬는 중

이곳은 겨울에는 사람이 살지 않고 이렇게 여름 몇 달 동안만 양과 염소를 치러 사람들이 올라온다고 한다. 그들은 차를 권했고 우린 가져간 간식을 차와 함께 먹었다. 다른 일행분들은 그곳 사람들이 안내하는 대로 조금 더 가보겠다고 하셨고 우리 부부는 그냥 쉬기로 했다. 한참 있다가 오실 줄 알았는데 생각보다 금방 돌아오셨다. 정말 조금만 더 갔다 오셨나 보다.

그곳 사람들은 치즈를 만들어 판다고 했다. 맛을 좀 보자고 했더니 치즈가 아니라 버터다. 신선하고 좋은 버터였지만 버터를 가지고 갈 수는 없어서 찻값을 지불하고 가려는데 그냥 가라고 했다. 손님이라고 대접한 거였다. 우리의 훈훈한 고향 인심 같다. 우리는 고맙다고 인사하고 단체 사진을 찍은 후 왔던 길을 되짚어 다시 헬리코퍼 베이스캠프에 돌아왔다.

다시 돌아온 베이스캠프는 친정집처럼 편안하고 아늑했다. 아무것도 안 하고 이곳에서 일주일이고 열흘이고 머물고 싶었다. 이곳에 있으면 정말 시간이 멈춘 채 영혼까지 정화될 것만 같았다.

내일 떠나야 한다고 생각하니 정말 아쉽기만 했다. 오늘은 스태프들과도 마지막 밤이다. 우리 덩치 큰 세컨드 가이드 바실은 우울해했다. 집에 돌아가는 것은 좋으나 우리와 헤어지는 것이 몹시 섭섭하다고 했다. 덩치나 외모는 상남자인데 이럴 때 보면 순수하고 수줍은 소년 같은 느낌이다. 나도 코끝이 찡해져서 얼른 돌아서서 나왔다.

주방 텐트에서 나오니 낭가파르바트 루팔 벽이 어제보다 더 크게 느껴졌다. 아, 아쉽다. 이제 정말 히말라야 14좌 베이스캠프 트레킹이 끝이 났다. 뭔가 대단한 기분일 줄 알았는데 아쉬움만 남았다. 정말 끝이 난 건가? 무언가 더 해야 할 것 같고 끝났다고 생각하니 허전하고 먹먹했다.

이런저런 생각에 잠겨 있었더니 어느덧 마지막 저녁을 먹을 시간이 되었다. 어제 먹고 남은 염소로 요리를 했다. 그동안 해주던 음식에 불만은 없었지만 맨날 닭만 먹다가 염소를 먹으니 뭔가 특식을 먹는 기분도 들고 왠지 건강해지는 기분도 들어서 다시 한 번 스태프들에게 고맙기만 했다.

오늘이 텐트 생활 마지막 날이라고 생각하니 그새 텐트와 정이 들었던지 헤어지는 게 아쉬웠다. 그리고 한편으로 후련함도 동시에 드니 내 마음의 정체가 무엇인지 나 스스로도 알 길이 없었다. 다만 확실한 건 아마 곧 이 텐트가 그리워질 거라는 사실이었다. 히말라야 14좌 베이스캠프 트레킹을 다 마치고 나니 무모하게만 느껴졌던 우리의 도전이 우리 인생에 참 많은 것을 남겨주었다는 것을 알았다.

히말라야 14좌 베이스캠프 트레킹이라는 우리의 도전은 끝이 났지만 우리는 이것이 또 다른 시작점이라는 것을 알고 있다. 늦은 밤 달빛에 반짝이는 낭가파르바트 루팔 벽을 바라보며 남편과 또 다른 시작을 다짐하며 우리의 보금자리 텐트로 들어갔다.

그렇게 우린 무모하기만 했던 우리의 멋진 도전을 마치고 마지막 밤을 보냈다.

새벽의 루팔벽

🧭 카라코람 히말라야 5좌 24일 차

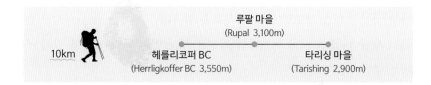

10km

루팔 마을
(Rupal 3,100m)

헤를리코퍼 BC
(Herrligkoffer BC 3,550m)

타리싱 마을
(Tarishing 2,900m)

　오늘은 낭가파르바트의 마지막 날이다. 텐트 밖으로 나오니 포터들과 짐을 싣고 갈 작은 당나귀들이 텐트 앞에서 서성이고 있었다.

　오늘도 황금색으로 빛난다는 낭가파르바트를 구경하기 위해 새벽 5시경부터 일행들 모두가 조용히 텐트 밖으로 나와 개울 옆에 텐트 앞에 모여 카메라를 들고 서 있었다. 그러나 낭가파르트는 황금색은 아니었다. 아쉽게 차를 한잔 마시면서 서서히 떠오르는 낭가파르바트의 해를 바라봤다. 황금색은 아니지만 온 산을 서서히 밝게 비추며 해가 강렬하게 떠올랐다.

　아침 식사를 마치고 매우 섭섭한 마음으로 카고 백을 꾸렸다. 가방을 밖

루팔벽 단체사진　　　　　　　　　　　루팔마을 가는 길

에 내놓고 돌멩이 위에 앉아 멍하니 산을 바라보고 있었다. 멀리서 수백 마리의 양과 염소 떼를 몰고 랏보 베이스캠프 쪽으로 올라가고 있는 목동들을 바라봤다. 이제는 우리도 떠날 시간이 되었음을 알았다.

'최찬익-서지나 히말라야 14좌 베이스캠프 2017-2019'라고 인쇄된 현수막을 들고 낭가파르바트 루팔 벽을 배경으로 일행들이 모두 모여 단체 촬영을 여러 장 했다.

길을 내려가는데 또 다른 양 떼 수천 마리가 몰려와서 양을 피해 길을 가는 것이 두려울 정도였다. 그 녀석들을 밀어내면서 마을 밖 둘레길로 돌아서 루팔 마을을 지나 메스너의 기부로 짓고 있는 학교 앞에서 잠시 구경을 했다.

가파른 언덕을 오르니 타리싱 마을의 전경이 넓게 펼쳐져 보인다. 루팔 벽은 타리싱 마을로 향하는 우리를 내내 굽어보고 있었고, 우리는 아쉬운 마음에 내내 뒤를 돌아보았다.

언덕을 내려가 마을로 들어섰는데 올라갈 때와는 달리 문을 연 가게가 많았다. 올라갈 때 사지 못해 후회한 살구를 사려고 여러 가게를 들렀는데 남은 게 없었다. 생수만 많이 사서 먼 길을 준비했다.

오전 9시 30분. 타리싱 마을의 뉴 루팔 호텔에 도착하니 호텔 메니저가 반갑게 맞아주었다. 스틱과 등산화를 챙기고 카고 백을 대기 중이던 랜드 크루저에 실었다. 호텔에서 제공해주는 진한 커피를 한잔 마시면서 세컨드

루팔마을 양떼 입산　　　　　　　　　　　길을 양보하지 않는 양떼

가이드 곰돌이가 포터들과 정산하는 걸 지켜봤다.

　매사에 불만이 많은 듯한 어조로 투덜거리던, 타리싱 마을에서 구한 포터 대장이 내게 와서 약간 건들거리는 듯한 태도로 팁을 달라고 했다. 마음에 안 드는 그의 태도에 나는 겸손한 태도로 매우 약소한 팁만 줬다. 그가 의외라는 듯이 눈을 둥그렇게 뜨고 나를 쳐다봤다. "올라가는 데 3시간. 내려오는 데 2시간. 그리고 투덜거림의 연속. 이걸로 만족하세요."라고 한국말로 말했다. 그는 그냥 돌아서서 갔다. 그러고는 포터들끼리 돈을 들고 소리를 지르면서 열심히 나누는 것 같았다. 내게는 그들이 심하게 싸우는 소리로 들리는데, 에이전시 사장 말로는 싸우는 게 아니라 그냥 말하는 거라고 한다.

　포터들 소리로 시끄러운 와중에, 한 달 동안 눈 속에서 같이 고생한 최정예 스태프들인 가이드와 주방 팀의 팁 계산 시간이 다가왔다. 호텔의 파란 잔디가 깔린 마당에서 한 사람 한 사람과 악수를 하며 정말 고맙다고 말하고 하얀 종이에 돈을 말아서 팁을 줬다. 다들 별 기대 없이 심드렁하게 받았다. 그동안 비필수적인 포터나 마부들에게는 아주 표준적인 정도로만 팁을 주었기 때문에 내가 그리 큰 액수를 주지는 않을 거라고 생각했던 것 같았다. 한 명씩 건물 뒤로 돌아가서 액수를 확인해보는 것 같았다. 잠시 후 일당들이 우르르 몰려와 눈물을 글썽거리면서 나를 꼭 껴안더니 수염이 덥수룩한 볼들을 마구 비벼댔다. 산적 같은 행색의 남자들끼리 이 무슨 일인가? "따갑다. 그만해라, 이놈들!!!"하고 소리를 쳤다.

행복했던 시간이었다. 정말 엄청나게 센 팁을 줬다. 그 돈이 있었으면 우리 부부가 더 좋은 곳에서 자고 더 좋은 것을 먹고 더 좋은 기차나 비행기를 탈 수 있었을 것이다. 그러나 그 몫을 그들에게 잘라주고 나니 웃음과 행복이 넘쳐나는 얼굴들을 볼 수 있었다.

주방 팀은 주방장인 줄피 외에는 스카르두 시내에서 대학을 다니는 학생들이 방학 동안에 아르바이트를 뛰는 중이었다. 그들에게 말은 하지 않았지만 나도 등록금이나 용돈을 집에서 받은 적이 전혀 없었다. 첫 학기만 학자금 융자를 받아 이자를 내다가 나중에 갚았고, 남은 학기의 등록금이나 용돈은 내가 벌었다.

학기 중에는 주말에 열심히 일해서 일주일 용돈을 벌었고, 방학 중에는 열심히 노가다판에서 등짐을 지고 벽돌을 나르고 시멘트도 나르고 산과 들에 전봇대를 심으면서 몸에서 피가 나도록 일해서 등록금을 벌었다.

3학년쯤 되면서는 회사에 입사해서 일하다가 회사의 배려로 늘 새벽 6시까지 야근을 했다. 낮에는 학교에 다니고 주말에는 다시 아르바이트를 하는 불가사의한 생활을 2년간 했다. 남들이 그러다 죽는다고 만류했지만 일찍 성공하고 싶은 마음에 자주 코피가 터지고 보름에 한 번씩 병원에 가서 간을 씻어주는 수액을 맞으면서도 버텨 대학교를 괜찮은 성적으로 졸업할 수 있었다.

그렇게 대학을 다녔으니 대학생의 낭만이란 것을 몰랐다. 동아리 활동 같은 것은 엄두도 못 냈고, 여행을 즐기거나 미팅을 하거나 여자 친구를 만나거나 하는 아주 간단한 일상의 경험조차 할 여유가 전혀 없었다.

나도 어려서 고생했으니 너희들도 고생해라, 라는 생각보다는 고산에 올라 무거운 짐을 지고 고생하는 그들에게 더 잘 대해주고 싶었다.

애칭 '원빈'은 눈치도 빠르고 누룽지를 매일 잘 끓여 와서 인기가 높았다. 또 다른 쿡 보조도 말없이 열심히 일을 잘했다. 그가 가셔브룸 하산 길의 끝없이 반복되는 여우고개에서 밀크티와 과자를 들고 마중 나와 지친 우리에게 대접해준 것이 특히 기억에 많이 남았다. 힘들고 어려울 때 아는 얼굴의 도움은 얼마나 반가운가!

나중에 이슬라마바드에서 에이전시 사장을 만났을 때 2020년 시즌에도 주방 팀은 특히 같은 이들로 해달라고 요구했는데, 사장은 '인샬라' 그럴 수 있기를 바란다고 했다. 그런데 그의 '인샬라'처럼 우리는 가지 못했다. 그러나 다음번에 갈 적에도 역시 같은 주방 팀이길 간절히 바란다. 내 친구 마커스와 똑같이 생긴 새 친구 바실 '곰돌이'도 다시 우리 팀으로 해줄 것을 강력하게 요구할 것이다.

우리 일행과 가이드, 쿡 팀과 세컨드 가이드 바실은 차 3대에 나눠 타고 산을 내려가 강가에 위치한 식당에서 점심을 같이 먹었다. 그 식당의 난과 염소고기 요리가 매우 맛있었다. 우리는 길기트로 가는 길을 잡아 카라코람 하이웨이를 타고 훈자로 향했고, 쿡 팀과 세컨드 가이드 바실은 다시 데오사이 고원을 넘어 가족들이 기다리는 스카르두로 향했다. 그들과 주유소에서 한 번 더 만나 손을 크게 흔들어주고 잘 가라는 덕담과 정말 고마웠다는 말을 크게 소리치고 웃으며 헤어졌다.

아침에 눈을 떴다. 히말라야 14좌 베이스캠프 트레킹을 모두 마친 날의 아침이다. 어제와 같은 해가 떴고 내 옆에는 이제 부부라기보다 동지라고 느껴지는 남편이 있다. 모든 것이 어제와 같았다. 하지만 내 마음만은 어제와 바뀌어 있었다. 공기도 시냇물도 당나귀도 어제보다 더 정겹고 따뜻하게 느껴졌다. 내려오는 길은 목동이 양 떼를 몰고 올라오는 시간과 겹쳐서 여러 번 양 떼를 만날 수 있었다. 뿌연 먼지를 만들며 '메~~' 하는 소리와 함께 지나가던 양 떼들이 너무 정겨워 보여 한 마리 양에게 말을 걸어본다. 대답은 그저 '메~~~' 혼자 미소를 짓는 나를 남편은 한없이 다정한 미소로 바라봐주었다.

　몸은 올라올 때보다 훨씬 좋아졌고 내 기분은 날아갈 듯 가벼웠다. 하지만 일행분들을 따라갈 정도로 몸이 좋아진 건 아니어서 이내 뒤처졌다. 우리는 같이 간 경찰의 안내를 따라 마을로 들어가지 않고 큰 대로를 따라 내렸다. 길은 재미없지만 걷기에는 편했다. 생각보다 일찍 숙소에 도착할 수 있었다. 남편은 스태프들과 정산을 했고 나는 밀크티를 마시며 기다렸다. 모두들 돈을 받고 떠나가고 K2부터 함께한 스태프들만 남았다. 남편은 제법 많은 팁을 주었고 이제 정말 그들과 헤어져야 하는 시간이 되었다. 먼저 현빈이 사진을 찍자는 제안을 했다. 파키스탄에서는 남자가 가족이 아닌 여자에게 사진을 찍자고 하는 것은 커다란 무례이기에 조심스레 나에게 물어봤다. 나는 기쁘게 그들과

사진을 찍었다. 쿡 줄피, 쿡 보조 현빈, 세컨드 가이드 바실……. 모두 다 그리운 얼굴들이 될 것이다. 특히 바실은 눈물까지 글썽였다. 나 역시 울컥했다. 또 만날 수 있을까? 또 만나야 할 텐데……. 그들을 보기 위해서라도 나는 다시 이곳에 오고 싶었다. 다시 만나는 순간 우리는 오랜 친구처럼 얼싸안고 재회의 기쁨을 맛보게 되겠지? 다시 만나는 그날까지 모두들 건강하

게 잘 있어야 해!!! 헤어지는 순간은 하염없이 길어졌고 더 늦어지면 안 되었기에 마지막 포옹을 했다. 특히 쿡 줄피에게는 고맙다는 말을 여러 번 했다. 수줍음 많은 줄피는 나의 포옹에 당황해하면서도 잘 가라며 다음에 오면 더 맛있게 한국 음식을 잘 해줄 수 있도록 하겠다며 나를 꼭 안아주었다.

헤어지는 것을 받아들이지 못한 채 모두들 차 앞에 서성이고 있자니 가이드 바바가 등을 떠민다. 어쩔 수 없이 차에 올라 창문을 열고 연신 손을 흔들어대며 "다시 올게!" 하고 외치니 모두들 "인샬라!" 외쳐댄다.

아주 오랜 시간, 이 순간을 그리고 지난 3년간의 우리의 시간을 내 기억 속에 간직할 것이다. 그리고 어느 비 오는 여름날 혹은 눈이 내리는 겨울날 소중히 꺼내어 추억할 것이다. 나의 시간이 멈추는 날까지……

참고 문헌

거칠부 지음, 『히말라야를 걷는 여자』, 더숲, 2020.

권오민 지음, 『불교학의 고향, 카슈미르와 간다라를 가다』, 씨아이알, 2019.

곽원주 지음, 『히말라야 14좌 한 걸음 한 걸음의 숨결로』, 이지출판, 2015.

그레이엄 핸콕 지음, 김정환 옮김, 『신의 거울』, 김영사, 2000.

금강대학교 불교문화연구소 편, 『실크로드(종교와 역사의 교차점)』, 민족사, 2014.

김규만 지음·사진, 『지나간 길은 모두 그리워진다 2』, 맵씨터, 2014.

김병준 지음, 『K2 하늘의 절대군주』, 수문출판사, 2012.

김영도 지음, 『나는 이렇게 살아왔다』, 수문출판사, 2007.

_____, 『서재의 등산가 (산은 우리에게 무엇인가)』, 리리, 2020.

_____, 『14번째 하늘에서』, 수문출판사, 1993.

_____, 『산에서 들려오는 소리』, 이마운틴, 2009.

_____, 『산의 사상』, 수문출판사, 1995.

_____, 『에베레스트 77 우리가 오른 이야기』, 수문출판사, 1997.

_____, 『우리는 산에 오르고 있는가』, 수문출판사, 2012.

_____, 『우리는 왜 산에 오르는가』, 이마운틴, 2005.

김영주 지음, 『히말라야 14좌 베이스캠프 트레킹』, 원앤원스타일, 2014.

김용규 지음, 『마샬라! 파키스탄 25달』, 밥북, 2018.

김형만 지음, 『실크로드 따라 인도, 파키스탄, 중앙아시아 38일』, 밥북, 2020.

나카무라 하지메 지음, 원영(승려) 옮김, 『최초의 불교는 어떠했을까』, 문예출판사, 2016.

라인홀트 메스너 지음, 강현주 옮김, 『산은 내게 말한다』, 위즈덤하우스, 2002.

_____, 김성진 옮김, 『모험으로의 출발』, 수문출판사. 1990.

_____, 김성진 옮김, 『벌거벗은 산(낭가파르바트-잊을 수 없는 아우를 위하여)』, 이레, 2004.

_____, 김영도 옮김, 『검은 고독 흰 고독』, 이레, 2007.

_____, 김영도 옮김, 『죽음의 지대』, 한문화, 2007.

_____, 김희상 옮김, 『에베레스트 솔로(유리의 지평선)』 리리, 2020.

로버트 크래이그 지음, 성혜숙 옮김, 『파미르 폭풍과 슬픔』, 수문출판사, 1989.

리릭 지음, 『K2 트레킹』, 지식과감성, 2015.

도널드 C. 엥 편, 『마운티니어스』 정광식 옮김, 『마운티니어링』, 해냄, 2006

마이클 우드 지음, 김승욱 옮김, 『인도 이야기』, 살림, 2018.

모리스 이서먼·스튜어트 위버 지음, 조금희 옮김, 디몰나르 그림, 『Fallen Giants(히말라야 도전의 역사)』, 하루재클럽, 2015.

무념 지음, 『인도 불교 성지순례 가이드』, 옛길, 2013.

문승영 지음·사진, 『함께, 히말라야』, 푸른향기, 2019.

박명환 지음, 『구름 위의 세상 히말라야』, 도서출판 이마운틴, 2009.

_____, 『히말라야(구름 위의 세상)』, 이마운틴, 2009.

박영래 외 지음, 『박영래의 만화등산백과 & 김기환 기자의 등산장비 집중 연구』, 조선일보사, 2002.

박영석 지음, 『산악인 박영석 대장의 끝없는 도전』, 김영사, 2003.

버나데트 맥도널드 지음, 김동수 옮김, 『산의 전사들』, 하루재클럽, 2020.

법륜 지음, 『법륜스님의 금강경 강의』, 정토출판, 2012.

_____, 『부처님의 발자취를 따라』, 정토출판, 2000.

_____, 『붓다, 나를 흔들다』, 샨티, 2005.

_____, 『붓다에게 물들다』, 샨티, 2009.

(사) 대한산악연맹 부산광역시 연맹 편, 『HIMALAYA 8000 X 14』

셰리 B. 오트너 지음, 노상미 옮김, 『에베레스트에서의 삶과 죽음(셰르파, 히말라야 원정대, 두 문화의 조우)』, 클, 2018.

신규섭 지음, 『파키스탄어(우르드어) 첫걸음 문법편』, HUFS BOOKS.(한국외국어대학교출판부, 2011.)

심산 지음, 『심산의 마운틴 오딧세이』, 풀빛, 2002.

심산 지음, 『마운틴 오디세이(심산의 알피니스트 열전)』, 바다출판사, 2014.

앨버트 머메리 지음, 오정환 옮김. 『알프스에서 카프카스로』, 수문출판사, 1994.

엄홍길 지음, 『8000미터의 희망과 고독(히말라야 탱크 엄홍길 14좌 완등 신화)』, 이레, 2003.

오이시 아키히로 지음, 김영도 옮김, 『태양의 한 조각』, 하루재클럽 2020.

요시다 도시오 지음·사진, 박종한 옮김, 『히말라야 식물대도감(양장)』, 김영사, 2008.

이관영 지음, 『바랑 멘 이순의 청춘 여행기』, 지식공감, 2013.

이광수 지음, 『인도 100문 100답』, 앨피, 2018.

이용대 지음,『등산 교실』, 해냄, 2006.

이원섭 지음,『K2 의인들』, 어드북스, 2018.

이주형 외 지음,『동아시아 구법승과 인도의 불교 유적』, 사회평론, 2009.

이주형·이석우 지음,『천상의 도시 천하의 도시』, 보성각, 2016.

이주형 지음,『간다라 미술』, 사계절, 2015.

이지수 지음,『인도에 대하여』, 통나무, 2002.

이한신 지음,『파미르 하이웨이(지옥의 길 천국의 길)』, 이지출판, 2014.

임현담 지음,『강린포체(카일라스-히말라야의 아버지) 1,2』, 종이거울. 2008.

_____,『은빛 설산』, 초당, 2001.

_____,『히말라야·인도에 빠진 닥터』, 효형출판, 1995.

_____,『히말라야 있거나 혹은 없거나』, 도피안사, 2002.

자현 지음,『불교사 100 장면』, 불광출판사, 2018.

장준희 지음,『문명의 실크로드를 걷다』, 청아출판사, 2012.

장차이젠 지음, 최유정 옮김,『중국 등산사』, 하루재클럽, 2018.

전명윤·김영남 지음,『중국 100배 즐기기』, 랜덤하우스코리아, 2010.

정광식 지음,『영광의 북벽』, 이마운틴, 1989.

정수일 지음,『실크로드 문명 기행』, 한겨레출판사, 2006.

조현 지음,『인도 오지 기행』, 한겨레출판사, 2008.

존 크라카우어 지음, 김훈 옮김,『희박한 공기 속으로』, 황금가지, 2007.

주경철 지음,『대항해 시대』, 서울대학교출판부, 2008.

진우석 지음,『파키스탄(카라코람 하이웨이 걷기 여행)』, 대원사, 2010.

진우석 지음·사진,『생애 한 번쯤 걷고 싶은 해외 트레킹 바이블』, 중앙북스, 2018.

채경석 지음,『트레킹(세계의 산을 걷는다)』,휴먼앤북스, 2007.

최찬익·서지나 지음·사진,『평범한 사람들의 히말라야 14좌 1』, 그러나,

2018.

쿠르트 딤베르거 지음, 김영도 옮김, 『산의 비밀』, 하루재클럽, 2019.

크리스 보닝턴 지음, 오세인 옮김, 『ASCENT(어센트)』, 하루재클럽, 2018.

파드마삼바바 지음, 장순용 옮김, 『티베트 사자의 서』, 김영사, 2008.

프랭크 스마이드 지음, 안정효 옮김, 『산의 영혼』, 수문출판사, 1990.

피에르 브리앙 지음, 홍혜리나 옮김, 『알렉산더 대왕』, 시공사, 1995.

피터 홉커크 지음, 김영종 옮김, 『실크로드의 악마들』, 사계절, 2000.

헤르만 불 지음, 김영도 옮김, 『8000미터 위와 아래』, 수문출판사, 1996.

홍익희 지음, 『문명으로 읽는 종교 이야기』, 행성B, 2019.

• 영어

Ahmad Hasan Dani, *Human Records on Karakorum* Highway, Sang-e-Meel Publications, 1995.

Bill Porter, *The Silk Road*, Pgw, 2016.

Ed Viesturs, *Himalayan Quest*, National Geographic Society, 2003.

Heinrich Harrer, *Seven Years in Tibet*, Putnam Pub Group, 1997.

Jamie McGuinness, *Trekking in the Everest Region*, Trailblazer Publications, 2003.

John King, Bradley Mayhew, *Lonely planet–Pakistan*, Lonely Planet, 1997.

Kev Reynolds, *Trekking in The Himalaya*, Cicerone Press, 2014.

Nasim H. Naqvi, *A Study of Buddhist Medicine and Surgery in Gandhara (Indian Medican Tradition Series)*, Motilal Banarsidass, 2011.

Sanjeev Kumar Singh and Gunjan Kumar Shrivastava, *An Introduction to the Indus Valley Civilization*, National Museum, New Delhi, India 2015.

Shobita Punja, *Treasures of the National Museum New Delhi*, Acc Art Books
Usa 2016.

Steve Razzetti, *Top Treks of the World*, New Holland, 2007.

Takashi Watanabe, Keshab Raj Rajbhandrai, Kuber Jung Malla, Shoji
Yahara.

A Hand Book of Medicinal Plants of Nepal. Ayur Seed. 2005.

Bill Porter. The Silk Road: Taking the Bus to Pakistan, POD. 2016

Badshah Sardar. Buddhist rock carvings in the Swāt Valley. Ministry of
Culture, Sports & Youth Affairs Govt. of Pakistan. 2005.

Bradley Mayhew, Lindsay Brown, Stuart Butler. Trekking in the Nepal
Himalaya travel guide. 10th edition. Lonely planet. 2016.

평범한 사람들의 히말라야 14좌 ②

1판 1쇄 발행 2021년 4월 29일

지은이 서지나, 최찬익

발행인 도영

내지 디자인 손은실

표지 디자인 신병근

편집 및 교정 교열 김미숙

발행처 그러나 등록 2016-000257

주소 서울시 마포구 동교로 142, 5층(서교동)

전화 02) 909-5517

Fax 0505)300-9348

이메일 anemone70@hanmail.net

ISBN 978-89-98120-75-7

ISBN 978-89-98120-47-4 (세트)